当代中国经济学人·韦森作品系列之四

典藏版

韦森 著

语言与制序

经济学的语言与制度的语言之维

商务印书馆
The Commercial Press
SINCE 1897

图书在版编目（CIP）数据

语言与制序：经济学的语言与制度的语言之维／韦森著．—北京：商务印书馆，2014
（当代中国经济学人·韦森作品系列）
ISBN 978-7-100-10675-7

Ⅰ.①语… Ⅱ.①韦… Ⅲ.①制度经济学—研究
Ⅳ.①F091.349

中国版本图书馆 CIP 数据核字 (2014) 第 191434 号

所有权利保留。
未经许可，不得以任何方式使用。

责任编辑：谷　雨
装帧设计：胡　枫

语言与制序：经济学的语言与制度的语言之维
韦　森　著

商 务 印 书 馆 出 版
（北京王府井大街36号　邮政编码100710）
商 务 印 书 馆 发 行
山东临沂新华印刷物流集团
有 限 责 任 公 司 印 刷
ISBN 978-7-100-10675-7

2014年9月第1版　　开本 640×960　1/16
2014年9月第1次印刷　印张 23
定价：58.00元

韦森　汉族，籍贯山东省单县，经济学博士，教授，博士生导师，曾任复旦大学经济学院副院长多年，现为复旦大学经济思想与经济史研究所所长，上海卓越发展研究院中国经济研究中心主任。

1982年获山东大学经济学学士学位后，曾在山东社会科学院《东岳论丛》编辑部做编辑工作数年，并被评为助理研究员。1987年受联合国资助，到澳大利亚国立大学国家发展研究中心留学。1989年获澳大利亚国立大学硕士学位。1995年从悉尼大学获经济学博士学位。2000年至2001年曾为剑桥大学经济与政治学院正式访问教授。2001年回国正式执教复旦大学经济学院。2006年曾为哈佛大学哈佛燕京学社短期高级客座研究员。2001年回国后，曾在复旦大学为研究生和本科生教授微观经济学、宏观经济学、制度经济学、比较制度分析等课程，多年来在复旦多次被学生评为最受欢迎的教师。

自八十年代初以来，曾在《中国社会科学》、《经济研究》、香港《二十一世纪》等著名学术刊物上发表论文数十篇，并经常在《财经》、《东方早报》等国内有影响的报刊上，以及华尔街日报中文网、FT中文网、财经网、凤凰网等门户网站上撰写专栏文章、访谈和学术随笔。主要研究领域为制度经济学和比较制度分析，对哲学、伦理学、法学、政治学、人类学、语言学、社会学以及宗教神学等学科也有着广泛的研究兴趣。

主要学术著作：

《社会制序的经济分析导论》，上海三联书店，2001年。

《经济学与伦理学：探寻市场经济的伦理维度与道德基础》，上海人民出版社，2002年。

《文化与制序》，上海人民出版社，2003年。

《经济学与哲学：制度分析的哲学基础》，上海人民出版社，2005年。

《经济理论与市场秩序：探寻良序市场经济运行的道德基础、文化环境与制度条件》，格致出版社，2009年。

个人随笔集：

《难得糊涂的经济学家》，天津人民出版社，2002年。

《经济学如诗》，上海人民出版社，2003年。

《思辨的经济学》，山东友谊出版社，2006年。

《市场、法制与民主：一个经济学家的日常思考》，上海人民出版社，2008年。

《大转型：中国改革下一步》，中信出版社，2012年。

《重读哈耶克》，中信出版社，2014年。

《制度经济学三人谈》（韦森、汪丁丁、姚洋合著），北京大学出版社，2005年。

如果说从长远来看，我们是自己命运的创造者，那么，从短期来说，我们就是我们所创造的观念的俘虏。只有我们及时认识到这种危险，才能有望避免之。

——弗里德里希·冯·哈耶克《通往奴役之路》导言

序　言

> 每个时代都给人类一个教训但却总是被人们所遗忘，那就是：思辨哲学从表面上来看离人们的日常生活是那么遥远，且与人们的利益无关，但实际上却是对人们影响最巨的东西。
>
> ——**约翰·穆勒**（John Stuart Mill），《**论自由**》

收入这本小册子的 5 篇文章，大约是我从 2003 年到 2007 年之间写出来的，部分已经发表在国内一些学术期刊上，有一两篇已经收入我的其他文集。这次把它们汇集在一起，是想把我前些年从语言哲学和语言学的视角反思经济学尤其是社会制度的经济分析的一些探索再回顾整理一下，一方面梳理自己的认识，另一方面也在当今中国社会转型的关节点向关注着同类问题的学术界同仁分享一下自己对经济学基本问题的一些学术感悟。

在重新汇编印行自己前几年所撰写的这 5 篇学术长文时，自己觉得有必要向读者做一下几点说明：

第一，这里谨就本书书名中的"社会制序"概念先做一点解释。在自己前些年用语言哲学和语言学反思制度经济学的问题时，以及在主编、译校一些经济学和社会科学的名著，时时感到受语言表达的限制和困扰。这首先就遇到所谓的西方国家"Institutional Economics"（国内一般翻译为"制度经济学"）中的"social insititution"概念的翻译和把握问题。在前些年的一些文著中，我一再指出，把均质欧洲语（即

"Standard Average European"[1]）中所共有的"institution"翻译为中文中的"制度"是不合适的（见韦森，2001，2002，2003a，2003b）。因为，按照西方国家日常使用这个词的宽泛涵义来判断，尽管"institution"一词涵盖中文中"制度"（且主要是指"制度"）的意思，但决非限于中文（无论古代汉语，还是现代汉语）"制度"的涵义。按照英文版 *Shorter Oxford English Dictionary*（相当于中文的简明《新华字典》）的界说，"institution"是指"an established law, custom, usage, practice, organization"（这个定义实际上取多卷本《牛津英语大词典》诸多繁复定义中最核心和最简单的一个界说），"an established organization"很显然是指英语中"institution"的另外一重含义，即"组织、机构"的意思。进一步，我们可以把它理解为涵盖惯例（practice）、习惯（usage）、习俗（custom）、法律（law）。按照《牛津英语大词典》的界定，另外据笔者在英语国家十几年的生活中对人们日常使用这个词的观察和体验，我觉得除了法律这种正式制度规则外，无论社会科学界，还是人们的一般使用中，"institutions"概念是均包括人类社会

---

[1] 这是美国著名语言学家沃尔夫（Benamin L. Worf, 1998，参中译本，第124页）所使用的一个专门词组，用以指以拉丁语为共同先祖的英语、德语、法语和欧洲其他一些语言。在沃尔夫这部著作的中译本中，译者把这个词组翻译为"均质欧洲语"。很显然，现代均质欧洲语有一个共同"祖先"拉丁语，因而有着大同小异的语法。现代均质欧洲语中所共有的"institutions"，也是从拉丁语中共同继承下来的。

中的习惯、习俗、惯例等在其中的。但是问题是，一旦把"usage"、"custom"、"practice"、"convention"和"law"以及"regulations"等等包括进"institutions"概念之中，不能说"习惯"是一种中文意义的制度，习俗是一种制度，惯例是一种制度。经过多年的反复揣摩，我觉得西方文字中的"institution"一词的核心涵义是《牛津英语大词典》中的一种定义，"the established order by which anything is regulated"。《牛津英语大词典》中的这一定义直译成中文是："业已建立起来的秩序，由此所有的事物均被调规着。"这一定义恰恰又与哈耶克（Hayek，1973，pp.44～46）在《法律、立法与自由》中所主张的"行动的秩序"是建立在"规则系统"基础之上的这一理论洞识恰好不谋而合。正是由于这一考虑，笔者前些年曾提出要把"institution"翻译为中文的"制序"（即由规则调节着的秩序）。也正是依照《牛津英语大词典》的界定，笔者把英语以及均质欧洲语中的"institutions"理解为从"个人的习惯（usage）→群体的习俗（custom）→习俗"中硬化出来的"惯例规则（convention）→制度（formal rules, regulations, law, charters, constitution, ...）"这样一个动态的逻辑发展过程。这是笔者（韦森，2001，2002，2003a，2003b）在近几年一再坚持将"institutions"翻译为"制序"的主要理由。

尽管从各种角度看，把"均质欧洲语"中的"institution"翻译为中文的"制序"都能说得过去，但在现代社会中，尤其是在现代不同语言的社会科学术语的翻译中,任何一种语言中的一个词、一个术语被翻译成另一种语言的一个对应词,均是一种约定俗成的"惯例"(convention),甚至成了学术话语团体和社会各界的一种翻译用语的"习惯"。尽管自己觉得用"制序"对应英语以及均质欧洲语中"institutions"是再恰当不过了,但是,在现代社会中,要新创一个词,且让这个新词为学术话语团体和社会所接受,显然不是件容易的事。在我的《社会制序的经济分析导论》(韦森,2001)出版后,我注意到一些学界朋友——尤其是一些青年朋友——慢慢开始使用这个译法,且一直到最近还有,但是经济学界和社会科学界大多数人还是用"制度"或其他自己偏好的中文词对译这个概念。结果,在近几年的一些专栏文章和学术文章中,连我自己也较多地用"制度"而不是用"制序"这个词了[1]。现在,在重新收入本书的几篇文章而成这本小册子

---

[1] 当然,稍注意我的文章和著作的学界同仁和学生们会注意到,最近几年当我使用"制度"一词时,基本上是在中文"正式规则"的意义上来使用的,并不是指"习俗"和"惯例"和"组织"、"机构"和"建制"的意义上来使用的。这是近些年我同时使用"制度"和"制序"两个词的缘由。换句话说,我使用中文的"制度"时,实际上就是指中文的作为正式规则的制度;而使用"制序"时,则是直接"对译"的英语的"instituions"。实际上,在如何翻译英语的"institution"这个概念的问题上,这几年我常常想,这个概念与英语语言中的一些亲属称呼名词一样,严格说来在中文中并没有对应词。如"uncle"、"aunt"等这些英语中的概念,在中文中严格来说没有对应概念。前者有"伯伯、叔叔、舅舅、姑父、姨父"等意,而后者有"伯母、婶母、姑母、姨母、舅母"等意(在要区分的场合,最多也只能做到区分 paternal aunt——即父方的——指得是伯母,姑姑和婶婶,而 maternal（转下页）

4

时，到底是用"语言与制序"，还是用"语言与制度"？是否应该放弃自己经过数年推敲才在1998年回国后决定新创的"制序"这个概念？我自己考虑再三，也征求了身边几个学生的意见，最后还是把它保留下来。

这里谨向读者和学界同仁说明的是：凡是在本书中以及在前边几本小册子用"制序"的地方，均是在英语和均质欧洲语种中宽泛意义的"institutions"等价意义上使用的，而正如我在这本小册子的许多地方指出的那样，当我用"制序"这个词时，有时是与维特根斯坦哲学中的"生活形式"（在德语中为"Lebensformen"）在等价意义上使用的。当然，我自己明白，熟悉维特根斯坦后期哲学的方家会知道，维

（接上页）aunt——即母方的——指得是姨母和舅母等，远没有汉语中亲属关系中的称呼这样精准到位）。英文中就是笼而统之地有这类"uncle"、"aunt"等称呼概念，我们难道也在汉语中硬造出来一个词来统称这类英语中的称呼名词？那又翻译成什么呢？同样，在英文中，一个"institution"概念涵盖中文的"习惯"、"习俗"、"惯例"、"法律"、"制度"、"建制"、"组织"、"机构"、"名人"等含义，那为什么今天我们就试图用一个"制度"或"惯例"（华东师范大学杨国荣教授译法）、"建制"（哲学家陈嘉映和华东师范大学童世骏教授的译法）等用这个英文词的一意以偏概全地统译它呢？这岂不成了用"伯伯"或"舅舅"统译英文中的"uncle"，或用"伯母"或"姑母"来统译"aunt"了？当然，考虑到在当代经济学中的"institutional economics"已经相当发展，有三四位经济学家已经分别获诺贝尔经济学奖，还是应该把"institution"对译成一个确定的中文，且由于国际上的institutional economists基本上是从产权、契约和法律制度的角度研究经济问题，把它翻译为"制度经济学"仍然说得通。

5

特根斯坦哲学中，他之所以使用"生活形式"，完全是在"生活游戏"与"语言游戏"关系的哲学本体论意义上使用这个概念的，与我们今天的"Institutional Economics"所具象地讨论的"institutions"问题相距甚远，但是，考虑论述的方便，我在许多地方有时把它们等价起来使用。至于我的这种理解是否对，是否合适，在这本有些思辨的小册子中自己的言说是否成立，只能留给读者和哲学界和经济学界的方家去批评了。

第二，这些年关注我经济学写作的学界朋友、网友、书友和学生们也许注意到，自2007年以来，我个人已经数年不再做这本书以及前边几本小册子中那种抽象的和思辨的理论研究和学术思考了，也许有的朋友会觉得我这些年已经放弃了学术研究和探索之路，做起中国经济社会发展的现实问题研究乃至改革的"呼喊"了（见笔者的《市场、法治与民主》，2008年；《大转型》，2012年；《重读哈耶克》，2014年）。正如大家所注意到的，自2007年开始，我确实对当下中国经济社会发展现实中的一些问题投入了大量的精力研究和评论，尤其是在预算民主建设、中国的政治体制改革以及中国的宏观经济发展问题上发表了一些粗浅意见，然而，也许在复旦大学之外的一些朋友可能还不知道，我这些年一直在艰苦、广泛、大范围地阅读欧洲经济史、欧洲法制史、欧洲政治史、中国经济史、中国法制史，乃至世界和中国科技史，以及各国的货币史和货币制度史。最近几年，虽然我在这些宽泛的大历史阅读中并没有发表多少学术论文和专著，但是自我从前些年多学科和"跨学科"（我不大喜欢用这个概念，其中包括哲学、经济学、伦理学、人类学、政治学、法学、社会学和一点宗教神学）的阅读和思辨地思考人类社会的制度生成、维系和变迁问题，转向大范围地读历史，主要还是想要理清自己的思想和认识，甚至可以说在自我验证和检验自己认识。自己曾一度意识到，完全从思辨的理论逻辑和他人的研究思路来研究和思考人类诸社会的制度变迁问题，尤其是从"理性推理"来理论化这些大问题，可能会误入歧途，甚至会产生偏见和误识。阅读历史，并不盲信一些历史资料，才能结合思辨的思考大致理清人类社会发展的一般法则和一个现代良序社会运行的基本原理。

这里要向读者说明的是，正是由前些年我这些有点思辨思维的理论思考和研究，才会导致我对中国现实问题和2008～2009年的世界经济衰退形成了一些自己的独特看法，并对西方世界的兴起和中国明、清时期的市场经济兴衰乃至未来中国经济社会发展的前景谈了一些个人看法。因而可以说，只有理解我从2001年的《社会制序的经济分析导论》(2001)、《文化与制序》(2002)、《经济学与伦理学》(2003)，乃至这本小册子的思辨的经济学与哲学思考的论辩理路，大家可能也才会理解我为什么在"华尔街日报中文网"、"FT中文网"，以及收录在我的《市场、法治与民主》、《大转型》和《重读哈耶克》等文集中是如此看问题的,也会理解在我即将出版的下一本专著《从李约瑟之谜到大分岔:西方世界兴起和明清中国市场经济兴衰的历史反思》中会如此观察问题和进行理论和历史的述说的。换句话说,我对当下中国问题和历史问题的观察及思考,与我前些年思辨的经济学理论思考,在理论上是一致的。因为,我这些年对一些现实问题和历史问题的评论和述说,其基础就在于我这几本小册子中所梳理出并逐渐形成的自己的一些观察和研究问题的理论视角。换句话说,过去7~8年中自己大范围地阅读历史,还没有写出来一本学术专著,这些年更多地是在通过阅读历史来验证和理清自己的思想和认识。

第三,正是由于上一点,作为一个生活在全球化的网络时代以及信息和知识爆炸的当代社会的书生和大学教师,我常常意识到,自己大范围地、跨学科地阅读和写作,与其是写给别人看的和教给学生的,毋宁说是在理清自己的思想,实际上是不断地在整理读书笔记[1],在用写书和写文章来"拷问自己"。在目前专业化分工已经非常细密的现代哲学和社会科学中,自己的这种写作和思考到底是属于哪个学科?自己在这些几乎无学科概念的思考和探索中所形成的一些看法是否能在人类社会的知识存量中增加一点边际增量?是否完全浪费

---

[1] 甚至可以把收入本书的所有文章都视作笔者自己的读书笔记,用英文讲,都是笔者在做的"literature reviews"。

了在知识爆炸的当代社会中读者的有限时间(有时有些读者阅读时间的"机会成本"甚高)?这种研究又有何意义?对于诸如此类的问题,自己也常常反问自己,但无法给出确当的回答,故这里也只能留给读者们去评说和评判了。

第四,从国际、国内经济学界来看,尽管前些年美国的麦克洛斯基(D.N. McCloskey, 1985, 1986, 1994)曾经探究过经济学的修辞(rhetoric)和话语(discourse)问题,前几年,当代著名博弈论经济学大家鲁宾斯坦(Ariel Rubinstein, 2000)也出版过一本《经济学与语言》的小册子,且在最近几年在国际上也出现了一些语言的经济分析研究文集乃至专著,但是,就自己管窥所见,从世界范围看,无论是在英语国家中,还是在中文和其他语种中,还很少见到有从语言学和语言哲学的角度来反思经济学本身的语言以及这门学科的性质(nature)以及意义这类"元经济学"(meta-economics)的问题。本来,在2005年教育部一般项目"现代经济学的语言与修辞:一个马克思主义经济学与西方经济学的综合比较视角"的资金支持下,笔者曾一度想在一个相当长的时间里专门探究这个问题,即把收"语言的经济学与经济学的语言"的长文扩展成一本专著,但后来发现,要完成这样的工作,不仅需要对当代哲学——尤其是语言哲学——和语言学有较深入的研究,而且要对从亚当·斯密到李嘉图和马克思的古典政治经济学有深厚的思想史知识和学说的整体反思,且需要对自马歇尔以降的西方经济学的主流经济学有整体的思考和评估,而且还要对奥地利学派的经济学、瑞典学派的经济学,以及凯恩斯经济学等各种流派有全面的深入研究和对比性的思考,这无疑是一项几十年乃至一个人一生的工作。另外,没有经济理论的创新,怎敢妄加评价现有经济学的语言和方法?基于上述原因,最后自己不得不浅尝辄止,面对这个宏大的根本性问题,只是写出了几万字的一篇导论式的论文,而没有再继续深入探究这一问题。对此,自己有些遗憾和内疚,但自知这是自己的一个"理性的选择"。因而,收入这本小册子的这几篇长文,与其说是对这教育部这一研究项目资助的一个交代,不如说是笔者对这一宏大研究问题的研究却步于门前的一点自我解释。然而,笔者这里能向关注我学术研究和思想探索之路的朋友和学生们交代的是,与其说我是这一宏大研究问题的一个逃兵,不如说我这些年正在尝试从另一个切入点继续思考这个问题。近两三年来,除了大范围地阅读经济史、法制史、政制史、科技史和货币史等领域的专业文献外,我花了甚多的时间和研究精力梳理了在20世纪30～40年代发生的那场牵动世界各国经济学家的哈耶克与凯恩斯的理论论战,并一直在思考什么才是经济学的真问题,现代流行的经济理论的问题到底在哪里,以及未来经济学的可能发展在哪里(见韦森,2014a)。与其说最近这一思想史的专门研究是自己又开辟了另一个研究领域,而毋宁说是这一经济学语言研究的一个延续、一个更小的入口和切入点。但是,最近以来,自己也一再自我警醒：尽管自己这些年还像一个正在做博士论文的学生一样不断地学习、阅读和探索，尽管自己还算努力，但毕竟转眼已到耳顺之年了。尽管这经济学思想史研究的小的切入口似乎更可行和更具"操作性"，但是未来中国的社会转型以及自己的研究精力和关注点是否能允许我坐下来做这样一个小的思想史研究领域的文献梳理和回顾工作，即从货币理论与商业周期的角度专门思考经济学的性质、现状、问题和未来发展前景，目前看来还是个变数。经过30多年的改革开放及经济高速增长和社会繁荣，未来中国还能否允许我们这些书生静下心来专门研究这样"阳春白雪"的经济学问题？当下和未来中国对我们这些知识分子的理论研究的主要"召唤"（calling）是什么？时代和我们的国家最需要我们弄清什么理念和问题？这显然都不能从现代经济学的理性经济人最大化假设来自我设定自己的研究任务。

最后，当要把这本小册字呈现给读者的时候，我想起了20世纪世界最伟大的经济学家之一约翰·梅纳德·凯恩斯（John Maynard Keynes）在1936年出版的《就业、利息和货币通论》的"序言"中的一段话，"撰写这样一本书，笔者沿着陌生的道路摸索，如果想要避免过多的失误，他必须极度依赖批评和对话。如果一个人单独思考太久，什么愚蠢的事情都可以信以为真了"（Keynes, 1936, p. vii）。凯恩斯的这段，实在是给我们这样进行单独思考的学人的一个切实而诚挚的警告。如果自己在一个几乎无前人探索的思想蹊径(甚至根本无路的荒原上)进行自我思考和探索时,很显然研究者自己不能自我认识和自我评估。即使研究者本来就走错了方向,但因为已走得太远,独自思考太久了,"可能什么愚蠢的事情都真得信以为真了"。故此,笔者这里谨把这本自己独自思考的非常不成熟的小册子捧呈到读者面前,诚乞对这些问题感兴趣的哲学、经济学和社会科学各界的方家和读者批评指正。

是为序。

韦森于 2014 年 5 月 15 日谨识于复旦

参考文献

Keynes, John Maynard, 1930, *A Treatise on Money*, 2 vols., London: Macmillan. In *The Collected Writings of John Maynard Keynes*, vol. V, vol. VI. 中译本:凯恩斯,1997,《货币论》上、下卷;上卷,何瑞英译,下卷,蔡谦等译,北京:商务印书馆。

McCloskey, D. N., 1985, *The Rhetoric of Economics*, Madison, Wis.: University of Wisconsin Press.

McCloskey, D. N., 1986, *The Writing of Economics*, New York:Macmillan.

McCloskey, D. N., 1994, *Knowledge and Persuasion in Economics* Cambridge: Cambridge University Press.

Mill, John Stuart, 1859, *On Liberty*, London: Georg Routledge & Sons, Ltd.

中译本：约翰·密尔，2005,《论自由》，许宝骙译，北京：商务印书馆。

Rubinstein, A., 2000, *Economics and Language*, Cambridge: Cambridge University Press.

韦森，2001,《社会制序的经济分析导论》，上海：上海三联书店。

韦森：2002,《经济学与伦理学——探寻市场经济的伦理维度与道德基础》，上海：上海人民出版社。

韦森，2003a,《文化与制序》，上海：上海人民出版社。

韦森，2003b,"哈耶克式自发制度生成论的博弈论诠释",《中国社会科学》第 6 期。

韦森，2006,《市场、法治与民主》，上海：上海人民出版社。

韦森，2012,《大转型：中国改革下一步》，北京：中信出版社。

韦森，2014a,"哈耶克与凯恩斯的论战：来龙去脉与理论遗产",《学术月刊》，第 2、3 期。

韦森，2014b,《重读哈耶克》，北京：中信出版社。

Whorf, B. L., 1956, *Language, Thought and Reality, Selected Writings of Benjiamin Lee Whorf*, Cambridge, Mass.:The MIT Press. 中译本：沃尔夫，2001,《论语言、思维和现实：沃尔夫文集》，高一虹等译，长沙：湖南教育出版社。

目 录

001 / **序 言**

001 / **经济学的性质与哲学视角审视下的经济学：一个基于经济思想史的理论回顾与展望**

004 / 1. 引言：从豪斯曼的《经济学的哲学》谈起
007 / 2. 经济学的本质与任务
018 / 3. 经济学是否能做到成为一门价值中立的学科？
027 / 4. 经济学能否成为像物理学和化学那样一种高度形式化的"精密科学"？
044 / 5. 余论：经济学内部不同研究进路之间的竞争才能产生富有意义的经济学

049 / **语言的经济学与经济学的语言**
055 / 1. 经济学的语言转向？
062 / 2. 语言的经济分析
083 / 3. 经济学的语言与修辞
100 / 4. 从经济学的语言的分析视角看博弈论的实质与功用
105 / 5. 语言反思对经济学制度分析的理论意义
116 / 6. 余 论

1

127 / 言语行为与制度的生成

157 / 语言与生活形式：兼论乔姆斯基对后期维特根斯坦哲学的商榷与发展

162 / 1. 索绪尔、维特根斯坦与塞尔：语言是一种元制序

183 / 2. 后期维特根斯坦语言哲学中"语言游戏"与"生活形式"的概念

203 / 3. 乔姆斯基、维特根斯坦与康德："先天语言官能"的制序含蕴

226 / 4. 乔姆斯基对维特根斯坦的人"遵从规则的悖论"的商榷

244 / 5. 口头语言与文字语言在社会制序上的投射

263 / 文字语言与社会结构：从语言特征看西方近现代法理社会的生成与传统中国礼俗社会的维系

266 / 1. 引 言

274 / 2. 从字本位语言与汉人的思维方式的关联看语言在传统中国社会制序上的投射

287 / 3. 从汉字构形特征到汉语的人文精神再到传统中国社会的总体制序特征

298 / 4. 从语法的特征差异看汉语和均质欧洲语在东西方社会内部生活形式的构形与变迁路径中的作用

314 / 5. 汉语的灵活多变性与传统中国社会的生活形式以及传统中国文化的整体特征的同向共生性

326 / 6. 白话文运动与近现代中国社会的历史变迁
335 / 7. 余 论

341 / 后 记

经济学的性质与哲学视角审视下的经济学：
一个基于经济思想史的理论回顾与展望[1]

■ 人们一定从错误开始，然后由此转向真理的。这就是说，人们必须揭露错误的根源，否则听到了真理也毫无用处。当其他东西占据了真理的位置，真理就不会出现了。

——路德维希·维特根斯坦："评弗雷格的《金枝》"

---

［1］本论文是笔者所承担的 2005 年教育部一般项目"现代经济学的语言与修辞：一个马克思主义经济学与西方经济学的综合比较视角"的部分研究成果。笔者感谢黄有光、孙广振、陈志武、文贯中、洪永淼、姚洋、史晋川、叶航、周业安、李文溥、董志强、周立群、宋铮、杭行、陈钊等诸位教授的评论和批评意见，我的学生皮建才、梁捷、方钦、席天扬、杨荷、周子贤、黄雄、丁建峰以及李华芳等也提出了诸多修改意见，尤其是指出了我的打字错误。他们的一些意见已经采纳进本文的最后定稿之中。当然，本文的所有的观点和依然存在的纰漏由作者全部负责。

引

基于对经济思想史上一些相关文献的理论回顾，本文认为，在中国经济与中国经济学理论互动演变的当下格局中，是对经济学的性质、意义、任务及其他到底是一门什么样的学问这样一些元经济学问题进行理论反思和讨论的时候了。第2小节的文献追溯发现，在经济学说史上，伴随着由"政治经济学"向"经济学"的转变，经济学家们对经济学的本质和任务的理解也发生了很大变化。第3小节讨论了经济学能否成为一门价值中立的科学问题。研究发现，任何经济学派的理论观点都会潜含着某些价值判断和伦理原则在其中，经济学家作为一个"学术人"所面临的问题，首先是如何透过自己的文化信念和价值观，去发现人类社会中的某些"自然秩序"。第4小节讨论了经济学能否成为像物理学、化学等自然科学那样一种高度形式化的"精密科学"这一问题，并对目前主流经济学中流行的唯科学主义的研究偏向做了一些反思性的评论。本文最后所得出的结论是：为了中国的理论经济学在未来的健康成长，应该鼓励不同经济学流派和研究进路之间的竞争、对话和多元化发展。

1. 引言：从豪斯曼的《经济学的哲学》谈起

　　自 1978 年改革开放以来，中国经济已经保持了近 30 年的高速增长。同时，自同年召开的十一届三中全会以来，中国学术思想界也经历了一个近 30 年的思想解放过程。伴随着经济高速增长、社会进步和思想解放过程，中国的经济学理论也有了长足的进步。不但从整体上来说中国的经济理论研究已经大致完成了一个从计划经济时代以苏联政治经济学教科书为基本骨架和范本的单一经济学话语体系，向一种当代经济学和古典经济学研究共存且诸多门类经济学科共同繁荣发展的时期转型，在各大学经济学院和商学院的实际教学过程中，也实际发生并正在试行着一种多元化课程设置的动态演变格局。中国经济学理论和中国高校经济学教育的双重进步和同步发展，不但使一批又一批的中国高校经济学专业的博士和硕士等专业理论人才进入教学或科研单位并逐渐形成了中国经济学中新生代的主流研究力量，而且也有成千上万的毕业生进入了一些国外著名大学攻读研究生课程，并有一大批从国外获经济学博士学位的中青年经济学家回国执教，或在各科研机构和实际经济部门从事经济理论研究。更为可喜的,这一新生代的中青年经济学人,开始以现代经济学的研究方法和语言与国际经济学界的同仁们进行交流,并开始在国际上的外文经济学学术刊物上发表文章。

改革开放近 30 年来中国的经济总量增长是巨大的,同时中国经济学理论在整体上所取得的进步也是巨大的。然而,这双重的巨大成就,并不能掩盖在中国社会现实中以及在中国经济学理论发展过程中同时存在的一些问题。正如经历了 30 年高速经济增长的中国社会正在走向何方这样一个巨大的理论和现实问题有待学术各界共同探讨和思考一样,中国理论经济学也同样面临着未来道路如何走这样一个重大问题。另外,这里不得不说,正如改革开放以来近 30 年的中国高速经济增长巨大成就可能部分遮蔽了中国理论界观察社会问题的视界一样,当下中国的经济繁荣,也似乎致使忙忙碌碌的中国经济学人没时间来反思经济学到底是一门什么样的学问这样一个"形而上学"问题了。然而,现在的问题可能是这样:只有大致理解经济学到底是怎样的一门学问,中国经济学界方能较合宜地理解经济学人自身在经济社会发展中的确当位置和角色,也才能进一步较清楚地把握我们这个社会的未来走向。一句话,在当前中国经济繁荣、社会进步与经济理论互动发展的格局中,从未来制度变迁和经济理论发展的现实需要来看,是在整体上反思经济学的本质和任务到底是什么的时候了。

2007 年 1 月,北京世纪文景出版公司翻译出版了美国经济学家豪斯曼编的《经济学的哲学》(丁建峰译)文集。这部文集的编者丹尼尔·豪斯曼(Daniel M. Hausman)现为美国威斯康星大学麦迪逊分校的哲学教授,并且已经担任在国际甚有影响的《经济学与哲学》杂志的主编十多年了。由这位行内专家所精心收编的文集,汇集了近现代经济思想史上一些理论大师的经典之作,覆盖了经济学诸领域中的一些"元经济学"(meta-economics)的深层问题。在豪斯曼《经济学的哲学》中译本的封底中,中国经济学家汪丁丁教授曾表达了一个非常重要的理论判断:"为了让经济学走向21世纪,我们应当知道它在20世纪的整体状况。对经济学的整体把握,就是经济学的哲学。"笔者非常同意这一见解。这篇文献综述性文章,自不敢言是对经济学的发展做任何整体性的把握,而仅仅是基于笔者一点非常有限的文献阅读,就理论经济学中几个相互关联着的重要问题,做些文献梳理,并附带增加自己的一点"边际评论"。这里,笔者仅挑出三个主要问题来,就教于经济学界的先辈、同侪和青年同仁。这三个问题分别是:经济学的本质(nature)与任务是什么?经济学能否成为一门价值中立的学科?经济学能否成为像物理学和化学那样一种高度形式化和"技术化"的"精密科学"?

2. 经济学的本质与任务

可能自"政治经济学"(the political economy)和"经济学"(economics)这些术语出现以及理论经济学学科形成以来,[1]经济学是什么似乎就成了经济学家们的一个挥之不去的问题。较早,经济学家们多是从经济学的定义去把握经济学的本质和任务的。譬如,在《国富论》中,斯密(Smith, 1776/1930, vol. II, p. 177)曾把

---

[1] 从经济学说史上来考证,最早是法国重商主义的代表人物孟克列钦(Antoyne de Montchrétien, 1575～1621)使用"政治经济学"一词,他于1615年、1616年分别发表了"献给国王和王后的政治经济学"和"论政治经济学"两篇文章,最早把"政治"与"经济"联合起来使用,比斯图亚特早了150年。另据澳大利亚悉尼大学著名经济学说史学家格罗内维根(Greonewegen, 1987)考证,在英语世界中,最早使用"政治经济学"作为其书名的,是英国经济学家斯图亚特勋爵(Sir James Steuart),1767年,他出版了自己的经济学著作《政治经济学原理研究》。但1875年,西方一位经济学家麦克劳德(H. D. MacLeod, 1875)在"政治经济学是什么?"一文中,主张将"政治经济学"改为"经济学",并将其定义为"探讨支配可交换物品数量的科学"。在20世纪上半叶,西方一位著名经济学家坎南(Cannan, 1929, p. 44)认为,尽管麦克劳德提出了这一主张,但是,直到马歇尔(Alfred Marshall)之后——尤其是在马歇尔的《经济学原理》在19世纪和20世纪之交对西方经济学界的巨大影响下,人们才逐渐接受了"经济学"这个概念。到了20世纪20年代,西方经济学界就比较通用"经济学"而不是"政治经济学"了。

政治经济学视作为"研究国民财富性质和原因的一门学问"。斯密（Smith, 1776/1930, vol. I, p. 395）还认为，"作为政治家和立法者的一门科学的政治经济学，有两个不同目标：首先，为人民提供充足的收入或生计，或者更确切地说，使人民能给自己提供这样的收入和生计；其次，为国家和社会提供公共服务所需的充分收入。概言之，其目的在于富国裕民"。正因为斯密本人在写《国富论》时心目中把经济学视作写给政治家和立法者读的一门学问，在他的话语解释（discourse）中，到处不无对君主与政府应当在治理社会时如何行事的治国方略和政策建议。换句话说，斯密恰恰是在古汉语中"经邦济世"和"经世济民"的"经济"意义上来看待经济学的性质与任务的。用施蒂格勒（1986，ch. 18）的话来说，在斯密等英国古典经济学家看来，经济学的任务是劝说（preach）人类社会尤其是国家的主权者（the sovereign，一译"君主"）应该采取什么样的合宜治理方式和制度形式，来使一国的经济繁荣，人民致富。有了这一明确的学术目标，在《国富论》中，斯密不仅讨论了一些经济和贸易政策，而且较广泛讨论了政治、法律甚至外交等等方面的问题。譬如，除了提出"看不见的手"这一著名的经济学原理外，斯密在《国富论》中还讨论了保证这种看不见的手能得以良好运作的自由制度原则及其法律保障问题。斯密（Smith, 1776/1930, p. 184）指出："一些特惠或限制制度，一经完全废除，最明白和最单纯的自然和自由制度就会自动建立起来。每一个人，在他不完全违反正义的法律时，都应给予完全的自由，让其依照自己的方式去追求自己的利益，并以其产业和资本与其他任何人以及其他阶层进行竞争。"依照这一理念，斯密还对社会的收入分配提出了一个非常重要但却很大程度上被人忽视了的观点：各阶层人民的收入分配，也应该是由市场竞争来决定的事。斯密（Smith, 1776/1930, vol. II, p. 152）说："君主应该给予各阶层子民以公正和公平的待遇，如仅仅为了促进某一阶层的利益，而损害另外一个阶层的利益，显然与此相违。"斯密对市场经济进步意义的确信，甚至到了这样一种程度：只要给定充分的自由竞争和市场秩序的自然成长空间，市场诚信体制也会随着交易的扩大而慢慢产生出来。譬如，在 1762～1763 年撰写的《法理学讲义》中，斯密（Smith, 1978, p. 538）就曾明确指出："只要商业在某一国家兴起，就总会带来人们正直和守时（probity and punctuality）的习惯。这些美德在未开化的国家里几乎是不存在的。"斯密还接着举例，在当时欧洲各国当中，荷兰人最注重做生意，同时也是最遵守诺言的人。[1]

对斯密本人对自发市场秩序运行之合理性的这种强烈信念，就连比较推崇自由市场体制的芝加哥学派中一位重要思想家施蒂格勒（George Stigler）也似乎感到难能完全接受，并好像略有微词。1980年在哈佛大学所做的题为"经济学抑或伦理学"的著名"坦纳人类价值讲座"（the Tanner Lectures on Human Values）的讲演稿中，施

---

[1] 现在看来，斯密在 18 世纪的这一理论猜测，似乎有普遍意义，因为，斯密的这一判断，似乎也被当代中国市场化进程的历史实践所证实了。改革开放以来，中国东南沿海地区尤其是浙江省的市场化程度比较高，而这些省份和地区的市场诚信程度和诚信体制建设也比市场化程度相对落后的中国西部和内地省份要高一些。这应该是一个可以通过实证检验来证明的事实。

9

蒂格勒曾把斯密比喻为那种自由市场体制合理性理念的"传道人"（preacher），并认为在《国富论》中到处都可以找到这种"传道"、"说教"或言"劝说"的例子。照施蒂格勒看来，在斯密之后，这种基于经济学家个人价值和伦理判断的说教就比较少了，他还举例说，在李嘉图（David Ricardo）的《政治经济学与赋税原理》以及在穆勒的《政治经济学原理》中，这种"说教"就不多了，而到了马歇尔的《经济学原理》中，就根本没有"说教"了（Stigler, 1986, 参中译本，第392页）。施蒂格勒还认为，从那之后，经济学家们就变得"圆滑老练"起来，用今天的话说，人们不再像斯密那样关心人类社会到底是如何运作的这类"经邦济世"的大学问了，而是尽量把话说得婉转巧妙，从而只是做些解释现实经济现象的"实际功夫"。如果说施蒂格勒的这一观察无误的话，我们今天似可以进一步认为，在经济思想史上，斯密对经济学性质和任务的解说及理解，在后来的经济学家中在很大程度上被"修改"（revised——这里可不是在"修正"意义上说的，而且也很难说是被"修歪"）了。尤其是到了另一位英国古典经济学家、功利主义伦理学家和法学家边沁（Jeremy Bentham）那里，经济学的性质和任务被明显"功利化"了。照边沁（Bentham, 1787/1952, p. 223）看来，"政治经济学既可被当作一门科学，也可被当作一项技艺，但当科学被运用于指导技艺时，两者可视作同一回事"[1]。

---

[1] 边沁的这一定义当时就遭到另一位经济学家西尼尔（Nassau W. Senior）的批评，说边沁这种把科学与技术混为一谈的做法将损害经济学的发展（Senior, 1836/1938, p. 3）。

在认识经济学的任务和性质时,我们必须认识到,斯密之所以像一个为市场经济运作之合理性大声呼喊的传道人那样写出《国富论》、《道德情操论》以及《法理学讲义》等等经典著作,完全与他所处的时代密切相关。18世纪后半期,英国的市场经济体制才刚刚萌生,重商主义的国家干预政策还在大行其道,保护市场运作的法治和宪政民主体制还没完全建立起来,更重要的是,当时的英国还处在工业革命的黎明前夜中。在此情况下,斯密把自己的经济学的任务定作为一种为政治家和立法者所写的一门学问,并决意要把自由市场体制的理念传道(preach)给世人,现在看来是完全可以理解的。然而,在《国富论》出版后的一个多世纪中,法治化的市场经济体制在英国、荷兰、法国、德国等欧洲国家相继生成了。正如施蒂格勒(Stigler, 1986,参中译本,第418页)所注意到的那样,"自《国富论》出版以后的一个多世纪里,经济发展的步伐一直以一种前所未有的速率和规模向前迈进。西方世界的生产技术、经济体制、生活方式,乃至政治制度,都发生了持久而意义深远的变化"。19世纪西方世界的兴起,西方国家中法治化的市场经济运作体制的生成,标志着西方社会从整体上已经完成了其现代化过程,因而,像斯密那样为呼唤法治化市场经济体制的生成和降临的"市场经济理论传道人"的历史使命已随之结束了,接着,经济学的现实任务和历史使命也随着社会的进步和历史变迁而发生了根本性的变化。这样,到边沁和约翰·穆勒(John Stuart Mill)所处的19世纪中后期,西方的社会历史已经不再需要经济学家们像斯密那样为呼唤出"市场经济"而进行呐喊了,而是较多地要求经济学家们去注重探究市场运行中人们的行为方式并较功利地研究和教导人们如何在市场经济体制中做出自己的最佳选择,这就是可以理解的了。[1] 由此我们今天也可以判断,如果我们把经济学认作为从财富创造和社会福利增进的视角来探析人类社会是如何运作的这样一种话语体系的话,其任务和意义亦会随着人类社会的历史演进进程而不断发生变化,但是,经济学本身所展示的市场运行的一些基本原理,应该是经济学本身所永远秉有的,否则,经济学也就失去了它本身是有关人类经济社会运作基本原理的一门学问这一特殊性质了。

在19世纪后半期,处在自亚当·斯密所沿袭下来的英国古典经济学的学术传统中,以及在英国市场经济业已形成的历史背景中,约翰·穆勒(John S. Mill)对经济学的任务以及现实的和历史的意义的理解,较斯密来说就有了一些"修改",并且,穆勒对经济学本质的理解,较斯密而言也发生了一些变化。譬如,在"政治经济学的定义及其方法"这一经济学说史上的经典名篇中,穆勒(Hausman, 1994,参中译本,第53～55页)曾对政治经济学下了这样一个定义:"政治经济学是探讨某些社会现象规律的科学,这些规律产生于人们生产财富的联合行动之中,就其所涉及的现象而言,不会由于人们对其他目标的追求而被修正。"接着,穆勒还指

---

[1] 这里必须指出,不能因为西方市场经济体制在斯密的《国富论》出版一百多年后基本形成了,就认为斯密这部伟大的著作中关于市场经济运行的基本原理就过时了和不重要了。即使在当代社会,如果任何经济学人在读斯密的《国富论》时还不能为他在两百多年前的一些理论洞见所震撼和感动,那他本人就该自问一下自己是否真的算是一个"经济学人"了。

出,在确定政治经济学的上述定义时,他试图将其本质刻画为一门抽象科学,并认为其方法是先验方法,即建立在人们嗜财好利、为追求财富而精心选择手段的假设基础之上(这一点分别为后来的新古典主流经济学和奥地利学派的一位重要经济学家米塞斯(Ludwig von Mises)所承传下来,下面我们还会谈到这一点)。从穆勒的这一经典名篇的论述中我们发现,对经济学家以及经济学的理论任务,穆勒的理解较斯密已经发生某些变化。与斯密那样把经济学理解成为政治家和立法者所写的一门经邦济世、经世济民的大学问[1]不同,穆勒较倾向于把理论经济学视作研究人是如何追求财富且建立在某些有关人的行为模式的一些先验假定基础之上的"精密科学"。今天我们也从中可以发现,穆勒的一些论断,实际上与马歇尔之后西方新古典主流学派的建立在理性经济人基础上的抽象推理精神,在许多方面是相契的,或者说穆勒的经济学思想,已经蕴含了当代主流经济学理论建构理路和分析精神的萌芽。

在西方经济思想史上,马歇尔(Alfred Marshall)以及其经济理论,可谓是一个承前启后的转折点。不但自马歇尔之后,"政治经济学"这一理论经济学的通称逐渐为"经济学"一词所代替,而且人们对经济学性质和任务的理解,也发生了很大变化。在《经济学原

---

[1] 斯密的这一理论精神被后来的马克思所强烈地继承下来了。但是,二人的区别在于,在马克思那里,政治经济学已经不再是为政治家和立法者所写的"经济"学问了,而是向世人"劝说"一个理想的美好社会应该是怎样的"理论论证"和"构想"。由于讨论马克思主义政治经济学本质与任务已经属于另外的专门研究话题,并且在实质上已属于另外一种经济学的话语体系,故本文就不再展开讨论了。

理》中，马歇尔（Marshall, 1920, p.1）曾对经济学的性质做了一个折中的把握："政治经济学或经济学是一门研究人类一般生活事务的学问"，"一方面它是研究财富的学科，另一方面，也是更重要的方面，它是研究人的学科的一部分"，或者概言之，"它研究在个人与社会活动中与获取和使用物质福利必需品最密切相关的那一部分"。对马歇尔的这些论述，我们今天似可以做这样的解读：经济学作为研究人类一般生活事务的一门学科，既要研究财富的创造和增殖问题，也要研究人的经济行为，但目的却只有一个，即探究和论述人类社会如何才能最佳地创造和使用财富。

马歇尔之后，尤其是在第二次世界大战之后，新古典经济学繁盛发展起来，并逐渐成为了当代经济学的主流。当代主流经济学家对经济学本质和任务的理解，较早被英国伦敦经济学院的一位老牌经济学家罗宾斯（Lionel Robbins）较全面和系统地予以阐述出来。在1932年出版的《经济科学的本质和意义》的这本小册子（1935年出版第二版）中，罗宾斯对经济学的本质、任务、意义以及研究方法等进行了专门的探讨。按照罗宾斯（Robbins, 1948，参中译本，第16～20页）的理解，经济学的本质是研究资源稀缺条件下人类在配置资源方面是如何行为的一门形式化的社会科学。罗宾斯认为，在错综复杂的现实世界中，当人们进行多种目标的选择时，经济学可以帮助人们理解自己选择的意义，以及如何做选择，故"它提供了人们合理行动的一种技术"，因为，"我们要想做出完全合理的选择，就必须先知道自己偏好些什么"（Robbins, 1948，参中译本，第123页）。

罗宾斯对经济学本质和意义的这种理解和把握，为后来的绝大多数当代经济学家所赞同，并在此精神下不断进行理论创新和学术建构，从而逐渐形成了当代经济学的宏大理论世界。之后，一些主流经济学家对经济学的本质和任务也做过一些具体的描述，但与罗宾斯的理解已经没有多少实质性的差别。譬如，在"经济学抑或伦理学"中，施蒂格勒（Stigler, 1986，参中译本，第393页）曾明确指出："经济学的主要任务一直是以大众可以接受的方式来解释实际经济现象，而且近200年来我们能始终诚心诚意地尽力完成这一使命，尽管并不总能取得极大的成功。"施蒂格勒的这一见解，实际上不过是复述了弗里德曼（Milton Friedman）在20世纪50年代就提出的一些基本见解。譬如，在其著名的"实证主义方法论"一文中，弗里德曼（Friedman, 1953）曾强调指出，实证经济学在原则上是独立于任何价值判断的，"作为一种实证科学，经济学是一种被尝试接受的、关于经济现象的概括体系，用以对条件变化的结果做出预测"（Hausman, 1994，参中译本，第174页）。应该说，经济学作为解释社会现实中经济现象的一门实证科学，今天已经不再是弗里德曼、施蒂格勒和芝加哥学派的几个经济学家的主张和信念了，而是变成了当代主流经济学家或言世界上绝大多数经济学家所接受和信奉的基本立场。然而，从上述经济思想史的简短梳理中，我们已经大致看出，这种实证经济学或言"实证主义精神下的理论经济学"，显然已经不是经济学鼻祖亚当·斯密眼中原来的样子了，或者说在某种程度上已经偏离了经济学的亚当·斯密传统。就此而论，哈耶克（F. A. von Hayek）认为，只有从门格尔（Carl Menger）到他本人一脉传承承传下来的奥地利经济学分析进路[1]，才代表了经济学理论的亚当·斯密传统。现在看来，哈耶克的这一见解不无道理，或者至少说是完全可以理解的了。

概言之，自亚当·斯密的《国富论》出版以来，经济学家们对经济学的本质、任务和意义的理解和把握，已经发生了很大变化。在此，笔者不想再对经济学的性质和任务做任何新的定义性把握，而只想在这里提出这样一个现实问题：在凭临着21世纪初中国经济继续进行着的一种非常独特的市场深化过程的历史格局和大势

---

[1] 在1937年发表的一篇关于"经济学与知识"的论文中，哈耶克（Hayek, 1949）似乎倾向于把经济学理解为关于"选择的纯粹逻辑"（pure logic of choice）。这是哈耶克早年的思想。到了晚年，哈耶克则认为，由于"经济"（economy）一词的含义含混不清，他主张用一个希腊词"catallaxy"（邓正来主张把它翻译为"偶合秩序"）来替代它。相应地，哈耶克则根据19世纪初英国经济学家和枢机主教华特理（Archbishop Whately, 1831）在他的《政治经济学导论》一书中所提出的一个概念"catallactics"（含义为"研究市场交易现象的科学"），主张以此概念来取代当代充满实证主义和经验主义精神的且高度形式化的"economics"。在哈耶克的后期著作中，他对研究自发市场交易秩序生成和运作机理的这种"交易的科学"做过较详细的分析和阐述。米塞斯本人也赞成采用华特理的这一"catallactics"概念，并且在他的《人类行动》（Mises, 1949）和《经济学的认识论问题》（Mises, 1960）等著作中分别探讨了这个概念含义。但是，与哈耶克的晚年思想的区别在于，对经验主义和实证主义一样深恶痛绝的米塞斯则明确地把经济学和这种研究市场现象的交易的科学理解为有关人类经济行动的一门先验科学，即他所要建构的"praxeology"（人类行动的科学）的一部分。照米塞斯（Mises, 1960, *EPE*, I. 2. 1）看来，"the basic principles of economics are not empirical but *a priori*"（经济学的基本原理不是经验的，而是先验的）。在《经济学的认识论问题》一书中，米塞斯（Mises, 1960, 参中译本，第12页）还更明确地说："努力得出普遍正确知识的人类行动的科学是一个理论体系，它迄今为止最为精心地构建的一个分支是经济学。在其所有的分支中，这门科学是先验的，而不是经验的。正如逻辑学和数学一样，它不是得自于经验，它先于经验。它现在就像过去一样，是行动和事实的逻辑。"

中，中国当下和未来的理论经济学的历史使命是什么？中国的经济学家们又将能够做些什么？是一股脑地全部挤入当代新古典主流经济学的话语体系中对当下社会现实中的一些现象（包括中国社会转型期的一些过渡性的"特殊现象"）做些形式化的实证研究？还是部分回归到经济学的亚当·斯密传统，走出一条中国经济学理论发展的自身道路？或至少走一段的自己的独立发展的路程？

3. 经济学是否能做到成为一门价值中立的学科?

从上一节的分析中,我们已经知道,作为研究和解释人类社会经济活动现象的一门知识体系,经济学的任务会随着不同历史阶段上人类社会发展的不同格局和不同现实要求而发生改变,并且实际上,在世界历史上经历了从斯密的"经邦济世"的大学问,到马歇尔的经济学的双重任务,再到弗里德曼的对广义的市场现象进行实证研究这样一种经济分析史历史的转变过程。然而,尽管经济学的任务随人类社会的历史变迁而变化了,但经济学的本质和意义(significance)却并没有发生多少实质性的变化。我这里是说,尽管随着西方社会中法治化市场经济体制的成长和成熟,经济学家们不大再需要为通过市场交易过程而配置资源的合理性(*raison d'être*)和优长进行"说教"(preaching)了,而主要致力于研究通过市场运行的"机理"是怎样的这类"现实的"问题,但经济学的目的和意义似乎只有一个,那就是向人们展示,通过形成什么样的社会秩序和制度安排,人类社会才能最有效地创造和最佳地使用财富,从而增加个人、群体、国家乃至整个人类社会的福祉。

经济学的本质和意义是如此，但是在完成这一理论任务时，由于不同经济学家观察社会问题的视角不同，特别是由于经济学家们使用不同的经济学术语和解释话语体系，就会得出完全不同的结论，并且会导致完全不同的政治诉求和经济主张，于是乎，好像经济学家们就如熊彼特（Joseph Schumpeter）所见的那样均落入了不同的意识形态[1]之中。这里不妨举一个简单的例子。如果使用源自英国古典经济学的劳动价值论的有关术语和话语体系，就很自然会得出在任何市场经济条件下正常的商品生产中均存在着剩余价值的创造与占取问题，因而"剥削"问题是一个无论如何也绕不过去的理论死结。相反，如果采取"边际效用价值论"概念及其相关联的分析话语体系，人们则会达致现代经济学中的欧拉定理（Euler Theorem）：完全竞争下的所有生产要素投入的收益均等于其边际产出，因而如若不存在垄断，就不存在剥削问题。正因为这一点，许多人认为，劳动价值论是维护劳动阶级利益的，边际效用价值论则是为资产所有者阶层的剥削做辩护的（Schumpeter, 1949, p. 352）。单从这一简单的例子中，我们就可以发现，在经济学的话语解释中，使用不同概念、术语和不同"话语系统"，就会产生对现实世界的不同看法，从而发生了经济学中

---

[1] 由于意识形态（英文为"ideology"。美国著名的华裔思想家林毓生教授主张把它"意蒂牢结"，这是个非常不错的建议）问题太过复杂，加上有西方学者如丹尼尔·贝尔（Daniel Bell）等认为现代世界已经到了"ideology"终结的时代了，在以下的讨论中，我们毋宁用"文化信念"（cultural beliefs）或"价值观"来代替之。

不同"意识形态"的分野。

　　于是，这里就会出现了这样一个根本性的问题：作为现实经济过程之"镜像反映"的经济学中的概念、原理、定理以及古典经济学家所喜欢使用的"经济规律"（economic law，或翻译为"经济法则"）到底是指一种什么样"自成一类的存在"（sui generis）[1]？为什么观察同一个现实经济过程，经济学家们有时会得出完全不同的结论？这些问题的回答，显然已经远远超出了理论解释中经济学家们个人的价值判断以及任何一个经济学人在现实观察和进行经济理论思考中的知识结构中所潜含着的意识形态背景问题了，而必然牵涉到经济学的本体论（ontology）和认识论（英文为"epistemology"，或译"知识论"）等一系列复杂问题，并且说到底与经济学的语言这一最深层问题密切相关着。由于经济学的语言问题极其复杂，我们只能留作以后的研究任务而这里暂且不再深究，但目前我们至少可以猜测到，在经济学说史上所形成的诸多的流派，原来只是一些大家共同使用某套经济学术语并以此进行推理和交流而形成的一些不同的"语言共同体"！因而，只有从语言学和语言哲学的视角历史地和理论地考察和审视一些基本经济术语与现实对象性的关系，并进而对经济学的语言进行哲学本体论的考察，才能期望对这一现象发生的原因能有一个较深层的理解（但不可能期望所有问题全得到解

---

　　[1] 在"货币、货币哲学与货币数量论"一文中，韦森（2004，第67页）曾认为："人类生活世界中的经济现象界是经由人类社会活动和交往过程而形成的一种法国社会学家涂尔干（Émile Durkheim）和德国社会学家西美尔（Georg Simmel）所说的那种'自成一类的存在'（sui generis）"。

答)[1]。由于从经济学的语言和修辞的视角梳理经济学中一些基本概念的生成和演变过程太过复杂，已经远远超出了目前这篇文章所能深入讨论的可能，在本文下面的讨论中，我们这里只考察经济学是否是一门价值中立的科学这样一个相对简单的问题。

应该说，自 20 世纪初以来，经济学家们从古典的"political economy"话语体系逐渐转向了"economics"的话语体系，随之，经济学家们的主要理论诉求，就是要构建像"physics"（物理学）等自然科学那样一种关于人类经济社会运行内在法则的带有"ics"词缀形式的"economics"的"科学"（下一小节我们会专门讨论这一问题）。自从这一转变发生以来，大多数经济学家一方面尽量避开伦理判断，另一方面则公开声言要尽量做到"价值中立"。值得注意的是，不但像芝加哥学派的主要思想家弗里德曼那样公开表明，要把经济学构建成一门实证科学，其"最终目标是建立一套'理论'或'假说'，来对尚未观察到的事物做出有效且有意义……的推测"（见 Hausman, 1994, 参中译本，第 151 页），而且像米塞斯这样的奥地利学派的旗手，也公开声言"经济学作为一门科学对价值判断是中性的"（Mises, 1960, 参中译本，第 36 页），并且，在他的《人类行动》一书的导言中，米塞斯还明确指出："如果像道德监察官那样带着某种任意的标准和主观价值判断

---

[1] 按照当代美国大哲学家奎因（Willard V. O. Quine）的语言分析本体论哲学，任何理论都有某种指谓的概念框架，没有任何理论可以独立地离开某种概念（语言）框架而得以讲说和辨认。依照奎因的这种语言分析哲学的理路，可以认为，对经济学说史上任何一个流派的学术观点的评价，以及对经济学本身"客观性"（韦伯语）和"科学性"的评估，可能最终都要追溯到经济学的语言分析中去，这是本文作者目前的一个基本判断。

21

的赞同或不赞同的态度来研究社会事实,那将是徒劳无益的。"(Mises, 1949, p. 2)应该说,当代大多数西方经济学家均赞同米塞斯的这一观点。譬如,为了说明经济学的理论分析应该是价值中立的,诺贝尔经济学奖得主之一索洛(Robert M. Solow)教授就曾具体举例到,像国民收入、失业率、价格水平、利率,等等这些经济学术语以及其所涵指的现实经济对象性,与社会制度无关,它们"对资本主义和社会主义同样适用"(Hausman, 1994,参中译本,第208~209页)[1]。

另一方面,也有一些西方学者对经济学家们的上述立场和理论诉求大为怀疑。譬如,1974年诺贝尔经济学奖得主、瑞典经济学家缪尔达尔(Gunnar Myrdal, 1969, p. 74)在其《社会研究中的客观性》一书中就曾指出:"事实上,没有任何社会科学或社会研究的分支是'道德中性的'(amoral)或'政治中性的'(apolitical)。没有任何社会科学是'中性的'或简单来说是'事实的',实际上在这些词的传统意义上来说也不可能是'客观的'。任何研究永远是并且在逻辑上必然是建立在道德和政治评价的基础之上的,研究者必须明确表明自己的价值观。"另外,作为国际英文《经济学与哲学》杂志主编的豪斯曼和麦克佛森(Michael S. McPherson)也认为,尽管经济学家们相信存在着与伦理学不相干的经济科学原则,尽管他们相信

---

[1] 这里应该指出,尽管索洛提出一些经济术语可以超越经济学家个人的价值判断以及意识形态之争而适用于任何社会,但是他还是观察到,经济学的任何结论都很难逃脱经济学家们的意识形态背景。在对"经济学"的"科学性"和"超越性"进行上述辩护之后,索洛最后还是承认:"经济学可能确立的任何结论(即使经过了最激烈的批判审视之后)都必须建立在关于经济制度的哲学和意识形态讨论的一套基本规则之上"(Hausman, 1994,参中译本,第220页)。

伦理学无助于他们的实证经济分析，但是"如果经济学家们拒绝关注伦理问题，那么他们将不会知道应该提出什么问题"。根据这一判断，豪斯曼和麦克佛森在"经济学、理性和伦理学"一文中还主张，"即使纯粹的实证经济学，经济学家们也必须考虑所研究的社会和他们自己的道德规范"（Hausman, 1994，参中译本，第 223～226 页）。基于这一判断，豪斯曼和麦克佛森（Hausman, 1994，参中译本，第 232 页）还用带着不无讽刺的口吻说："经济学家们并不费心研究道德哲学，但却（常常）自我感觉拥有道德权威。"因为，照当代西方一些主流经济学家们看来，帕累托最优显然是最理想的。照此逻辑，任何帕累托增进，也显然就是一个道德上的改善。由于按照新古典主流经济学的推理，只有完全竞争才能达到帕累托最优，因而，这些实证经济学家们实际上假定完全竞争才是最符合道德的。由此看来，这些声称价值中立的经济学家，并不是没有个人价值判断（value-free），而是无时无刻不在做着功利主义的价值判断（即从增进社会效率一维来观察社会问题）。照此看来，这些实证经济学家们，逃脱了市场运行中的价值判断了吗？显然没有。另外，豪斯曼和麦克佛森（Hausman, 1994，参中译本，第 231 页）还曾举例道：如果社会存在一种状态 R，在这一状态下，有成千上万的人沦为饿殍，但却仍无法通过损害某些人的利益（哪怕是极其微小的利益）来改善这千万人的利益，那 R 无疑仍然是一个帕累托最优状态。但这种状态是否符合道德？这一状况是否应该改变？主流经济学家又该如何回答这一问题？或者就根本拒绝回答而把这类问题留给政治哲学家和伦理学家去回答？

退一步讲，即使当代主流经济学家们从他们的职业分工角度坚持拒绝研究或不回答上述问题，他们也仍然绕不开经济学的价值判断和伦理立场问题。在《经济学与伦理学》的小册子中，韦森（2002，第84～95页）曾论证到，如果从"双头"（duopoly）合谋定价的思路来论证"独占"（monopoly）的定价原理，就会发现，如果独占者可以做到"完美差别定价"（perfect price discrimination），完全垄断（即市场独占）与完全竞争在社会总福利的最大化上应该没有任何差别。因为，独占者的"完美差别定价"，可以像完全竞争一样达到无任何"无谓社会福利净损失"（dead-weight loss）的市场均衡状态（帕累托最优）。但与完全竞争的市场安排不同，在一独占企业能完全垄断市场并且能做到"完美差别定价"的市场安排中，所有由"消费者剩余"所表示的"福利增进"都变成了独占企业的"垄断利润"了。那么，既然同样可以达到市场均衡的帕累托效率，为什么大多数主流经济学家坚持认为垄断就是不好的，是不符合道德的，完全竞争就是好的，就是符合道德的？难道他们就没有先入之见的道德判断在其中？仔细思考这个问题，将会把新古典主义经济学家们这些"假道德中立者"（pseudo-moral-neutral）逼到一个非考虑市场安排的道德含蕴不可的墙角。从这一视角来考察问题，我们就会发现，以新古典主义为主流的所谓"科学主义"的经济学，并非没有伦理判断和道德基础。其道德基础恰恰在于从边沁、穆勒、西季威克（Henry Sidgwick）到埃奇沃思（Francis Y. Edgeworth）的功利主义伦理学，即认为，只有完全竞争的市场才是"最公正"因而才是"最道德的"。因为，新古典经济学家们相信，只有在完全竞争的市场中，才能达到"帕累托最优"，才会无"无谓社会福利净损失"问题。但是，如上所述，新古典主流经济学家们能逃脱完全垄断（市场独占）加完美差别定价，能做到与完全竞争一样的市场均衡效率的道德评判么？

到这里，我们也许才能真正理解凯恩斯在1938年7月4日致哈罗德（Roy Harrod）信中的所说的一段话的意思："我认为经济学在本质上是一门道德科学，而不是自然科学。这也就是说，它必须运用内省和价值判断。"（Hausman, 1994, 参中译本，第253页）

这里应该指出，通过上述推理，我们逼出了一些自称是价值中性（value-neutral）的经济学家们自己的价值判断和伦理立场，并不是说功利主义伦理学没有道理，也不是说功利主义伦理学无可取之处，恰恰相反，笔者认为，人类社会经济活动的理性基础在很大程度上是建立在功利主义伦理学所发现的一些基本原则之上的。经济学作为一门社会科学，显然离不开功利主义的经济和伦理的"计算"，但把功利主义作为它的唯一基础，显然也会带来许多问题。因为，功利主义内秉着许多它自己无法摆脱的理论困境，且人类社会毕竟也有超越功利主义考虑的美德和良善。譬如，从静态上考虑，给吸毒、贩毒、性产业、安乐死和同性恋等社会现象开绿灯，在一定时点上肯定是一种帕累托增进。经济学家们是否由此就主张对这些社会现象都应该发给"准许"的牌照？另外，人类也有超越功利计算的自由、权利、正义、公平、平等其他基本伦理价值。如果按照功利主义伦理学的思路一竿子插到底，在人类社会中将会出现许多怪异现象，甚至从某种程度上会动摇人类文明社会的基础。

更何况，仅从功利主义伦理学的一些价值判断出发，既可以导致自由市场竞争是最合乎道德的判断，也可能同样推出集权的中央计划经济的合理性——这关键取决于对人类的天性如何认识和把握。

经济学不能超越伦理学而做到价值中立，这并不意味着经济学要回到过去的意识形态的之争中去[1]。经济学的伦理基础和道德判断问题的复杂性，与中国市场经济体制成长过程中出现的诸多社会问题一起，正急切地呼唤着中国经济学界重视对福利经济学和社会选择理论问题的研究。中国的经济学、政治学、法学、伦理学、社会学以及整个哲学社会科学的进步，也要求中国的学人对这些学科交叉领域中构成人类社会运作之深层理性基础的一些基本价值进行评判和审视。这无疑是未来中国社会经济发展所提出的一项非常紧迫的时代理论要求。

---

[1] 在谈到亚当·斯密的工作时，熊彼特（Schumpeter, 1949, p. 352）曾指出："就亚当·斯密而言，令人感兴趣的实际上不是他没有意识形态的偏袒，而是这些偏袒无害"。熊彼特还具体解释道，当斯密写《国富论》时，他曾把同情全部给予了劳动者，而对土地所有者和资本家则采取了一个完全旁观者的态度，认为后者是必要的恶。由此熊彼特认为，斯密的意识形态偏袒，并没有损害他的经济学的"科学性"。当熊彼特说这话时，显然有他的价值判断在其中。经济学家不能超越意识形态，或如美国著名经济学家鲍尔丁（Kenneth Boulding, 1970）所见那样，经济学家不可能超越他们所在的"文化"和"亚文化"中一些信念进行理论思维和价值判断——正如人难能超越语言进行思维一样，但这并不一定就完全是负面的。这里的问题的实质在于，经济学家作为一个"学术人"（homo academicus），其经济学的分析是否能透过他所处社会的文化信念并超越自己潜在的价值观（或言超越熊彼特所认为的那种永远挥之不去且永远伴随着我们的种种"意识形态"）去发现人类社会运行"自然秩序"或言"天道"（providence）。

4. 经济学能否成为像物理学和化学那样一种高度形式化的"精密科学"？

在《经济学的哲学》这本文集的"导言"中，豪斯曼（Hausman, 1994, 参中译本, 第1～2页）一开始就重新提出这样一个问题："经济学是一门科学吗？"他还具体解释说，许多经济学家之所以常常被人问及这个问题，原因在于，"现在，不但一般大众怀疑经济学家，就连经济学家自己也在怀疑自己"。[1] 为什么人们常常问这样一个问题？究其原因，可能与事关经济学命运和任务的一个最深层问题密切相关：有着自由意志和各自行动原则的人的行动是否能使经济学达致像物理学和几何学那样一种高度形式化的"精密科学"？

从经济学说史上来看，并不是在20世纪以后经济学家们才致

---

[1] 从学说史上来看，早在19世纪末20世纪初，老牌的美国制度经济学家凡勃伦（Thorstein Veblen）就开始提出经济学是不是科学这一问题了，并于1898年就以"为什么经济学还不是一门演化的科学？"的话题做过文章（参Eichner, 1983, p. 205）。

力于把经济学作为一门"科学"来建构。其实,早在《国富论》中,亚当·斯密就在很多地方把经济学称作为一种"science"了。之后,从李嘉图到马克思,从边沁、穆勒到马歇尔,经济学家们都似乎致力于把自己的经济学理论作为一种科学来构建,以至于像米塞斯那样自认为承传了康德先验哲学传统的奥地利学派的思想家,也在自己的后半生中致力于把他的人类行动学变成一种高度公理化的科学[1]。现在看来,只有思想深邃且见解独到的哈耶克似乎是个例外

---

[1] 譬如,在《经济学的认识论》中,米塞斯(Mises, 1960,参中译本,第129页)曾提出,像自然科学一样,一旦建立起来了关于人类行动的原理的体系,就能像自然科学、逻辑学和数学那样建立起一种人类行动学。为了达致他的人类行动的科学,与对理性主义(rationalism)以及人的理性能力抱有怀疑态度的哈耶克有很大不同,米塞斯则反过来求助于"理性主义"。他(Mises, 1960,参中译本,第67页)认为,理性主义在人类行动的科学中引起了两个革命性的变化:一方面,"迄今为止,历史学一直是惟一的有关人的行动的科学,理性主义把批判方法引入了历史学,使这门科学摆脱了对编年史和过去历史著作中流传下来的那些东西的幼稚的附属地位,并教导它不仅要利用新的资料如文档、铭文等,而且要对所有来源进行批判性的审查";另一方面,"理性主义的另一个伟大成就是建立起人类行动的科学理论,即目的在于确定人类行为普遍和正确规律的科学"。米塞斯还接着指出,这门关于人类行动的科学,应当首先在名义上归功于法国的实证主义哲学家和社会学家孔德(August Comte),而其基础,却是为18世纪到19世纪初的实证主义思想家——首先包括经济学家——所发展起来的。米塞斯还认为,这类人类行动科学中的经济学,是到目前为止"社会学的一门最精良的分支"。在1933年为这本书所写的德文版序言中,米塞斯(Mises, 1960,参中译本,第5页)还明确表示:"本书的目的,就是确立(人类行动学)这样一门科学的逻辑合理性,它的研究对象为普遍正确的人类行动的法则。即无论行动者所处的地方、时间、种族、国籍和阶级如何,这都可以宣布为正确的规律"。但是到了晚年,米塞斯才好像对这种当今世界上盛行的唯科学主义有所警惕(是否曾反过来受哈耶克的一些著作的影响?)。比如,在20世纪60年代为这本书所写的英文版序言中,米塞斯(Mises, 1960,参中译本,第1页)一上来就明确指出:"我们时代所普遍接受的认识论学说,并不承认在自然科学研究的事件领域与作为经济学和历史学研究对象的人类行动领(转下页)

（参哈耶克的《科学的反革命》一书，Hayek, 1952）。

这里应该特别指出，尽管古典经济学家们一开始就致力于把自己的经济学作为一种社会科学来建构，但与自 20 世纪初以来那种在唯科学主义（scientism）精神指导下大多数经济学家朝着一种高度形式化和技术化的方向拼命发展还是有很大区别。这里应该首先指出，毫无疑问，自 20 世纪初以来，尤其是自第二次世界大战以来，当代经济学在任何一个领域中都取得了巨大的进步，并极大地推进了人们对各种社会经济现象的认识和理解。然而，当代经济学在各个领域大踏步前进和繁盛发展的同时，也出现了一些非常值得深思和反省的现象，那就是在唯科学主义的盛行的当代社会中，经济学"莫名其妙地"且"自发地"走向了一个高度形式化和技术化的演化发展路径，以至于不仅几乎所有经济学家都致力于把自己的研究和著述用数学语言来表述，用数学模型来构建，而且还衍生出了一套固定的文章写作格式，或言几乎所有经济学文章都按照一个套路——即先选定一个题目，再想出几条假设，然后构建模型，进行数学推导和证明，最后证毕而达致结论——来演练。没有这种高度形式化和技术化的论证和证明形式，任何经济学论文都会被蔑视为是"非科学的"，是一种"storyteller"，从而从事这类研究和以这种

(接上页)域之间存在根本性的差别。人们充满了关于'统一科学'的混乱思想，这就是必须根据牛顿物理学研究质量与运动时所依据的方法来研究人类行为。根据这种所谓的研究人类问题的'实证'方法，他们计划建立'社会工程'，这种新技术可以使未来有计划社会的'经济沙皇'能以一种工程师利用技术处理无生命的物质的方式来处理活生生的人"。米塞斯接着追加道："这些做法完全歪曲了人类行动科学的每一个方面"。

"storyteller"形式写文章的学者,在国际学术刊物上几乎不能发表文章,不能出版书籍,进而不能继续保留大学的教职,更难能争得在国际学术讨论会上发言的机会。

对当代经济学中普遍流行的这种纯技术化和形式化的套路,西方一位经济学家沃伦·J.塞缪尔斯(Warren J. Samuels)曾评论道:"经济学家们使用数量化的技术是如此惯常,以至于根本不考虑它们的知识和技术的局限。这类研究,一些要达致某种真实的结果,一些则欲达致某些确定性的结论,而另一些则仅仅要达致某些最优解。但是,大多数人在做这类研究时,并没有意识到演绎、归纳和某一特定计量技术的局限。"(Samuels,1998, p. 354)这种对人类的经济行为以及现实的经济过程仅做纯数理推导、证明和实证检验的"演练套路",在一些制度经济学家的眼中,"不仅仅是理论分析的一种滥用(misuse),而且还有一种致使理性运用无多大意义(trivialization)的潜在危险,这一世风很快使经济学变成了一门技术,而不再是一门社会科学"(Kapp, 1968, p.7)。事实上,早在20世纪30年代,凯恩斯就曾意识到这种经济学分析纯技术化和完全数量模型化倾向的潜在危险,并在《就业、利息和货币通论》一书中尖锐地指出:"在近来的'数理'经济学中,只能代表拼凑之物的部分实在是太多了;这些部分的不精确程度正与他们赖以成立的假设条件是一样的。假设条件使那些作者能在矫揉造作和毫无用处的数学符号中,忘掉现实世界的复杂性和相互依赖性。"(Keynes, 1936, p. 298)在当代纯形式化和高度技术化的主流经济学在国际上仍然繁盛发展且初被引进到当今中国社会的态势中,重读凯恩斯在

20世纪30年代说过的这句话，真有一种醍醐灌顶的感觉！

正是鉴于这样一个事实——即几乎所有经济学家们都挤入（或言被迫赶入）当代主流经济学中这样一个高度形式化和技术化的"窄门"或"栈道"中畸形发展，在1992年召开的美国经济学年会上，由英国经济学家杰弗里·霍奇逊（Geoffrey Hodgson，担任国际制度经济学学会会长），荷兰经济学家乌斯卡里·迈凯（Uskali Mäki）和美国经济学家麦克洛斯基（Donald McCloskey）所组织发起，并由4位诺贝尔经济学奖得主弗兰科·莫迪利安尼（Franco Modigliani），保罗·萨缪尔森（Paul Samuelson），赫伯特·西蒙（Herbert Simon）和简·丁伯根（Jan Tinbergen）以及其他40余位国际知名经济学家所共同签署了一份"为提倡多元化和严密的经济学的呼吁书"。从这份简短的呼吁书的用辞中，可以看出，这40余位经济学家已经深切地痛感到目前高度形式化和技术化的主流经济学方法所给当代经济理论研究带来的潜在问题和危险，从而强烈呼吁要鼓励不同经济学流派和研究进路之间的竞争和多元化发展[1]。可

---

[1] 这份"A Plea for A Pluralistic and Rigorous Economics"的三段原文如下："We the undersigned are concerned with the threat to economic science posed by intellectual monopoly. Economists today enforce a monopoly of method or core assumptions, often defended on no better ground that it constitutes the 'mainstream'. Economists will advocate free competition, but will not practice it in the marketplace of ideas." "Consequently, we call for a new spirit of pluralism in economics, involving critical conversation and tolerant communication between different approaches. Such pluralism should not undermine the standards of rigor; not a less, rigorous science." "We believe that the new pluralism should be reflected in the character of scientific debate, in the range of contributions in its journals, and in the training and hiring of economists" (*American Economic Review, Papers and Proceedings*, 1992, p. xxv).

能也正是因为当代经济学中出现了这种高度形式化分析技术独家垄断的格局，另一方面人们又对这种主要靠数学推理和模型建构的经济学分析套路的意义和潜在问题存疑甚多，自20世纪中后期以来，在国际经济学界不断有人发出"经济学到底是否是科学？"这样的疑问。

经济学到底是否是科学？在回答这一问题之前，显然应该稍微梳理以下两个问题：

首先，什么是"科学"（英文为"science"）[1]？按照《现代汉语词典》的解释，"科学"是"反映自然、社会和思维等客观规律的分科的知识体系"。"科学"一词的这种汉语定义法，显然把"科学"视作一种非常神圣的和庄严的东西了，因为科学被明确规定为"反映客观规律的知识体系"。但是，从词源学上来看，在西方文字中"science"一词的原初含义，并非如此"高贵"。譬如，在《论经济学的历史与方法》一书中，奈特（Knight, 1956, p. 121）就曾指出，"当我们提到社会科学一词时，在起源和词源学意义上对我们

---

[1] 从词源学上来考证，在明万历年间，利玛窦和徐光启最初把拉丁文的"scientia"翻译为"格物穷理之法"。把"science"翻译为中文的"科学"（据考证，宋代学者陈亮最早使用"科学"一词时，原义为"科举之学"），只是近代的事。据汪晖（2005，第105～106页）考证，最早把"science"翻译为"科学"的，是日本明治维新时期的思想家西周。汪晖认为，在1874年，西周在《明六杂志》上第一次把"science"翻译为"科学"。另外，学界也有一种说法，认为是日本近代著名启蒙思想家福泽瑜吉（1835～1901）最早从"分科之学"意义上把"science"翻译为"科学"的。西文"science"一词这种汉译法，在中日甲午战争前后由日本传入中国。譬如，康有为和严复就在一些译著和文著中开始在西文"science"意义上使用"科学"一词了。

来说,'科学'或多或少地只是知识的一个同义词"[1]。如果按奈特对"science"这样最"宽容"和"谦恭"的理解来把握"科学"和"社会科学",而不是像这些在现代中文中那种赋予"科学"以"神圣"和"庄严"的含义那样,那么,把经济学视作一门社会科学,应该是没问题的。[2] 另外值得注意的是,最新版《牛津英语大词典》只是对"science"做了这样的界定,"the intellectual and practical activity encompassing the systematic study of structure and behaviour of physical and natural world through observation and experiment"。如果按此定义,所有社会科学,原来并不是真正的"科学",而只是一种在对"科学"一词的"转借"和"隐喻"(metaphor)意义上来说的,即"the scientific study of human society and social relationships"。照此定义,说经济学是"科学"[3],那也只能从词的转借和隐喻意义上来理解了。然而,从英语"科学"的这种原本含义中,我们恰好理解了当代主流经济学家欲把经济学变成"科学"之努力的最初缘由。那些想把经济学变成一门实证科学的经济学家们,不正是想通过对人

---

[1] 按照奈特的见解,只要从知道什么、能否知道以及如何知道的视角反思我们是怎样获取社会知识的,最终必定会走向哲学追问。

[2] 从词源学上来说,奈特的这种定义符合英文"science"的原初含义,因为这个英文词来自拉丁语的"scientia",其本来的含义就是"知识"和"学问"的意思。笔者甚至揣摩,当亚当·斯密在《国富论》中提到经济学时,常常说它是一门"science",大致也是在这种拉丁语原意上使用它的——尽管他很看重经济学并把它视作"政治家和立法者所应该了解的一门学问"。做这种推测的理由是,在斯密写作《国富论》时,现代科学还未真正在西方社会中兴起,故还谈不到后来流行的"唯科学主义"问题。

[3] 照奈特(Knight, 1956, p. 151)看来,这种"科学"是大写的"Science",而这种大写的"Science"与科学实证论密切相关。

类社会中经济现象的"观察"、"实验"以及与之相关联的"(自然)科学(式)的""推理"和"证明",来把经济学做成像物理学、化学那样一种实证的"分科的知识体系"[1]。

其次,在对"科学"一词的含义有了上述把握之后,我们还要大致了解当代经济学中铺天盖地弥漫着的"科学主义"精神,方能理解为什么这么多经济学家都挤进"实证经济学"的窄门中繁盛发展这一现象。从辞义上来说,目前人们所说的"科学主义"(scientism,亦译为"唯科学主义"),实际上是一个泛称。就社会科学的思想方法论而言,"科学主义"是指与从 19 世纪中期以来所出现的实证主义(positivism,包括 logical positivism 或称 logical empiricism)、工具理性主义(instrumental rationalism 或 instrumentalism)、实用主义(pragmatism)、证伪主义(falsificationism),以及其他科学哲学学派有关的一种泛化了的哲学观。其中,实证主义是唯科学主义的核心理念,并且,实证主义

---

[1] 在"实证经济学方法论"的这一当代经济学说史上的经典名篇中,弗里德曼一上来就指出,是老凯恩斯(John Neville Keynes,约翰·内维尔·凯恩斯的父亲)在《政治经济学的范围与方法》中最早把经济学认定为是"一门独立的实证科学"的(Hausman, 1994,参中译本,第 148 页)。在老凯恩斯的那本在近现代经济思想史上颇具影响的小册子中,他还区分了"实证科学"和"规范科学"。在他(Keynes, 1891, pp. 3436, 46)看来,"一门实证科学……是关于'是什么'的系统知识,而一门规范科学或称为规则科学……则是讨论'应该是什么'之标准的系统性知识体系"。凯恩斯还认为,"此二者的混淆甚为普遍,并成为很多谬误的根源,贻害甚大"。在目前科学主义似乎一统"经济学江湖"的态势中,也许有人会问这样一个问题:科学还有"不规范的"么? 不是自维也纳学派的逻辑实证主义尤其是波普尔的证伪主义以来,所有的规范问题研究——如思辨哲学、伦理学、宗教神学,等等——不都被贴上了"玄学"(形而上学)的标签而被排除在"科学"的范围之外了?

也是当代唯科学主义的最初理论渊源。从哲学史来看,现代科学主义或实证主义是由法国哲学家和社会学家孔德(Auguste Comte, 1798～1857)始作俑而发展起来的。在《实证哲学教程》中,孔德(Comte, 1865)提出了他影响后世深远的实证主义哲学纲领。按照孔德的实证主义哲学观,人类社会的发展,全都要经历三个历史阶段:神学阶段、形而上学阶段和实证阶段。根据这一划分,孔德认为,在他之后,哲学的主要任务就是要彻底摆脱传统的形而上学哲学观,而用实证主义哲学观来代替之。孔德还认为,要达到这个目的,首要的就是要用自然科学的方法来改造哲学和社会科学。依照孔德的实证哲学思路,只有当一门学科完完全全地建立在观察到的事实基础之上,才能真正成为一门实证科学。依照孔德的这种实证主义哲学观,在当代唯科学主义中逐渐形成了三个基本理论信念:(1)自然科学和数学的方法应该被应用于包括哲学、社会科学、人文科学在内的一切研究领域;(2)只有(自然)科学的方法才能富有成效地获取知识;(3)自然科学的知识和研究方法是唯一正确的,是人类知识的典范,因而可以推广运用到研究人类社会的所有问题中,包括哲学、伦理学、人类学和宗教学,等等,而经济学的研究更是不言而喻地应该首先包括在其中。这种唯科学主义,到了波普尔(Karl Popper)的证伪主义那里,又进一步得到了"科学的"和"哲学的"强化。按照波普尔的证伪主义和他所提出的科学发现的逻辑,凡是不能被证实或反过来被证伪的理论判断,均是非科学的,或言应该被归结为形而上学问题而被排除在"科学"之外。

由孔德所始作俑而发展起来的这种实证主义和科学主义的精

神，自20世纪之后在美国哲学、经济学和社会科学各领域大行其道，并构成了当代主流经济学的最深层的思想方法论基础，以至于像弗里德曼这样的当代泰斗式大经济学家，都会得出这样著名且为人们所常常称道的结论:"一个理论越是'简单'，它对某个特定领域内的现象进行推测的初始知识就越少；一个理论越是'富于成果'，它对现象做的推测就越精确，而且该理论所能推测的范围也越大，在它启发下更深入的研究路线也就越多。"(Hausman，1994，参中译本，第153页）结果，在这铺天盖地的实证主义和科学主义精神的浸染下，当代绝大多数经济学家都做起这样一种"想出一个研究题目→做出几个假设→构建模型→进行数学推导证明→得出结论→再进行理论推测或提出政策建议"的"科学论证逻辑"功夫来了[1]。于是，就有了当代经济学中这种千家万户均演练"实证分析"和"科学解释"的理论格局。

这里需要特别指出的是，尽管当代经济学的分析精神和思想方法论的基础是实证主义的科学主义，而这种科学主义则是从近代欧洲启蒙精神心态（enlightenment mentality）中萌发并成长出来的，但

---

[1] 如果稍微读一点实用主义的哲学文献，就会发现，在当代经济学中所流行的这种经济学作文著书的演练套路，连美国实用主义和工具主义哲学家杜威（John Dewey，1859～1952）所提出的"思想五步说"都做不到。杜威的思想五步说是：发现疑难，产生问题，提出假说，推理演绎，证实假说。在当今国际经济学界的生存竞争生态中，很多经济学人（当然不是全部）不是为现实和理论中的一些"真问题"（serious problems）做文章，而是多为发表写文章。结果，许多人的研究实际上只有四步：（挖空心思）想出个题目，提出假说，推理演绎，证实（或证伪）假说。这就是当今一些经济学人进行"科学研究"的现实逻辑！

是，在当代国际经济学界的激烈生存竞争生态中，世界上绝大多数经济学人很少有时间去回顾并审视一下从近代启蒙运动的科学精神到孔德的原初实证论，再到卡尔纳普（Rudolph Carnap）新实证主义的演变历史和潜在的问题，很少有人去花时间阅读从 20 世纪 30 年代的维也纳小组的逻辑实证主义到卡尔·波普尔的科学发现的逻辑，到托马斯·库恩（Thomas S. Kuhn）的科学革命的结构理论，再到拉卡托斯（Imre Lakatos）科学研究纲领方面的哲学文献，更没有多少人去啃读从皮尔斯（Charles S. Peirce）、詹姆斯（Henry James）、杜威（John Dewey）这些早期美国实用主义哲学家的著作到当代美国新实用主义的大哲学家奎因（Willard van O. Quine）和戴维森（Donald Davison）的深邃艰深的理论文献了。当今国际经济学界的生存生态，好像是一种颇为残酷的达尔文式的"物竞天（刊）择"。在一种"publish or perish"的"物竞刊择"的进化选择机制中，面临着找到一份大学教职或取得某大学永久教席的巨大生存压力，一个个忙忙碌碌的经济学人，哪有时间去阅读这些思辨难懂的哲学文献？哪有精力去管顾经济学的本体论、认识论、方法论和伦理学这些玄学问题？只要能做出模型来，只要能写出形式漂亮且高度技术化的论文来，且只要写出的论文能发表在国际英文刊物上，管它什么是科学！管它什么是理论研究的现实意义！又何必管它窗外洪水滔天！

对于在国际经济学界生存竞争恶性循环机制的压力下这一流行的理论演练套路，西方一位甚关注经济学发展的哲学家罗森伯格（Alexander Rosenberg）教授曾在一篇"经济学是什么——如果它不是科学?"的论文中做了一个整体的把握,并对经济学的认识论和方法论基础做了非常到位的评估。照罗森伯格看来,在这种几乎国际经济学界人人都在演练着的经济学研究套路的核心,是在近代科学中已经取得了巨大成功的牛顿力学和达尔文进化论所共同内含着的一种"研究策略",他把这种"研究策略"称作"极值策略原理":在牛顿力学体系中,"系统永远都在最大化或者最小化一个反映系统中可能的力学状态的变量";而在达尔文的自然选择理论中,"这个策略假定自然环境最大化适存度这一变量,⋯⋯在生物学里,假定最大化适存度导致了影响种群中基因变异因素的发现,更主要的是,它导致了遗传学规律的发现"。罗森伯格接着指出,"极值策略是重要的方法论策略,因为它能非常有效地被避免证伪,这使它成为了研究纲领的'核',把那些原应成为反常或反例的现象变为了理论的新预测,或把它们作为领域拓展和精度深化的新机遇。相应地,也许可以认为,经济学家之所以钟爱这种理论,与其说反映了他们的自满,不如说反映了他们在方法论上根深蒂固的保守性:由于这个策略在力学与生物学的广泛领域内取得了很大成功,没有道理不试着用它来解释人类行为"(Hansman, 1994, 参中译本,第 336～337 页)。罗森伯格对当代经济学中广为流行的这种科学主义研究套路的思想方法和研究者心态的这番评论,真可谓是切中肯綮、入木三分!

然而,现在的一个问题是:这种"唯科学"、"唯实证"——或者说"唯发表"、"唯引证"的研究进路就是"科学的"?经由这种研究进路就能使经济学达致像物理学、化学、数学那样高度形式化和精密的大写了的"科学"?

对于这个问题,国际上有不少学者已经发表过许多深邃和独到的见解了,我们就不再增加任何新评论。这里,仅让我们回顾一下一些国际著名学者是如何看待这个问题的。

在20世纪50年代以前,芝加哥经济学派的创始人奈特就在一系列文章和著作中对经济学和其他社会科学的元问题以及社会科学与自然科学研究的区别做出过许多深邃的评论,且今天读来仍然觉得发人深省。譬如,在为奈特70大寿所专门汇编的《论经济学的历史与方法》纪念文集中,就收入了奈特在这方面的许多重要文章。譬如,在"社会科学"、"社会的因果律"以及"经济学中的真理是什么"等论文中,奈特(Knight, 1956)曾一再指出,用自然科学方法和分析技术来研究和处理社会科学中的问题,这本身就会带来许多问题。照奈特看来,这其中的一个主要问题是,社会科学(包括经济学)所研究的人的行为和行动,与自然界的"惰行物体"(inert objects)甚至与生物和其他动物的运动和"行为"是有很大区别的。其主要区别在于,人类不仅有依照自己的理性计算进行经济活动的先天禀赋,而且有着自己的自由意志,并按照自己的道德标准、价值观和情感判断来行事,并且,人会有爱和恨,且反复无常和自我矛盾,还会受"劝说"、"告诫"、"引诱"、"强制"、"欺骗"、"威胁"等等行为的影响,因而,作为一个社会的又是单个的行为者,人常常会改变自己的行动和决策。况且,现实中的人是各种各样的,不宜也不应该把他们全划归为一个抽象的类型,从而像对自然界的"惰行物体"一样来进行理论处理。基于上述看法,奈特(Knight, 1956, pp. 124～125)认为,"人类社会是有意识、有目的的无数个人的联合,因而不能被当作一个机体那样而被分解为许多部分来进行分析,……就此而言,个人对社会而言,在逻辑上是先在的(prior)。在社会研究中,一个更为要命的事实是,……在一个社会中,总有出于每人的个人本质(individual nature)而非社会本质所产生的问题"。奈特(Knight, 1956, p. 122)甚至发现,在对人的实证主义和实用主义的研究处理方法中,有一个摆脱不了的内在矛盾:"如果从实证主义的视角来看待人,人可以根本就不行动;如果从实用主义的视角来观察人,人却不能完全自我行动。"考虑到上述种种问题,奈特(Knight, 1956, pp. 175～176)指出:"更为重要的是,在给定的变化条件下预测人的行为和预测自然物体(physical objects)运动的根本区别在于,后者不会非理性地或带有情感地行动,也不会犯错误,不会'改变主意'(或多或少与他们的反应模式相关);而作为人类,则显然会这么做。与自然物相对照而言的人类的这一特征,……显然使那些作为科学家的经济学家们处在一个非常尴尬的境地,并且似乎经常使他们无计可施。"由此,奈特得出这样一个结论:人类行为的这些独特性,使那些基于先前行为观察而做实证主义预测并试图从中推导出抽象经济法则的做法陷入一个无法摆脱的困境之中,因此,社会科学(包括其中的经济学)是根本不能像自然科学那样来做的。

除奈特外,曾被人们广泛认为引发了当代认识论革命的大哲学家和化学家迈克尔·波兰尼(Michael Polanyi, 1962, p. 88)也曾在一系列文著中批评并嘲笑当代社会研究中那种唯科学主义者的"现代主义的思想方法论",认为他们只不过建立了"一种关于有效意义的过于空想而不切实际的标准(quixotic standards),如果严格执行这些标准,相当于我们自愿变成了低能儿"。照波兰尼看来,现代唯科学主义相信,人类的知识是确定无疑的,是独立于形而上学、道德律和个人信念的(personal conviction)。但是,波兰尼却认为,这种唯科学主义,实际上所带给人们的,只不过是一套科学家们自己的形而上学、道德观念和个人信念,只不过是改了个名字而叫做"科学方法"而已,因而这种现代科学主义,即不能、也不应该带给我们它所承诺的东西(Polanyi, 1962, 1964)。波兰尼还认为,科学知识和其他个人知识,并没有多大的差异,因而,如果欲使科学知识变得与众不同,而不是把它发展得更好,就会把科学推向一条死路。(McCloskey, 1983, p. 488)

1983年,一位叫艾尔弗雷德·S.艾希纳(Alfred S. Eichner)的论者曾编辑出版了一本书名就叫《为什么经济学还不是一门科学?》的文集。这本文集中收入了詹姆斯·A.斯韦内(James A. Sweaney)和罗伯特·普雷穆斯(Robert Premus)两位学者的文章,题目为:"现代经验主义与经济学中的量子跃迁(quantum-leap)推理"。在这篇文章中,斯韦内和普雷穆斯曾对作为现代经济学的方法论基础的逻辑实证主义(亦称"逻辑经验主义")做了这样反思性的批评:"很显然,在作为一种科学而不是讲故事的经济学中的形式主义的失败,是试图将逻辑实证主义应用于其根本行不通的领域。社会科学与自然科学在许多方面有根本性的差别,这些差别导致把自然科学方法应用于社会科学时将受到非常大局限"。这两位学者还认为,经济学家们对逻辑实证主义方法论的误用,甚至反过来导致了本来有一定道理和合适用场的逻辑实证主义本身的声名狼藉(Eichner, 1983, p. 42)。该文集还收入了雷·E. 坎特伯雷(Ray E. Canterbery)和罗伯特·J. 伯克哈特(Robert J. Burkhardt)两位学者共同撰写的另一篇题为"我们问经济学是否是一门科学的意思是什么?"的文章。在这篇文章中,坎特伯雷和伯克哈特认为,在回答经济学是否是一门科学时,"经济学家们实际上并没有遵循他们的规范化诫命,因而即使按照经济学家们自己的标准,经济学也不是一门科学。然而,由于经济学本身有一套范式(paradigm)和一些虔诚的从业者,故在独断的库恩科学哲学的意义(依照其标准,需有一套单一的统盖一切的范式,且该领域大都赞同这一范式)上来说,经济学倒是一门科学"。

通过回顾国际上一些学者对经济学是否是一门科学这一问题的讨论,我们今天可以大致认为,作为对人类社会经济现象进行"科学的研究"而长期演化下来的一门知识体系,经济学无疑是一门"社会科学",并且在20世纪与所有其他社会科学门类相比较,经济学确实已经取得了巨大的理论进展和丰硕的研究成果。然而,即使我们认定经济学是一门社会科学——从这种隐喻意义上我们可以认为它已经是一种"科学"了——但这并不能遮盖了这门社会科学的现状中仍然潜含着的种种奇异现象和大量问题。本文所要再次提请学界反思的仍然是奈特和波兰尼早就反复提出的老问题:经济学理论研究到底能否依照实证主义方法像物理学、化学、生物学和数学的研究那样来做?换句话说,经济学家们欲把经济学建构成像物理学、化学和数学那样一种高度形式化和公理化的"精密科学"是否可能？并且在多大程度上已经取得了成功？对于这些问题，我们今天的一些初步印象是，用这种唯科学主义的和高度形式化的方法来进行社会问题的研究，有可能使一些经济学人（当然不是全部）的学术探讨和理论建构之努力的结果变成"捡了芝麻，丢了西瓜"——我这里是说由于太注重形式和技术，从而或多或少地忽略了经济学的"经邦济世"的历史的使命和现实的意义。因此，如果说目前这种太注重技术和高度形式化的经济理论研究不是积重难返或者说误入了歧途的话，至少它要达至像物理学和化学那样一种高度形式化和技术化的"精密科学"，还有很长的路要走，甚至这一目标能否最终达到，今天也仍然值得怀疑。或者，经济学理论研究的高度形式化和技术化确实做到了，其论证也高度精密化了，但这些理论推演所产生的成果，却已经不再是斯密意义上的"经济学"了，而只不过是那些自认为是"经济学人"的人们的智力游戏之结晶的一种新的形而上学的符号体系。

5. 余论：经济学内部不同研究进路之间的竞争才能产生富有意义的经济学

在 20 世纪 60 年代，萨缪尔森（Samuelson, 1963,）曾经发现，在一个学科内部的"研究成就"（fruitfulness）与"对这个学科进行方法论讨论的偏好（propensity）"之间，有一种"非常强的负相关关系"（a strong inverse relationship）。萨翁此见，非常值得玩味和深思。有经济学名家的箴言在此，我们今天似乎不应过多地忧虑并花太多精力从经济学方法论的视角来讨论经济学自身发展的一些"形而上学"问题。然而，考虑到当今中国社会以及中国经济学自身发展中的诸多奇异现象以及可能出现的问题，现在讨论并反思一下本文第 2、3、4 小节所讨论的三个元经济学问题，也许不无助益。1922 年，在为英国经济学家的罗伯逊的《货币》一书所写的序言中，凯恩斯（J, M. Keynes, 1922）曾指出："经济学不是教条，而是一种方法，一种智慧工具，一种思维方式，它有助于掌握它的人得出正确的结论。"如果像凯恩斯这样以某种"隐喻"式的话语分析视角来审视经济学的性质和任务的话，我们可以从一种相对

"humble"但又不无信心的心态来展望经济学理论在中国的未来发展：正如市场竞争会产生效率一样，只有经济学内部诸多流派和研究进路的多元化发展，才最有利于未来中国经济学理论的成长。固守一隅，或只认为某种方法才是"最科学的"，或只朝着一个方向头也不回地死钻牛角尖，这只会导致中国经济学的畸形发展，甚至会在某种程度上致使整个中国经济学理论的发展误入歧途。如果"经济学产品"像物质商品和劳务一样也有一个"市场"的话，只有充分的市场竞争，只有"经济学产品"的多元化生产，才会有未来的"经济学市场"的繁荣。从此视角来看，无论是"经济学市场"中的"人为垄断"，还是如施蒂格勒（Stigler, 1951）在谈到"斯密困境"（a Smithian dilemma）时所发现的那种由市场竞争本身所（可能）自发产生的"经济学市场"的"自然垄断"，都有可能会导致中国的未来经济学理论进入一种新制度经济学家们所喜欢说的那种"锁入"（lock-in）状态。这不是结论，而只是一个提醒。

2007年2月25日韦森初识于复旦

（本文2007年4月发表于《经济学季刊》第6卷第3期）

参考文献

Bentham, Jeremy, 1987/1952, *Jeremy Bentham's Economic Writings*, vol. l, ed., W. Stark, London: George Allan & Unvin.

Boulding, Kenneth E., 1970, "Is Economics Cultural-Bound?" *American Economic Review (Papers and Proceedings)*, vol. 60, No. 2, 406～411.

Cannan, Edvin, 1929, *A Review of Economic Theory*, London: P. S. King & Son.

Comte, Auguste, 1865, *A General View of Positivism*, trans. from French by J.H. Bridges. London : Trübner.

Durkheim, Émile, 1902/1984, *De la Division du Travail Social*, Paris: Alcan. Eng. trans., *The Division of Labour in Society*, trans. by W. D. Halls, London: Macmillan. 中译本：涂尔干，2000,《社会分工论》，渠东译，北京：生活・读书・新知三联书店。

Eichner, Alfred S., 1983, "Why Economics is not yet a Science", in: Alfred S. Eichner (ed.),*Why Economics is not yet a Science*, Armonk, N.Y.: M.E. Sharpe, 205～241.

Friedman, Milton, 1953, *Essays on Positive Economics*, Chicago: Chicago University Press.

Groenewegen, Peter, 1987, "Political Economy and Economics", in John Eatwell *et al* (eds.), *The New Palgrave: A Dictionary of Economics*, vol. 3, London: Macmillan.

Hausman, Daniel M., 1994, *The Philosophy of Economics: An Anthology*, 2nd ed., Cambridge:Cambridge University Press. 中译本：豪斯曼，2007,《经济学的哲学》，丁剑峰译，上海：上海人民出版社。

Hayek, F. A., 1949, *Individualism and Economic Order*, London: Routledge & Kegan Paul.

Hayek, F. A., 1952, *The Counter-Revolution of Science: Studies on the Abuse of Reason*, Indianapolis: Liberty Press.

Hayek, F. A., 1982, *Law, Legislation and Liberty*, 3 vols., London: Routledge & Kegan Paul.

Keynes, John M., 1922, "Introduction to Cambridge Economic Handbooks", in Sir Dennis H. Robertson, *Mone*y, London: Nisbet.

Keynes, John Neville, 1891, *The Scope and Method of Political Economy*,

London: Macmillan.

Knight, Frank, 1956, *On History and Methods of Economics*, Chicago: Chicago University Press.

MacLeod, H. D., 1875, "What is Political Economy?" *Contemporary Review*, vol. 25, 871～893.

Marshall, Alfred, 1920, *Principles of Economics*, 8th ed., London: Macmillan.

McCloskey, Donald, 1983, "The Rhetoric of Economics", *Journal of Economic Literature*, vol. 21, No. 2, 481～517.

Mises, Ludwig von, 1949, *Human Action: A Treatise on Economics*, London: W. Hodge.

Mises, Ludwig von, 1960, *Epistemological Problems of Economics*, translated by George Reisman, Princeton, N.J.: Van Nostrand. 中译本：米塞斯，2001,《经济学认识论问题》, 梁小民译, 北京：中国经济科学出版社。

Myrdal, Gunar, 1969, *Objectivity in Social Research*, New York: Pantheon.

Polanyi, Michael, 1962, *Personal Knowledge*: *Towards a Post-Critical Philosophy*, Chicago,IL: University of Chicago Press.

Polanyi, Michael, 1964, *Science, Faith and Society*, Chicago: University of Chicago Press.

Redman, Deborah A., 1993, *Economics and the Philosophy of Science*, Oxford: Oxford University Press.

Robins, L., 1948, *An Essay on the Nature and Significance of Economic Science*, London: Macmillan. 中译本：罗宾斯，2000,《经济科学的性质和意义》, 朱泱译, 北京：商务印书馆。

Samuelson, Paul, 1963, "Discussion on Ernest Nagel's 'Assumptions in Economic Theory'", *American Economic Review* (*Papers and Proceedings*), vol. 53, May, 231～236.

Schumpeter, Joseph A., 1949, "Science and Ideology", *American Economic Review*, 1949, vol. 39, No. 2, 345～359.

Schumpeter, Joseph A. , 1954, *History of Economic Analysis*, New York: Oxford University Press.

Senior, Nassau W., 1836/1938, *An Outline of the Science of Political Economy*, London: G. Allen & Unwin.

Smith, Adam, 1776/1930, *An Inquiry into the Nature and Causes of the Wealth of Nations*, 2 vols. 5th ed., London:Methuen & Co..

Smith, Adam, 1978, *Lectures on Jurisprudence*, Cambridge: Cambridge University Press.

Stigler, George, J., "The Division of Labor is Limited by the Extent of the Market" , *Journal of Political Economy*, 1951, vol. LIX, no. 3., 185 ~ 193.

Stigler, George, J., 1986, *The Essence of Stigler*, ed. by Kurt Leube & Thomas G. Moore, Stanford, CA: Hoove Institution Press. 中译本：施蒂格勒，1999,《施蒂格勒精萃》，吴珠华译，北京：商务印书馆。

汪晖，2005,"科学话语共同体和新文化运动的形成",《学术月刊》，第7期，第104 ~ 113页。

韦森，2002,《经济学与伦理学：探寻市场经济的伦理维度与道德基础》，上海：上海人民出版社。

韦森，2004,"货币、货币哲学与货币数量论",《中国社会科学》，第4期，第61 ~ 67页。

Whately, Richard, 1831, *Introductory Lectures on Political-Economy*, London: B. Fellowes.

语言的经济学与经济学的语言[*]

> 如果能够渡过目前面临的黑暗，科学将在下一步发展中采纳语言学的原则，将自己从虚幻的语言需求中解放出来。人们误将这些虚幻的必要性当做理性本身，已经有太久的时间了。
>
> ——沃尔夫（Benjamin L. Whorf）

---

* 笔者首先感谢鲁宾斯坦教授（Ariel Rubinstein）对写作这篇文章的支持和鼓励。实际上，鲁宾斯坦教授曾将这篇文章初稿的 PDF 文档放在他个人的网页上过。这里也特别感谢黄有光、汪丁丁、姚洋、叶航，以及新加坡国立大学的姚顺田教授对本文所提出的一些评论意见，尤其是感谢汪丁丁教授，他曾提供给我一些文献，姚洋教授也曾提示我要注意麦克洛斯基（D. N. McCloskey）的工作（尽管我早就注意到麦克洛斯基关于经济学修辞的研究，但在本文的初稿中，我并没有将之考虑在内），并促使我系统地收集和综合评述了经济思想史上有关语言问题的相关文献。这里也感谢陆铭、陈钊、王永钦、钱勇、窦丽梅、刘涛博士以及我的学生席天扬、方钦等的评论意见。但文中的观点和纰漏当然由笔者自负。这里特别感谢教育部社会科学一般项目"现代经济学的语言与修辞"（KYH3259031）的支持。本文是该研究项目支持下的主要研究成果之一。

引

通过对语言的经济学和经济学的语言方面的历史文献的综合评论，本文对经济学和博弈论的深层哲学基础进行了一些理论反思。在哲学和其他多门社会科学已发生了"语言转向"的当代话语语境中，本文第1节提出了是否也将会在当代经济学中发生一个语言转向问题。第2节对自亚当·斯密以来语言的经济分析方面的文献进行了综述。第3节则讨论了经济学的语言和修辞问题，发现国际经济学界大部分人目前还没有意识到经济学和博弈论的话语体系本身也有一个内在的语言问题。这一节还从数学哲学和逻辑哲学的理论层面对当代主流经济学中充满数学证明的"我向思维自恋症"（autistic）进行了一些反思的评论。第4节评介了鲁宾斯坦就博弈论实质和功用所做的一些论述。第5节讨论了语言反思对经济学的制度分析进一步发展的深层意义。最后，在第6节余论中，文章对经济学语言研究的前景进行了一些展望。

经过1978年以来30多年的改革开放，中国社会已经基本上完成了从"有中国特色的计划经济"向"有中国特色的市场经济"的体制转型。伴随着中国社会的市场化过程，中国的理论经济学在整体上也正在经历着从传统的政治经济学向以新古典主流经济学为核心的"现代经济学"的过渡与转变。然而，在当今中国社会的市场化过程中，无论是传统的政治经济学，还是新古典主流经济学，都在某些方面显得缺乏对当今中国经济社会运行的解释力。其主要原因是，在当今中国社会从"计划经济"向"市场经济"的快速转化过程中，政府不但没有从市场运行中退出，反而把市场运作的一些重负不断加扛在自己的"肩头"，不仅调规和驾驭市场，而且在地方性竞争中直接参与市场运作。结果，在当代中国社会中，正在经历着由一种中华人民共和国成立后持存了近30年的"政府统御社会"的体制模式向一种1978年改革开放后的渐进生成的独特的"政府主导市场"的发展模式的转变和演化过程。在当今中国社会中所发生的独特的市场化道路的一个似乎是自然的结果是，一种人类历史上前所未有过的且颇具中国特色的市场经济体制正在形成。中国社会的市场化、政府在市场运行中的角色和功能的强化，加上在当今中国社会中调规市场运行和政府机构自身行政运作的法制建设和民主政治建设的滞后，也给当今中国社会和未来中国的经济发展带来一系列问题：由于各级政府不但调控和支配市场，而且直接参与经营市场，加上各级政府科层机构的功能及其政府官员的权力边界的模糊，在某种程度上导致了政府官员及其子女依靠权力寻租的普遍化，并导致在当今中国社会中财富占有和收入分配的差距不断拉大。在这样一种各级政府科层靠自己掌控权力来发展经济并从中进行权力寻租的奇特社会经济体制的型构和演变过程中，由当代西方社会引入的以新古典经济学为主流的所谓"现代经济学"范式在中国的适用性和解释力显然大打折扣，而传统的马克思主义经济学又似乎不乏其新的理论解释力。当今中国的新社会体制的渐进成型和演变，种种经济和社会问题的不断积累，也向中国的理论界——尤其是经济学界、法学界和政治学界——不断提出诸多新的问题和挑战。这诸多社会问题和理论挑战的最基本的问题在于人们——尤其是理论经济学界——目前对一个现代良序市场经济运作的基本条件和基本原理并不十分清楚，因而从某种程度上来说"还缺乏理论"，因而经济学界的大多数研究者要么只能随着现存经济社会的自发演变而做些实证分析，要么做些政策性的对策研究。然而，在未来中国何去何从已经渐渐变成一个理论界和社会各界绕不过去的重大社会问题的当下，经济学的性质、经济学本身的任务以及人类经济社会良序运行的基本条件和原理到底是什么这些似乎过去在经济学各流派的学说本身内部中均不成为问题的问题，又日益被重新提了出来。

要理解现代市场经济良序运作的基本原理和基本条件，欲为未来中国经济社会发展探寻新的道路，以避免中国社会在自身惯性的演化中走向并最后定型于一种各级政府官员凭借自己所掌控的科层权力进行权力寻租的社会体制，这一切似乎均要求中国理论经济学界对经济学本身进行"整体的反思"，尤其是需要对经济学说史上不同的经济学流派和学说进行深入的了解和整体的评估。在当今中国经济社会格局和未来发展道路迫使下所产生的这种理论经济学的"自我反思",绝非是一种经济学方法论问题再思考那样的简单问题,也绝非是不同经济学"范式"——这里借用当代美国科学哲学家托马斯·库恩(Thomas Kuhn)的一个术语——之间是否可以通约、可以对话和相互借鉴那样浅层面的考量。中国当今社会中存在的一些深层次经济社会问题,人类社会整体目前所面临着的自2007年以来的全球金融风暴和世界性的经济衰退所提出的种种前所未有的挑战,也不仅仅是个马克思主义政治经济学在当代的解释力问题,更非如西方国家新近出现的向卢卡斯(Robert E. Lucas, Jr.)为代表的新古典经济学家们所提出的新古典经济理论的适用性和解释力可疑性问题,而是对人类社会中市场经济运行基本原理和条件的再思考问题。在此情况下,中国乃至国际社会的理论界需要对经济学本身的性质、任务及其理论经济学功能、作用及其可能的局限进行再思考,从而亦要求某种超越经济学本身的某种"元经济学"(metaeconomics)的理论思考和探究。基于这一考虑,笔者在前些年对当代博弈论大师鲁宾斯坦(Ariel Rubinstein)在2000年出版的《经济学与语言》一书评介的基础上,重新整理这篇旧作,以祈求理论界的方家和同仁们共同关注和思考这类元经济学的问题。而在笔者看来,所谓元经济学问题,说到底是个经济学的语言问题。

1. 经济学的语言转向？

自 20 世纪初以来，在当代哲学和许多社会科学中较普遍地发生了一个"语言转向"（linguistic turn）。这一语言转向首先发生在哲学中，继而国际学术界和思想界对语言的关注从哲学广泛地推进到伦理学、人类学、历史学、社会学、法学和文艺理论等其他社会科学中。最早开启这一当代语言转向的，应该说是 19 世纪至 20 世纪之交的奥地利哲学家弗雷格（Gottlob Frege），而主要推动或者说引致这一转向的哲学家，则主要是维特根斯坦（Ludwig Wittgenstein）、海德格尔（Martin Heidegger），以及牛津日常语言哲学学派的领袖人物奥斯汀（John L. Austin）等。

萌发于 19 世纪下半叶而到 20 世纪中叶才基本完成的这一当代哲学、社会科学领域中的语言转向，与人们对世界认识的深度及其进展有关。从哲学史的沿革来看，哲学家们首先思考这个世界是什么；接着他们反思人们自己认识这个世界的方式；最后他们转向注意起表达人们对世界认识的媒介和工具来。于是乎，哲学史就经历了一个从对本体论的形而上把握，到认识论的思考，再到语言哲学的反思这样一个自然发展过程。

在当代哲学中发生的这一语言转向，也与伴随着近现代工业革命和科学技术的发展而发生的人们在各学科、各领域中对自然和人类社会的认识不断向深层推进的进程密切相关。随着各学科的思想家对自己研究领域的问题的思考不断深入，人们开始感觉到语言的束缚以及对所用语言的困惑，因而不约而同地从各个学科和各领域的不同研究视角同时探及到了语言问题。譬如，赫德尔（Johann G. Herder）和洪堡特（Wilhelm von Humboldt，又译"洪堡"）对语言的关注与他们对人类社会历史的研究兴趣有关。弗雷格则是在对逻辑和数学的研究中开始注意并思考语言问题的。维特根斯坦从对世界的本体论的逻辑思考转向了对日常语言的反思，而对日常语言哲学思考又经由赖尔（Gilbert Ryle）、奥斯汀和塞尔（John Searle）等当代语言哲学家的推进而成了当代哲学中最蓬勃兴盛的一维"研究向量"。在欧洲大陆，哲学家胡塞尔（Edmund Husserl）、海德格尔和伽达默尔（Hans-Georg Gadamer）是从各自的哲学思考视角不约而同地把对语言的反思回归到了哲学的本体论诠释。从其他社会科学来看，20世纪以来，不同学科的思想家在哲学中语言转向潮流的影响下也分别从不同的研究视角转向反思自己研究领域和话语体系中的语言问题。譬如，从其元伦理学（meta-ethics）思考视角，斯蒂文森（Charles L. Stevensen）和黑尔（Richard M. Hare）等当代主流伦理学家均把道德伦理问题最终归结为了语言问题。列维-斯特劳斯（Claude Lévi-Strauss）和格尔茨（Clifford Geertz）则是从人们交往中对符号的运用这一研究视角把语言问题内含在他们的文化人类学的理论分析之中的。剑桥大学以马内利学院前院长、新（左）派神学家卡皮特（Don Cupitt，1997）甚至把上帝存在问题也归结为一个语言问题。哲学和其他社会科学界中一些思想大师对语言的反思，又与近代以来语言学诸领域中的一些重要发展密切关联，并相互促进，以至于在近现代和当代国际语言学界出现了像索绪尔（Ferdinand de Saussure）、布龙菲尔德（Leonard Bloomfield）、萨丕尔（Edward Sapir）、乔姆斯基（Noam Chomsky）和韩礼德（M. A. K. Halliday）等这些国际语言学界的思想大师。

于是乎，如果说当代哲学和多门社会科学领域中的巨大思想发展和深入理论探索构成了一首宏大交响曲的话，那么，一个显见的事实是，学术各界对语言的反思构成了这一交响曲的主旋律。然而，与之不相协调的一个明显的理论反差的是，自马歇尔（Alfred Marshall）和凯恩斯（John M. Keynes）以降，以新古典主义为主流的当代经济学各学派一般还只注重数学分析工具的运用和计量模型的建构，并相对自我封闭地迅速发展起来，形成了一个风格凸显（理性最大化推理）和自成一体的理论世界。与当代哲学和其他多门社会科学以语言反思为主旋律的宏大理论交响曲不相和谐的是，直到如今，当代经济学家似乎还很少有人注重经济学分析中的语言问题。到了20世纪末，博弈论经济学大师鲁宾斯坦（Ariel Rubinstein）终于醒悟了，提出了语言的经济学分析和博弈论经济学的语言问题。于是，在当代哲学和社会科学的话语语境中，读过鲁宾斯坦（Rubinstein, 2000）的《经济学与语言》，我们自然会联想到这样一个问题：是否从21世纪初开始，在以博弈论蓬勃发展为主要动力机制的当今西方主流经济学中也将会发生一个语言转向?

如果说当代经济学真的要发生一个语言转向,其主要动因恐怕并不像鲁宾斯坦在《经济学与语言》的小册子中所昭示的那样是经济学帝国主义的又一次"外侵"和"远征",而毋宁说它将是经济学作为分析人类经济和社会行为及其后果的一门学问之本质的自然延伸以及其理论向深层推进的一个自然结果。笔者之所以这样说,是考虑到,不管是运用日常语言的阐释,还是运用复杂数学语言的建模,经济学所研究的行为主体和对象毕竟是人以及人们活动的经济和社会后果。既然经济学——尤其是经济学的制度分析——要研究人的经济行为并解释人们经济行为的社会后果,一些更深层的问题是:人作为人的维度是什么?人与人交往和交流(包括市场交换和社会博弈)的工具和手段是怎样影响人们行动和交往结果的?迄今大多数经济学家(包括制度经济学家)并没有认识到,这两个问题均与人类的语言紧密相关。人的交易和交换与人们的语言密切相关,这说来并不是什么新的见解。因为,经济学的鼻祖亚当·斯密(Adam Smith)早就识出了这一点,并明确地指出,人的交易是需要语言的:"从来没有一个人看到一只狗与另一只狗进行公平的、有意识的骨头交易。从来没有人见过一动物以它的姿势或叫声向另一动物示意说:这是我的,那是你的;我愿意以此换彼。"(Smith, 1776, p.15)[1]依照亚当·斯密的这一洞见

---

[1] 根据亚当·斯密的这一洞见,2002年纪念诺贝尔经济学奖得主弗农·史密斯(Vernon Smith, 1999, p.207)指出,对分工和人类合作的扩展秩序来说,人类(the hominid line)的两个特征最为重要:"(1)对一种复杂的自然语言(转下页)

稍加一点推理，我们会进一步发现，人类——唯独人类——之所以有市场交换和交易行为，之所以在种种社会活动和市场交易中会产生一些习俗、惯例和制度，究其原因，就是因为人类有并使用语言。有了语言，人才有理性、道德和正义感，才有种种社会礼俗、文化传统、商业惯例和制度规则。种种社会规范（social norms），商业惯例（business practices, conventions）以及种种法律和制度约束（constitutional constrains）说到底只不过是个语言现象，或者说必须以语言（包括口头语和书面语）来作为其载体。即使是作为一种自发社会秩序的习俗（custom），也自然有语言的维度在其中：没有人们语言的交流，社会习俗会能生成？又能自我维系和自发扩展？事实上，语言是人成为人的基本和根本维度这一点，也曾为当代著名语言哲学家塞尔所意识到。塞尔曾指出，"语言实际上是比任何别的东西都更能把我们与其它动物区别开来的东西"（引自涂纪亮，1996，第221页）。很显然，没有语言，人还不成其为人，也就没有人类社会，也就没有人类生活的种种规则。动物世界可以有基因型（genotype）或现象型（phenotype）行为中的常规性，如蚂蚁爬行成行，大雁飞行成队，燕子秋去春来，蜜蜂群居筑巢，这些均表示动物世界的某些"自然"秩序，由此我们可以认为动物有动物的"社

（接上页）的运用；（2）互惠（reciprocity），或（如亚当·斯密《国富论》中所言的）'那种相互往来，物物交换和以物易物的倾向（propensity）'"。弗农·史密斯还猜测到，很难想象人类的这两个特征是互不相关地独自演化出来的，而可以确定地说是超过200多万年的同一个文化与生物共同演化链接（nexus）的组成部分。

会"。但由于动物世界没有"语言"[1]，这些动物"社会"中的确没有习俗，没有约定俗成的惯例约束，没有道德和社会规范，更没有规章、法律与制度，因而，虽然在其他动物世界存在其行为的常规性，并构成了动物本身的"社会"，但动物"社会"中却不存在

---

[1] 尽管许多动物能发声并在同类中传递各种信号和信息，尽管许多高级动物的"鸣叫"中包含着奥斯汀（Austin, 1962）在《如何以言行事》中所说的"声子"（phone），但基本不具备"言子"（pheme），更谈不上"意子"（rheme）了，即不能"说出"一个有语法和/或语义结构的完整的句子。由此我们可以有理由认为，除了人之外的其他所有动物（包括猿和大猩猩）都还不具备语言和语言能力。对奥斯汀以言行事哲学中的这三个独特词汇的中译法，笔者已在《文化与制序》一书中对此做了专门探讨（韦森，2003a，第 57～61 页）。另外，对于动物有没有"语言能力"，众说不一。譬如，黄有光教授认定人之外的其他动物中也有语言。认定其他动物中也有"语言"的人可以轻易地举出以下例子：当鹤群的头鸟一发出声音信号，整个鹤群即惊恐万状地随头鸟飞起。当带头的鹿在感觉到危险而鸣叫时，整个鹿群便跟着它逃跑。于是这些人认为人之外的其他动物也有"语言"。但是，按照神经语言学的研究（见王德春等，1997，第 187～196 页），同其他动物相比，人类有独特的语言神经中枢，司独特的语言功能——词语。这导致了人类的语言是标记事物和事物间联系的一种复杂的抽象代码系统，借助这一系统，事物被编入一定的范畴体系。这些代码用来标记事物、形状、动作、功能和关系，并有接受信息编码、传递和引入各种不同体系的功能。因此，神经语言学家们认为，其他动物之间的"语言"则没有这些性质。因此有人认为，与人类的语言相比，其他动物的"语言"最多不过是一种"准语言"。美国华裔语言学家王士元（1994）也特别指出："语言是人类极为独特和珍贵的工具……没有语言，人类跟地球上其他动物就没有什么根本区别。因此，我们又说，人类的起源就是在语言形成的时候，有了语言才有人。"另外，值得注意的是，美国古人类学家伊恩·塔特索尔（Ian Tattersall, 2002, 参中译本，第 119 页）也曾指出："虽然有些语言学家甚至将黑猩猩的话称作'原始母语'，但这个说法是非常容易产生误导的。人类语言是受其结构控制的，具有无限的表达可能；猴子的发声法受其内容控制，本质上受到表达方式的限制，黑猩猩好像能够在有限的范围内和别人交流自己想要对方了解的东西；但（人类的）语言作为对世界的归纳和解释以及对思维的调整，绝不止这些内容。"从此视角来看，我们也可以把语言视作为为人类所独有的一种天生禀赋和能力。

任何制序(institutions)，即"established order by which everything is regulated"。

由于语言构成了人成之为人的主要维度，不了解语言，不研究语言在人类社会形成和市场机制运作中的作用，显然难能对人类"经济世界"的内在秩序及其变迁机理有一个到位的理解和把握。从这个研究视角来观察问题，研究语言在人类社会种种生活形式（Lebensformen——这里借用哲学家维特根斯坦在其名著《哲学研究》中所使用的一个概念，以总括人类社会的种种习惯、习俗、惯例和制度，笔者这些年来所使用的中文的"制序"概念——对应于均质欧洲语中宽泛含义的"institutions"——在笔者的实际使用意义上等同于维特根斯坦的"生活形式"概念）的生发、型构与变迁中的作用，以及反思、描述并试图从各种理论视角复现人类经济社会中种种自然秩序的经济学所使用的语言本身，就成了经济思想界认识和洞悉人类生活世界（Lebenswelt——这里借用哲学家胡塞尔的一个概念）研究进程的一种自然推进的结果。从这一广阔背景的视角来评估和理解2000年由剑桥大学出版社出版的鲁宾斯坦的《经济学与语言》，我们就会发现，经济学的语言转向，应该说只是迟早的事。

2. 语言的经济分析

要思考和探讨经济学的语言转向,自然要涉及经济学与语言的关系问题。经济学与语言的关系,实际上又必定牵涉到两方面的问题:其一是语言的经济学分析,其二是对经济学话语本身的语言反思。在这一节中,我们先来讨论第一个问题。

分析语言在人们经济活动以及在社会交往中的习俗、惯例和制度生成及演化中的作用,从经济思想史上来看,应该说这已经是非常久远的事了。即使我们认定古希腊哲学家、汉代以前的中国古代哲学家(如子思、孟子和荀子)以及欧洲中世纪的神学思想家对语言的反思基本上还不能视作语言的经济分析的话,但从英国古典经济学家亚当·斯密(Adam Smith)那里开始,语言的起源和生成过程问题就被置放到经济学理论思考的维度中提了出来,进而分析了语言在经济活动、市场秩序与规则生成中的作用问题。更为重要的是,理解斯密在语言起源问题上的理论洞见,是把握斯密的"看不见的手"的原理,他的自发制度生成论的思想,以及"斯密问题"(人具有利己动机和同情心双重人格)的一把"钥匙"。用一种隐喻式（metaphorical）的话语来讲，如果说斯密的"分工原理"、"看不见的手的原理"、"棋子原理"、"斯密问题"，以及斯密在法理学、国家、军队及税收等问题上一些伟大理论发现构成了他的宏大经济社会思想体系中一颗颗璀璨的明珠的话，斯密的语言观，就像是把这些明珠串在一起的一条"金丝线"。

从斯密在语言学方面的文著来看，早在1880年，伦敦一家出版社（Ward, Lock & Co）就曾出版过他的《哲学和文学论文集》。1983年，西方学者布赖斯（J. C. Bryce）又编辑了一部亚当·斯密（Smith, 1983）的《关于修辞和纯文学的讲演》文集，并由著名的牛津克拉伦登出版社（Clarendon）出版。近些年来，西方学界已有不少学者从事这一领域的研究，其中，主要有布赖斯（J. C. Bryce, 1983），史蒂文·K. 兰德（Steven K. Land, 1977），詹姆斯·奥特森（James Otteson, 2002）以及鲁迪·凯勒（Rudi Keller, 1994）等。其中，1994年由英国著名的老牌学术出版社劳特里奇出版社（Routledge）出版的语言学家鲁迪·凯勒的著作中，其书名就非常有意思地引用了斯密的著名经济学原理：《论语言变迁：语言中的看不见的手》。2002年发表在《哲学史季刊》上的一篇题为"亚当·斯密的第一个市场：语言的发展"一文中，美国阿拉巴马大学的詹姆斯·奥特森（James Otteson）也对斯密的语言观与他的其他经济社会思想的关系做了非常深入的探讨。

从目前笔者所能查到的西方学界讨论斯密语言观的文献来看，大多数学者到目前为止较集中地讨论斯密于1761年发表在《哲学随笔》（*The Philosophical Miscellany*）杂志上的一篇题为"对语言最初形成以及原初和复合语言的不同天赋(different genius)的思考"(以下简称"语言")的短文(大约只有20页)。据詹姆斯·奥特森(James Otteson, 2002, pp. 66～67)说,尽管这篇文章的发表比1759年出版的《道德情感论》还晚两年,但有充分理由相信,斯密撰写这篇文章的时间要早于《道德情感论》。他给出的理由是,在《道德情感论》中,斯密也有许多关于语言的论述,且照斯密看来,理解语言是理解道德判断、道德准则以及人类联合的关键因素。

在这篇文章的一开始,斯密就对人类语言的最初形成情形做了一些猜测。他首先假定有两个还不会说任何语言的野人,这两个野人碰到一起,要进行交流,要表达各人的需要和愿望,就要进行——用维特根斯坦哲学的话语语言来说——"语言游戏(博弈)",从而形成最初的语言。依照斯密的猜测,这两个野人应会先确定名词和动词(因为,他们要先对外在所熟悉的一些特定事物进行命名),然后,才会扩展到形容词和副词,并随着二人语言游戏过程的进展而形成更抽象和更复杂的语言系统。

基于今天的理论标准,也许有人会觉得斯密对语言最初生成过程的这种猜想仅仅是一种直观推想,甚至有点儿天真。然而,切记不要小看了斯密的这一猜想。因为,这里面蕴含着在当代社会科学话语语境中讨论道德起源问题的一种深刻洞识,并内含着哈耶克式自发制度生成论博弈论诠释的最初理论原型(参韦森,2003c)。[1]

---

[1] 事实上,在斯密的同时——或者说之前——哲学家大卫·休谟就提出过类似的观点。譬如,休谟曾指出,与正义规则形成的方式相似,"各种语言也是不经任何许诺而由人们的约定或习俗所逐渐形成的。同样,金银也是通过(转下页)

正如奥特森（Otteson）所见，斯密眼中的语言生成过程，与他对"看不见的手"的市场秩序生成原理和道德的起源的论述，实际上是采用了同一个理论表述程式，并与卢梭的语言观形成了鲜明的对照。因为，按照卢梭《论人与人之间不平等的起源和基础》中的观点，现代人猜测在语言的最初形成过程时会有一个无法摆脱的困境：人类在语言最初形成中的一般化（generalization——或言"概括"）能力首先在于人要有一般化的词汇，而只有在人有了一般化的能力之后才可能有一般化的词汇——那么，到底孰先孰后？由此，卢梭曾得出了一个不可知论的解释，"**语言单凭人类的智能就可以产生并建立起来已经被证明是不可能的事**"（J.-J. Rousseau，1954，参中译本，第81～82页）。熟悉当代西方语言哲学前沿争论问题的学者马上会意识到，卢梭的这一思想，实际上与当代著名语言学家乔姆斯基（Noam Chomsky）对哲学家维特根斯坦关于"人遵守规则的悖论"[1]的

（接上页）这种方式而成为人们公认的价值尺度和交换工具的"。根据休谟的这一见解，哈耶克指出，"就像语言和货币一样，法律和道德规则，在我们看来，也不是刻意发明的产物，而是逐渐形成的制度或'形成物'（formations）"（引自哈耶克，"大卫·休谟的法律哲学和政治哲学"，邓正来译）。

[1] 在《哲学研究》中，维特根斯坦（见 Wittgenstein, 1953: §201）提出了人遵从规则的悖论："我们的悖论是：没有任何行动的方式能够由规则加以确定，因为每种行动的方式都可以依据规则而得出"（这句话的英译文为："This was our paradox: no course of action（德文原文为"Handlungsweise"）could be determined by a rule, because every course of action can be made out to accord with the rule"）。真正理解了维特根斯坦的这一著名的人"遵守规则的悖论"的含义，不仅对深入理解哈耶克的自发社会秩序理论（尤其是弄清哈耶克自发社会秩序理论中的"行动的秩序"与"规则系统"两分法及其二者的相互关系）是十分重要的，而且对理解习俗、惯例和制度的生成以及对理解道德原则的起源与生成原因，都有着至关重要的意义。

商榷是讲的同一个问题。碰巧的是，卢梭与斯密在这个问题上的见解差异，好像是前者早在 200 多年前就提出了"维特根斯坦悖论"的雏形，而后者则在 200 多年前就天才地猜测到了乔姆斯基在 20 世纪 50 年代后才逐渐形成的"转换生成语法"的基本观点。也许在研读过维特根斯坦（Wittgenstein, 1953）的《哲学研究》和乔姆斯基（Chomsky, 1985）的《语言知识》后，再读卢梭和斯密在语言问题上的这些洞识，我们就会发现，这些当代思想家所争论的问题，原来在 200 多年前就曾被卢梭和斯密提了出来，并进行了初步的思考和探索。

现在，就让我们进一步察看一下斯密是怎样回答这个问题并且他是如何想超出"卢梭悖论"的。照斯密看来，人之所以能最初形成一些概念，并非像卢梭所认为的那样在于人的由一般语言概念所决定的一般化概括的（理性）能力，而是在于人的心智结构中的联结不同事物的一种自然能力（mind's natural power of association——这显然有点接近乔姆斯基后来所提出的人的"先天语言官能"说）。照斯密看来，有了这种大脑的自然语言能力，人类就可以在无意识的情况下通过相互交流中的"经验博弈"——用今天的博弈论语言来说——而自发地形成语言了。换句话说，依照斯密的见解，人类的语言是在人类个人无意识地相互交往过程中自发生成并自发演化的。另外值得注意的是，斯密还明确地指出，尽管人们是在无清醒意识（without conscious deliberation）的情况下自然地形成语言的，但这绝非意味着语言的产生是无规则（lawlessly）和完全偶然的（haphazardly）。实际上，斯密认为，假如没有规则所规定的适当用法，人们将无法进行交流。然而，正如维特根斯坦和哈耶克（F. A. von Hayek）在 20 世纪 40 年代之后才发现无解因而均自然发问的那样：决定人们行动（包括言行——英语为"speech act"）的规则从何而来？在这个问题上，斯密好像早在 200 多年前就天才地猜测到：**规则源自博弈，源自人们的自发秩序**！具体到语言问题上，斯密认为，**用词的规则是与词语本身的形成过程同时产生的**。到这里，我们方能体感到斯密那平朴语言中的伟大和深刻：原来他在 200 多年前就好像猜测到了 200 多年后维特根斯坦和哈耶克所仍然困惑不解的问题！

在对斯密的语言观做了上述简要介绍后，下面让我们再来反思一下斯密对语言产生的天才猜想与他的其他经济、社会和伦理思想规划之间的关系。

任何一个稍研究过语言学的人均会发现，每一语言系统都有其内在规则，包括词法、语法以及（拼）写法，等等。对我们这些语言学的行外人来说，这也好像是不言而喻的。在现代社会中，一些主要语言的内在规则一般都会在有关该语言的语法书中归纳和描述出来。即使在没有语法书的一些原始语言系统中，这些规则也会被语言共同体中的长者通过言传言教的形式传教给下一代。但问题是，一个语言内部的规则最初是如何形成的？照斯密看来，情形绝非是像曾有一个人或一组人首先发明了语法规则，然后再像发布敕令或谕旨那样将其强加于人民大众，让民众说话和撰文时照之执行。恰恰相反，任一语言的规则起先都是使用该语言的民众在一个自发的语言交流中形成一个习惯用法（usage），然后才上升到显性的或规范的语法规则。因而，照斯密看来，语言的形成过程更显示出了一个自发社会秩序的生成过程，并相应地彰显出了从一种自发秩序到一种自发规则的转化过程。用斯密（Smith, 1983, p. 211）自己的话来说："一般规则是不知不觉地（insensibly）和缓慢地自我建立起来的，是（人们的）模仿和对声音相似之喜好的结果，这构成了迄今为止绝大多数语法规则的基础。"

比较一下斯密对语言的内在规则自发生成机制的这种猜测和他后来才提出的市场运行中"看不见的手"的原理，就会发现二者的惊人相似之处了。按照斯密著名的"看不见的手"的原理，人们对自己个人利益的无意识地追求，导致了整个社会的福利的增进。正如人们在相互的语言交流中无意识地自发创生出词汇且生成、遵从并演化语言的内在规则一样，人们也几乎是在同样一个怀着追求个人需要的无意识的社会过程中自发创生出来一些精巧、复杂和后来又觉得难以理解的一些社会制序（包括习惯、习俗、惯例、法律以及其他种种制度等）的。也正如休谟、斯密、弗格森、门格尔以及后来的哈耶克所坚持认为的那样，人类社会的种种制序，恰如其中的"语言制序"（著名的瑞士语言学家索绪尔曾认为语言也是一种特殊的"social institution"[1]）一样，均是一种人们无意识和无计划交往活动的自发结果——用斯密自己的用词来说，它们是在一种"不知不觉地"（insensibly）过程中出现和形成的。这一点在斯密的语言观

---

[1] 就笔者管窥所见，从瑞士语言学家索绪尔（Ferdinand de Saussure, 1916/1949）在其《普通语言学教程》中，我们得知是美国一位叫惠特尼（Whitney）的语言学家最早把语言视作一种"social institution"的。

中再清楚不过地反映出来。因为，照斯密看来，像其他绝大多数社会制序一样，语言制序本身就是一种人们无意识活动的"非意想或无计划设计的秩序"（unintended order）。应该说，斯密对语言形成的这一洞识和猜想，基本上为今天大多数语言学家所接受。可能也正是因为这一原因，像鲁迪·凯勒这样的当代语言学者才把斯密的"看不见的手"的隐喻运用到他的语言学著作的书名中去了。

不但作为自发市场运行之无计划结果的经济秩序与语言的形成过程有着惊人的相似性，就连道德准则也与语言一样是自发社会博弈的结果。这也是斯密语言观的一个重要理论含蕴和映射。按照斯密的《道德情感论》，道德情感（moral sentiments）源于人们所禀有的"相互同情的愉快"，而作为具体的道德或伦理准则，则产生于人们的共同情感判断。然而，问题在于，由于我们每个人都对他人在其特定环境中的动机、欲望和需求无详尽的知识，我们又怎样无偏颇地猜测他人的情感呢？斯密认为，只有当一个人设身处地地考虑到他人的情感时——或用斯密的原话说，只有当在所有场合中他人的"情感就是用来判断我的情感的标准和尺度"的时候——人们共同的道德准则就在共同同意中生成了（Smith, 1756/1976，参中译本，第 2、3、4 章）。由此看来，在斯密的眼中，道德或伦理准则，市场中的自发经济秩序，与语言的自发生成过程一样，也是在人们无意识的相互交往中信息沟通以及愿望和情感交流的一个非计划过程的自发结果。

到这里我们也许就可以认识到斯密语言学研究的重要了。可能正是通过对语言生成过程的猜想和理解，斯密萌发了他的"看不

69

见的手"的经济学原理，也型塑了他的道德情感论的基本理论话语（discourse）结构。因为，市场经济秩序和道德准则均与语言一样是人们在无意识交往与社会博弈中的一个自发结果。由此看来，理解了亚当·斯密的语言观，我们也就比较清楚地知道斯密是如何形成其"看不见的手"的市场秩序生成论的理论观点的了，也自然会对其道德情感论的理论建构思路认识得更加清楚了。正是因为这一点，我们可以把斯密的语言学理论认作是全面把握斯密经济社会思想导向的一条主线。

从对语言的自发生成过程的相似性之处来思考自发市场秩序的生成过程，也同样发生在当代另一位自由主义经济学家弗里德曼（Milton Freedman）那里。譬如，在一篇谈"经济学中的价值判断"的经典文章中，弗里德曼（Freedman, 1987，参中译本，第9～10页）指出，博尔丁（Boulding）曾发现，经济学家通常带着一种近乎于迷信的敬畏来看待价格体系，而且常常惊讶于"人类的决策制定及其相互影响中所表现出来的精妙秩序"。自由交换更加广泛的应用，也唤起了同样的看法。通过"思想市场"中的自由交换，人们构造起了绝妙无比的现代科学知识体系。弗里德曼进一步认为，如果再来考虑一下语言发展的例子，就会发现语言与市场自发生成过程的相仿之处了，"语言是一个能够逐渐演化的复杂而又相互关联的结构。然而，并没有任何人按照某种方式来设计它。它只不过是随着千百万人通过自由的语言交流所进行的自愿合作而逐渐发展起来的"。并且，照弗里德曼看来，习俗法的结构也是这样一个自发生成和演化过程的绝好例证。

现在看来，尽管像亚当·斯密与弗里德曼这样的经济学自由主义思想大师曾思考过语言在人们经济活动中的作用，并从语言自发生成的社会机制和过程的相仿性来反思市场秩序的型构过程，但相对而言，在当代经济学的浩大理论世界中，语言的经济分析方面的文献还比较少。就笔者目前在国外与国内所能查到的资料看，在 1965 年，西方一位叫马尔沙克（J. Marschak）的学者曾以"语言的经济学"为题在英文《行为科学》杂志上发表了一篇文章。这篇文章明显是当代经济学帝国主义精神初兴时期经济学家研究领域外侵的一次"牛刀小试"，且并没有引起主流经济学家们的多大注意。在 1993 年，亨德森（W. Henderson），达德利·埃文斯（T. Dudley-Evans），巴克豪斯（R. Backhouse）曾编辑过一本《经济学与语言》的文集，另外也有部分西方学者思考和研究过与"发展"（development）以及在西方国家中的少数民族社区的语言使用、外语和双语运用的经济影响等有关的一些语言的经济学问题（如：Breton&Mieszkowski, 1977; Selten& Pool, 1991; Grin, 1990, 1994, 1996; Bloom& Grenier, 1992; Rogerson, 1997; Breton, 1998; Lazear, 1999），在一些新近的工作论文中，英国约克大学经济系的西瓦纳·达尔马佐内（Sivana Dalmazzone）和阿尔伯特·布雷顿（Albert Breton）等少数西方经济学家也从"网络外部性"（network externality）的角度分析了在一个语言社群中使用一种语言的递增收益以及某种语言本身扩展的问题。这些学者还对西方国家中汉语教学和使用所带来的收益以及在这些国家能用汉语进行交流的人数增加对国际贸易的增长所起的作用进行了初步的理论探讨。值得注意的是唐纳德·兰伯顿(Donald M. Lamberton, 2002)编写的一部《语言的经济学》的文集。这部文集对语言的经济学分析方面的文献做了全面的收集与评述。尽管近些年国际学术界在语言的经济学分析方面有这么多的进展，但上述这些文献严格来说并不是语言的经济分析，而只是旨在研究和探讨语言在市场活动、国际贸易和经济发展中的作用。现在看来，用规范的经济学方法尤其是数学工具分析语言及其生成演化问题，仅从当代经济学界来看，以色列经济学家鲁宾斯坦还是第一人。

当然，在当代各种交叉和门类繁多的社会科学王国中，用规范的数学工具分析语言问题，作为一个博弈论经济学家的鲁宾斯坦并不是第一人。一个显见的事实是，随着近百年来数学方法在天文、物理、化学领域所获得的惊人发展，越来越多的社会科学家运用数学分析工具和方法来讨论生命科学、社会科学甚至人文科学的现象和问题。尤其是随着数理逻辑、功能语法和系统语法在当代的迅速发展，越来越多的数学家、语言学家和哲学家开始运用数学工具来分析语言现象。譬如，像罗素(Bertrand Russell)、布劳威尔(Luitzen E. J. Brower)、歌德尔(Kurt Gödel)这样的哲学家和数学家在有关数学的哲学基础的讨论中，就蕴涵着丰富的数理语言分析思想，而数量语言学(quantitative linguistics)、统计语言学(statistical linguistics)，甚至代数语言学(algebraic linguistics)也在当代迅速发展起来。其中，乔姆斯基的"转换生成语法"尤为突出。按照乔姆斯基的转换生成语法，语言模型可以被看作是某种算法(algorithem)过程：给定一套初始元素，这一"算法过程"昭显为按照一定的（深层和表层）语法规则生成这些元素的序列。如果初始元素是字母，由模型生成的序列就是词，如果初始元素是词，由模型生成的序列就是句子。因此，照乔姆斯基看来，由这种算法过程根据语法规则生成的所有序列的集合，就叫做"语言"（参陈远明，1983，第 161~190 页）。另外，尤为值得注意的是，不但当代一些语言学家开始运用数学工具分析语言问题，就连一些数学家也关注起语言现象来。譬如，俄国大数学家马尔可夫（А. Марков，1856~1922）就曾用概率论方法统计过普希金的诗史《欧根·奥涅金》中的俄文字母序列，并以此来说明马尔可夫随机过程的数学理论（参陈远明，1983，第 163 页）。尽管如此，就笔者目前所读到的资料看，真正运用数学工具尤其是博弈论分析工具来分析语言现象的经济学家，目前看来还只有鲁宾斯坦。

经济学家赶了上来，要与处在人类思想探索前沿上的哲学家、数学家、语言学家和其他社会科学家们一起思考与人类语言现象有关的种种问题（包括经济学和博弈论自身的语言问题），这无疑是理论经济学的进步。鲁宾斯坦的这一步迈得虽说还并不大，但却意义深远。

之所以说这一步还不大，是因为博弈论经济学家鲁宾斯坦并不是从反思经济学的语言问题来开始研究语言的，而是从对语言的经济分析这一研究视角来切入探讨经济学与语言的关系。换句话说，博弈论经济学家鲁宾斯坦的语言研究，仍然还只是当代经济学中的帝国主义精神膨胀的一个自然表现，是主流经济学家研究领域不断外侵这一思想习惯的一个自然延伸，或者说是经济学家总是试图用最优化的解释套路"模型"一切社会现象这一思想程式自我编程的一个自然结果。

这里之所以说这不大的一步意义深远，则是考虑到当代主流经济学家们终于开始认真思考经济学与语言的关系相关的一些问题了。加之，尽管经济学家关注语言问题比当代哲学界和其他社会科学界的思想家们要迟得多，但像鲁宾斯坦这样的博弈论思想大师一旦开始关注起语言问题（尽管从这本小册子的参考文献和鲁宾斯坦讨论问题的视角来看，他对语言学和语言哲学广阔领域中既存的汗牛充栋甚至浩如烟海的文献阅读得并不多）来，就径直指向语言学和语言哲学交叉处的一些最深层问题。譬如，在这部著作的一开始，鲁宾斯坦就提出了五个问题。熟悉当代语言学和语言哲学基本精神和发展趋势的学界同仁会马上解读出，这些问题与语言学和语言哲学交叉处的一些深层争论问题密切关联：有着不同语言的人类为什么会有着共同的思维形式？词语为什么会有确定的意义？不同的语言为什么能互相转换和翻译？很显然，这些问题直接指向了与当代著名语言学家乔姆斯基的"普遍语法"（universal grammar）和人的先天"语言官能"（language faculty）相关联的一些问题，并直接与乔姆斯基本人就维特根斯坦"人遵守规则的悖论"而与当代语言哲学家们——如克里普克（Saul Kripke）和塞尔——所发生的并正在进行中的激烈争论密切相关。这样一来，也许鲁宾斯坦本人还并没有意识到（因为从这部著作所引的参考文献来判断，他好像并没有注意到有关这一争论的理论文献），但他提出这五个问题本身就直接使他作为一位经济学家处在与哲学家、语言学家、心理学家和认知生理学家沟通和对话的前沿位置上了。[1]

　　与维特根斯坦从逻辑哲学的角度通过思维直观径直走向哲学的语言反思相类似，作为一位博弈论经济学家，鲁宾斯坦也是出于自己理论理性的直观以及当代主流经济学最优化推理的思想习惯而径直探及（involved in）经济学与语言问题的。这一点，可以从鲁宾斯坦一开始对他为什么思考语言问题所做的自我表白中得以确知。在《经济学与语言》第 0 章一开始，鲁宾斯坦（Rubinstein, 2000, p. 4）就说明，他之所以思考经济学与语言的关系，是想弄清这样一个问题：为什么经济理论与语言问题相关？他的回答是："经济理论是对人们相互作用中的常规性（regularity）进行解释的一种尝试，而人类相互作用中的最基本和非物理性的常规性就是自然语言。"由此鲁宾斯坦认为，"经济学试图将社会制序解释为从某些函数的最优

---

[1] 乔姆斯基所言的人的先天语言官能从何而来？在科学主义盛行和理性主义成为一种信仰的当今时代，人们往往会自然地认为人类的这种先天语言官能是人作为一种物种长期进化的结果。其实，这是对乔姆斯基的一种莫大误解。因为，乔姆斯基对达尔文的进化论一直是抱着怀疑态度的，譬如，他曾明确指出："我们完全可以把这个（先天的心理架构）的发展归因到物竞天择上去，只要我们了解了这种说法是没有实质性证据的，这不过是一种信仰，只是对这些现象的一些自然生物上的解释而已……在研究心智的进化上，我们无法猜测有多少物理上的其他可能性来解释转换生成语法。因为，一个机体需要满足人类其他特征的身体条件。就此而言，谈语言潜能的进化是没有意义或意义甚微的。"基于这一判断，乔姆斯基进一步指出："我们现今可以来谈（语言的进化）此事了吗？事实上，我们对这个问题仍然一无所知。进化论对许多事情可能是很有解释力，但迄今为止，对语言的进化而言，它是一点帮助都没有……在语言这类系统上，我们连去想象是什么样的选择路线使它出现都不容易，更何况其他。"（转引自 Pinker, 2000, pp. 365～366）正是因为乔姆斯基发表过这样的议论，许多心理学家都把乔姆斯基视作一个"隐秘的创造论者"（crypto-creationist）。

75

化过程中所衍生出来的常规性；这一点对语言也是适用的"。

上述认识，自然决定了鲁宾斯坦的理论探究思路，这就是从主流经济学和博弈论中最优化选择的常规套路和新近发展（演化博弈论）的一些理路来探究语言的性质、形成机制和演化过程。于是，就有了鲁宾斯坦博弈论视角的语言经济学的分析和尝试。

经济学家研究语言现象，自然离不开语言学家所关注的一些显性的争议问题本身。熟悉当代语言学发展趋势和理论进展的学界同仁会知道，在当代语言学以及与之相关联的认知科学以及脑神经科学诸领域中，自近代以来——尤其是在当代——可谓是层层推进，不断发展，已取得了并正在取得许多重大理论成果。这些重大的理论进展，不仅极大地推进了人类对世界、社会和自身认识的理解，而且也导致语言学中的子学科以及诸相互关联的其他学科已形成了一个绝不亚于当代经济学诸学科领域的宏大的理论世界。面对已取得巨大理论进展的当代语言学和语言哲学的理论世界，当鲁宾斯坦这样的博弈论大师"入侵"到语言学领域而试图给语言一种经济分析和理论解释时，他是先选择了语义学（semantics）作为其切入点和突破口的。在"语言的经济学"部分第 1 章，作者就使用了"Choosing the Semantic Property of Language"（语言的语义性质之选择）这样一个语义十分含混且闪烁不定的题目。这样一个语义含混的题目，既昭显了作者作为思想家的睿智，也看得出作者作为博弈论理论家的"策略"思维。对这样一个"策略性"且语义含混的题目的意思，作者在这一章的分析中似乎做了解释，这就是，语言经济学研究的主要目标，"就是要解释自然语言的特征是怎样与某种'理性'函数的最优化相一致的"(Rubinstein, 2000, p. 9)。博弈论经济学家的这一研究视角和理论方略,自然会牵涉到如何理解语言(严格来说是人们的思维结构)的根本性质这样一个核心问题:语言的语义结构(不仅仅是语法)及其生成过程,是否受最优化选择法则所支配?[1]或者换个问法:在人们语言和思维中一些看来好像蛮符合经济学最优化法则的安排是偶然和巧合的吗?从一个更深的语言哲学层面上来思考鲁宾斯坦这里所提出的问题,这实际上牵涉到当代哲学中的一项主要争论:当某人说出指称某一(个或类)外在对象或对象性的一个语词时,作为某种声符或字符的"语词"与外在对象或对象性是如何相符的?在回答这些问题时,瑞士语言(哲)学家索绪尔将之归结为语言符号任意性的约定俗成,而哲学家维特根斯坦则将之归结为人们的"语言游戏"。现在,经济学家鲁宾斯坦则从数理逻辑和博弈论的分析进路,将之归结为人的语言或思维结构中实际存在的某种线序(linear ordering)[2]最优二元关系,这就是他的第一章的**结论一**:"当且仅当一个二元关系是线序时,它可以让(语言的)使用者能够指出全集(the grand set)的任意子集中的任意元素。在标示每一个子集的每一个元素上,线序是最有效的二元

---

[1] 正如逻辑学家本森(John van Benthem)在评价这本小册子时所指出,鲁宾斯坦基于主流经济学精神而建构的语言或词语形成中最优化法则的"看不见的手"理论程式完全是莱布尼兹式(Leibnizian)的乐观主义的:我们生活在"所有可能世界的最好世界中"。他还指出,鲁宾斯坦的语言经济分析的最优化法则也与物理学中的"最短路径原则"在精神上是一致的(Rubinstein, 2000, p. 95~96)。

[2] 在下面对"连锁推理悖论"的评论中,我们会进一步说明人的语言和思维结构中"线序关系"的含义。

关系。"(Rubinstein, 2000, p. 13)

进一步的问题是,为什么在语言结构——亦即人们的思维结构——中大量存有这种看似最优化的("经济的")二元线序关系?鲁宾斯坦猜测到,这抑或可能是因为在"世界的初始阶段上"存在一个语言的"工程师"或"计划者"(上帝?),他选择了(或设计并构造了)语言(和人类思维结构)中的二元关系以及语言的线序特征;抑或是自然的演化力量自发选择了就其所满足的功能而言为最优或者是说"最经济"的语言(思维)结构。鲁宾斯坦(Rubinstein, 2000, pp. 22～23)接着指出,后一种演化论的看法在当代经济学中已很常见,且为哲学家所注意到。鲁宾斯坦举例说,当代大哲学家奎因(W. V. Quine, 1969, p. 126)就曾指出,"如果说人们所固有的素质差异具有基因特征的话,那么,为最成功归纳法所确定的这些差异是会通过自然选择而趋于主导地位的"。显然,在回答这个艰深的语言学问题上,博弈论经济学家鲁宾斯坦走向了演化论,即认为演化赋予语言以意义,并且演化过程生成了语言或人思维结构的线序优化特征。熟悉语言哲学发展脉络的学界同仁一眼就会识出,鲁宾斯坦的这一洞识,与索绪尔词语符号任意性的约定俗成观,以及与维特根斯坦的"语言游戏"决定了词语意义的词义生成观,在精神上应该说是一致的。

用演化论来理解语言和人的思维结构中的最优二元线序关系,在当今数学和社会科学的工具箱中,演化博弈论(evolutionary game theory)自然就是最优的方法论工具了。而由生物学家史密斯(Maynard Smith, 1982)所引发的演化博弈论,又以"演化稳定策略"（ESS）为其核心概念。用作一种精练或言强纳什均衡的演化稳定策略的理论进路来模型词语的出现以及词语语义的约定俗成的生成过程，博弈论经济学家自然离不开 ESS，自然又会将其分析理路和理论模型构建在演化博弈的一些基本假设之上，这就是：各种演化力量不仅仅依赖于标准博弈收益（payoff），而且取决于收益与"复杂策略成本"计算的均衡。正如鲁宾斯坦（Rubinstein，2000，pp. 25 ~ 28）在分析英文"Be careful"（小心）这一短语语义的"均衡"和其生成过程时所见，在说英语的社群中，当一个人发出"Be careful"这样的惊叫时，其他人为什么会理解为"存在某些危险"呢？鲁宾斯坦的数理推理表明，任何词语的特定含义均是通过某种语言演化的最优化过程而形成的演化均衡而确定的。照他的说法，在"均衡"处，假如无人大叫"小心"，那么，也就没有人会浪费他的"脑力资源"来准备应付这样的大叫了。依照这一分析理论，博弈论经济学家假设，"演化会起作用，以使脑力资源浪费最小化，并消除对这一信息的惊恐反应"（Rubinstein，2000，p.28）。沿着这样的一条分析理论，博弈论经济学家发现，自然与社会的演化力量具有优化特征：原来"上帝"也是个理性最优化者！

从博弈论最优化理论把任一话语（utterance）被共同理解的方式均视作一种同一语言社群内部说话者之间博弈均衡的结果，经济学家也就自然而然地要求助于语言哲学家格拉斯（Paul Grice，1989，p.26）的说话人之间的"合作原则"了："在谈话时的一定阶段，要依照你所参与谈话交流中可接受的意旨和话头所要求的来参与交谈"。为了达致这一合作原则，格拉斯本人曾具体提出了四项基本原则：第一，在数量上要提供适量信息；第二，在质量上要说真话；第三，在关系要求上要提供与谈话目的相关的信息；第四，在表达方式上要清楚明了。

博弈论经济学家要从经济学最优化均衡的理论套路来模型词语的演化生成过程，格拉斯的"合作原则"显然是必要的。然而，我们略加思考，就会发现，人类语言及其语义的复杂程度，是目前已看似已相当发达（well-developed）的博弈论理论模型还远难企及的。因为，在任何语言中，人们交谈时所用的词语的语义都非常灵活，且有时会超出说出来的话的字面或话面意义，甚至意义完全相反。这里，不妨让我们仿照格拉斯和鲁宾斯坦在这本小册子所举的例子假想以下两段对话：

例1：阿婷："阿磊好像还没有一个女朋友吧？"

阿军："阿磊最近常常去杭州。"

在这个谈话中，阿婷显然是向阿军打听阿磊有没有一个女朋友，但阿军却回答了一句似乎不着边际的话。但是在现实中，任何人都会听得出来，阿军确实回答了阿婷的询问。因为，阿军的回答的"弦外之音"显然是，"阿磊在杭州可能有个女朋友"。这种人们交谈话语中的"弦外之音"，就是鲁宾斯坦（Rubinstein，2000，p.39）在这本小册子中也注意到的格拉斯所提出的一个专有名词"会话涵指"（conversational implicature）。从上述这个对话中，我们还看不出阿婷和阿军这一简短会话在任何地方不符合格拉斯的"合作原则"。即便是如此，种种复杂的现有博弈模型，又将如何"模型"人们实际会话中大量存在的这种"弦外之音"？鲁宾斯坦所言的词义

"均衡"又在哪里？看来还真有博弈论理论家们做的。

例2：经济学家张教授打电话问经济学家王教授："你的学生阿丙如何？"

王教授回答道："很好啊！他的诗写得蛮不错。"

王教授的回答，从句面意义上来理解，好像是在称赞阿丙，但如果真实情形是阿丙作为王教授的经济学硕士生正在报考张教授的博士生，单从王教授的这种语音和语调中，张教授可能会不再考虑录取阿丙。因为，尽管从话面上理解王教授的回答好像是对阿丙全然称赞，但对王教授这一回答，张教授可能会理解为，"这个学生长于写诗作赋，却在经济学上没有多大作为，甚至有点不务正业"。这种"反话"式的回答，难道不符合博弈论经济学家们自己所信奉的最优"经济"原则（像宾默尔和鲁宾斯坦这样的天才和有趣的博弈论经济学家们，常常更可能会以这样的方式回答人们的问题）？博弈论经济学家又如何"模型"这种会话含义上的"均衡"？

从以上两个发生在人们日常会话中最常见的例子中，我们会发现，人们的语言游戏（博弈）、语义的形成过程以及人们对已有词语语义的控制、运用以及对词汇的配搭使用，均极为复杂。由此也可以知道，博弈论经济学家要把词义的形成理解为一种最优化的演化博弈均衡，并依照这一分析理路对语言进行经济分析，路程还甚长。尤其是考虑到由美国语言学家麦考利（McCawley），拉科弗（Lakoff）和罗斯（Ross）所提出的生成语义学以及神经语言学的新近发展，我们更会感到用博弈论（包括演化博弈论）来程式化语言博弈和语义、词义"均衡"的困难（参王德春，1997，第8章）。由此来判断，对博弈论经济学家鲁宾斯坦（Rubinstein，2000，p.42）的以下乐观信念，看来目前我们还有理由打点折扣："如果博弈论要解释现实生活的现象，那么，语言现象就是最有前途的候选者了。博弈论中解的概念最为适合稳定的、且有大量博弈者经常'参与'的现实环境。因此，在用以解释语言现象时，博弈论工具可能最为有效。"也许真的会是如此？

3. 经济学的语言与修辞

在对语言的经济分析法方面的文献做了以上初步综述后，我们再来看经济学本身的语言问题。从对经济学语言和修辞问题的理论反思方面的文献来看，尽管从国际经济学界整体上来说，到目前为止仍相对较少，但这也却不是最近才发生的事。譬如，早在1907年，一位叫威廉·卡莱尔（William W. Carlile）的经济学家就在芝加哥大学的《政治经济学杂志》上以"经济学的语言"为题发表过一篇文章。在这篇文章中，卡莱尔（Carlile，1907，pp. 434～447）对19世纪末20世纪初经济学家所使用的一些稀奇古怪的经济学术语和措词进行了尖锐的批评。卡莱尔（Carlile，1907，p. 434）发现，在当时为英国经济学家马歇尔（Afred Marshall），美国经济学家克拉克（John Clark）和德国经济学家图能（Johann Heinrich von Thünen）等所倡导的"marginal this"、"marginal that"世风中，一些论者使用了谁也不知何指的"disutilities"，"dis-commodities"，"negative value"，"quasi-rents"，"consumers' rents"等这些玄奥的术语，使经济学大有成为某种玄学的趋势。卡莱尔还进而对克拉克、图能以及马歇尔所主张的边际产品决定(等于)工资的经济学"神话"进行了讨论。在对当时流行的一些经济分析的措辞学(phraseology)进行了一些反思和评论之后,卡莱尔(Carlile, 1907, p. 447)总结道:"为了使我们能够继续保持与真实生活情形的可能联系,应当使用真实生活的语言,而不是任何别的语言。"在当代经济学越来越规范化和数学化的今天,重温卡莱尔在近一个世纪前对边际效用理论经济学家所使用的一些稀奇古怪的语言和措辞的批评,现在仍然有一定的启发意义。

就笔者目前管窥所见,在20世纪初卡莱尔提出经济学的语言问题之后,经济学界好像并没有多少人真正关注和反思这个问题。只是到了20世纪80年代,1979年诺贝尔经济学奖得主舒尔茨(Schultz, 1980,参中译本,第234页)方开始意识到了"经济学理论受到经济学语言的束缚"这一问题,并在他那本书的许多地方实际上呼吁经济学家们要反思自己的语言问题。现在看来,舒尔茨这一当代甚有影响的经济学家的这一见解,好像也并没有引起国际经济学界的多少反应与注意。在经济学修辞问题的研究中,引起人们较多关注的倒是一位美国经济学家麦克洛斯基(D. N. McCloskey)。自20世纪80年代以来,麦克洛斯基就经济学的修辞问题发表和出版了许多文著,并从对经济学话语修辞的反思中涉及了经济学与语言学的一些相关问题(McCloskey, 1983, 1985, 1994;Klamer, McCloskey&Solow, 1998)。譬如,在《经济学的修辞》一书中,麦克洛斯基(McCloskey, 1985,参中译本,第2~3页)曾把修辞学定义为"语言的经济学",并且把经济学修辞的任务定义为"思考经济学家之间如何交谈"。麦克洛斯基(McCloskey,

1985，参中译本，第 34 ～ 37 页）在讨论语言学作为经济科学的楷模问题时，还专门谈到了索绪尔的"历时性"（diachronic）和"共时性"（synchronic）语言研究。根据这一区分，麦克洛斯基认为，新古典学派和奥地利学派的经济学属于共时性研究。麦克洛斯基还指出，像马克思主义、德国历史学派和新老制度主义都曾试图在共时性的大树上嫁接历时性的小枝，"但后来小枝都掉了下来"。在这部著作中，麦克洛斯基还从经济学话语修辞的角度讨论了萨谬尔森（Paul Samuelson）、加里·贝克尔（Gary Becker）、罗伯特·索洛（Robert Solow）、约翰·穆斯（John Muth）、罗伯特·福格尔（Robert Fogel），尤其是罗纳德·科斯（Ronald Coase）等经济学名家的经济学话语修辞。譬如，在评价科斯的交易费用经济学的修辞时，麦克洛斯基（McCloskey，1985，参中译本，第 119 页）曾富有洞见地指出，科斯的交易费用，其实是说话的代价："导致降低交易费用的因素，在严格意义上也是减少交谈的因素"。因为，按照科斯对交易费用的理解（即使用市场的成本），它包括"发现有关价格的成本"、"进行谈判协商并为每一笔交易拟订一项单独的契约"的成本、"预测"的成本、不确定性的成本，以及销售税和价格控制的成本，等等（Coase, 1937, pp.38 ～ 42）。麦克洛斯基认为，这些成本都与语言的运用有关。通过对一些经济学家的话语修辞的对比和反思，麦克洛斯基（McCloskey，1985，参中译本，第 242 页）得出以下结论："人们之所以走进经济学，并不是因为这个领域里现在所玩的沙盘游戏。也许有些人的确如此，但大多数人不是出于这个原因。大多数人都想改变现实和对科学有所贡献，有了这样的崇高目标，第一件应该做的事就是突破现代经济学的修辞骗术，使经济学这样一种自亚当·斯密以来已非常显赫的话语彻底回归到人类话语的范畴。"

除了卡莱尔（William W. Carlile）和麦克洛斯基外，1990年，沃伦·J. 塞缪尔斯（Samuels, 1990）也编辑出版了一部《经济学作为一种话语：经济学家语言的分析》的文集。

现在看来，尽管从卡莱尔的20世纪初的文章到麦克洛斯基的20世纪80年代以来的一些文著中均包含了一些对经济学语言措辞和修辞问题的反思，但这些少量文献与国际当代哲学和其他社会科学界从对本学科基本问题的深层反思而自然走向语言反思还是有重大区别的。换句话说，这些文献严格来说只是对经济学话语修辞的反思，还不是经济学语言的反思。就连鲁宾斯坦教授的《经济学与语言》的小册子中第二部分"经济学的语言"，基本上也属于经济学的修辞问题研究。因此，如果说博弈论经济学家鲁宾斯坦基于经济学帝国主义精神对语言的经济分析直接指向当代语言学和语言哲学中一些深层问题的话，在这本小册子的第二部分"经济学的语言"中，他却不像当代语言哲学家那样经由对本学科最深层问题的艰苦思考自然而然地走向语言反思。换句话说，尽管鲁宾斯坦提出了经济学的语言问题，并对博弈论中的一些基本术语如"博弈"、"策略"、"解"等进行了语言学的语义反思，但他好像还没有从整体上意识到作为一种解释人类行为及其结果的一种话语（discourse）体系的经济学和博弈论本身也有一个内在的语言问题。至少，从他的整个论述来看，鲁宾斯坦似乎还在相信作为一种话语体系的经济学的语言问题还不至于严重到成为一个问题。因此，当鲁宾斯坦谈经济学的语言时，他实际上所关注的也只是经济学的修辞，这一点也就可以理解了。当然，作为博弈论经济学的大师，鲁宾斯坦对经济学的语言反思不乏洞见，且为麦克洛斯基那种分析经济学修辞的"花言巧语"所无法同日而语的。

在谈到博弈论的修辞时，鲁宾斯坦是从博弈模型中所"借用"的日常术语的反思开始的。在"论博弈论的修辞"一章的"引言"中，鲁宾斯坦（Rubinstein, 2000, p. 72）明确指出："词语是任何经济模型的一个至关重要的部分。一个经济模型与一个纯数学模型的实质性的差异就在于，经济模型是数学结构与解释的组合。"既然如此，要理解博弈论的局限性，照鲁宾斯坦看来，首先就要从修辞学上审视这些博弈模型中的日常语言词语的含义。例如，在博弈论中，恐怕人们用得最多的术语就是"策略"（strategy）一词了。这个词的含义是什么？依照博弈论经济学大师舒贝克（Martin Shubik）的经典界说，博弈论中的策略是指"对博弈者（player）打算如何从头到尾进行博弈的一个详尽描述"。弗里德曼则把"策略"视作"指令的集合"。一位叫麦克米兰（John McMillan）的博弈论学者则把策略定义为"包含了所有可能发生的事情的详尽说明"。对于"策略"一词，《韦伯斯特英语词典》的定义是，"制造或做某事或达到某种目的方法"。《牛津英语大词典》的定义更为简单明了，"行动的一般计划"。

坦言之，鲁宾斯坦对"策略"等博弈论术语语义的种种界说的回顾和理论梳理，还并没有涉及经济学语言问题的实质。鲁宾斯坦在这部小册子中对博弈论术语词义讨论的有价值的地方，在于他对任何词的词义均有模糊性这一点的逻辑分析。

  一个词的含义有模糊性，与语言（任何语言）的本身性质有关。对于这一点，许多哲学家和语言学家都从不同的研究角度同时认识到了，并做出了各种各样的理论说明。作为当代经济学中的一位重量级的博弈论理论家，鲁宾斯坦对社会科学、人文科学和自然科学中的任何词和术语都有其模糊性的一面这一点的说明，确实是有其独到之处的，这就是从语言和人的思维结构中的最优二元线序特征来说明问题。在载入这本小册子的最后一篇书评中，美国经济学家李普曼（Barton L. Lipman）依照逻辑推理中的"连锁推理悖论"（sorites paradox），非常清楚地说明了日常用语模糊性的实质，而逻辑推理中的"连锁推理悖论"，又与鲁宾斯坦（Rubinstein, 2000）所发现的在任何语言中都大量存在一种线序（linear ordering）性质有关。具体说来，在人们日常用语中，如：高、矮、长、短、强、弱、快、慢、漂亮、聪明等这些形容词一般总有些约定俗成且为人们所"大致同意"的标准，或者说，这些词均有意义，即指某种程度的实存性质、程度或标量。举个例子：什么是"高"？在当今中国社会，一个身高 1.9 米的人，大家多半会认为他是个高个子。如果你见到一个身高 1.89 米的人，你也会说他是个高个子。这同样也适应于身高 1.88 米、1.87 米、1.86 米……的情形。但是如果这样连锁推理下去，你会得出身高 1.5 米、1.4 米甚至 1 米的人都是高个子！同样的推理也适应于"秃子"、"胖子"、"老人"、"小孩"，等等。用这种连锁推理悖论来说明大量词语含义的模糊性，实在可谓一言以蔽、一言中的。

这里应该指出，不但形容词和副词有其模糊性，即使大多数名词本身也有其含糊的一面。这里且不说像"存在"、"精神"、"心智"、"制度"、"规范"、"机制"等这些哲学和社会科学的专有术语本身就语义和涵指含糊，就连一些日常生活中的名词也常常含义非常难以把握。依照普特南（Hilary Putnam，1970）"语义学是可能的吗？"一文的见解，且不说从"河马"是不是"马"，羚羊是不是"羊"，犀牛是不是"牛"，鳄鱼是不是"鱼"这些问题来看中文中"马"、"羊"、"牛"、"鱼"概念本身就含糊不清，甚至从合取定义上来看，就连如"金属"、"天鹅"、"老虎"、"柠檬"等这些看似指称明确的日常用语名词的定义实际上也是含糊的。

理解了日常用语中词语语义的含糊性实质，对于哲学和社会科学的研究来说，尤为重要。因为，哲学和社会科学的许多争论，从很大程度上都是由人们语言中词语的含糊性所缘起的。认识到了这一点，我们也就能理解哲学家维特根斯坦把所有哲学争论都归结为语言问题这一卓见的深刻和独到之处了。经济学家李普曼依照连锁推理悖论的论辩理路，也达致了一种维特根斯坦式的结论："含糊词语从其用法中获得了含义。这就是说，'高'这个词的含义是什么，取决于人们使用这个词的用法，而不取决于任何逻辑结构。"李普曼甚至还发现，含糊的词语，恰恰在于其是有用的："稍加思考，就会知道，如果不允许词语含糊的话，人们就没有多少话可说了！"从这一认识出发，经济学家李普曼还得出了一个非常深刻的理论洞见："不是人们对世界有了精确的看法而含糊其辞地交流，而是人们对世界的看法就是模糊的。"（Rubinstein, 2000, pp.118～122）

经济学家们从逻辑学中连锁推理悖论中清楚地展示了日常语言中词语的模糊性的实质，并进而认识到了日常词语模糊性的有用性，这对我们正确理解当代经济学的一个基本精神和思想导向，意义重大。在当代主流经济学中，有一个致命的误解，那就是经济学家们常常认为，由于日常语言是模糊的，故用日常语言所写的经济学，自是公说公有理，婆说婆有理，因而还不是"科学"。正是基于这一天大的误识，致使当代主流经济学家错误地相信，只有通过数学公式所推导证明的经济学道理，才是"科学的"。相当多的经济学家也由此错误地断定，一些用日常语言所撰写的经济学，还不是"科学"。这是当代经济学中数学模型的建构成为时尚、数学推理大行其道的根本认识论原因。就连像已认识到经济学的语言问题的鲁宾斯坦这样的博弈论大师，看来也并没有超越这一点。[1]

到这里，我们也许就能理解鲁宾斯坦的经济学的语言反思的初步性和局限性了：鲁宾斯坦对经济学和博弈论的语言反思，只是限于对经济学模型中的具有"解释"功用的日常语言构成部分的初步反思，他目前还没有意识到，数学公式和数学推导过程本身也是一种"话语"（discourse），更没有进一步认识到数学作为一种

---

[1] 另一位博弈论经济学大师宾默尔（Ken Binmore）好像已超越了这一点。这位曾任伦敦经济学院数学系主任的数学家，在给我的来信中说，他在2005年所撰写的《自然正义》（Binmore, 2005）一书，其中就没有任何数学模型，将全部用日常语言写成。只要读一下他的《博弈论与社会契约》（Binmore, 1994），估计读者会同意我的这一判断。

"话语"本身也有一个语言问题。如果读一遍贝纳塞拉夫和普特南（Benacerraf & Putman，1983）编辑的《数学哲学》，我们就会发现，数学语言的语言，问题多着呢！如果能够意识到数学语言也有语言问题，经济学家们也许就不再像现在这样盲目地迷信数学在经济学中的运用了。认识到这一点，我们方能理解经济学家李普曼在评价鲁宾斯坦的这本小册子时所说的"人生活在其中的世界是一个词语的世界，而不是函数的世界"（Rubinstein, 2000, p. 114）[1]这句话的真正含义了。

数学"语言"的哲学问题，是一个数学基础问题，也是牵涉到数学、语言学与认识论的关系究竟是如何的这样一个最深层的数学哲学和语言哲学问题。按照弗雷格尤其是罗素的逻辑主义的数学哲学观，"数学和逻辑是全等的"。在罗素的《数学原理》（Russell, 1937）中，这一命题被具体分解为三个部分内容：(1) 每一数学真理能够表示为完全用逻辑表达或表示的语言，即每一数学真理都能

---

[1] 如果进一步深入思考，一些方家也许会发现李普曼这句话的毛病出在哪里了。在一篇"美丽的思想"的经济学随笔中，笔者（见韦森，2003b，第104～105页）曾指出，造物之美，与造物内在的数学结构密切关联："宇宙和人世之奇妙，均在于其内在的数学结构。这个数学结构，是和谐，也就是美。开普勒说过：'数学是美的原型'。因此，物理学家看到了宇宙的广袤有序，观察到原子内在的奇妙运行，必定读出了其中的数学结构，自然悟到了美。未能读出物质内在美妙数学结构的人，肯定不是物理学家。没有感到数学结构之美的人，也肯定不是数学家。而看不到经济运行体系内在数学结构的人，敢言自己是一个够格的经济学家？"只要知道了博弈论中纳什均衡的真正社会涵蕴，就会理解笔者上述评论的意思了。但是，笔者的上述认识，也许与李普曼这里批评和揶揄当代主流经济学家的意思并不冲突。因为，如果只把人类社会（或言"经济世界"）仅仅解读为一种数学结构，那可就真的会"走火入魔"了。

表示为真正的逻辑命题。(2)每一真的逻辑命题如果是一条数学真理的翻译,则它就是逻辑真理。(3)每一数学真理,一旦表示为一个逻辑命题,就可以由少数逻辑公理及逻辑规则推导出来。从罗素的逻辑主义的数学观,我们可以认为数学作为一种逻辑演绎系统只不过是一种特殊的语言系统。然而,这种观点受到了歌德尔不完全定理的致命挑战。[1] 歌德尔不完全性定理表明,数论真理在数论中不能定义,真实性与可证性并不是一回事,从而宣告了把数学全部划归为逻辑推理的努力的彻底失败。因为,这一定理证明,以上的(3)是错误的,即从逻辑中不能推出算术的正确性来。[2]

---

[1] 在回答冯·诺伊曼(John von Neuman)对歌德尔定理的某些评论时,歌德尔自己解释道:"冯·诺伊曼引用的我的那个定理就是⋯⋯一种语言 A 的句子的真实性概念不能在 A 中定义。这个定理正是包含算术的形式系统中存在不可判定命题的真实理由"(引自 Wang, 1987, 参中译本,第 158 页)。歌德尔后来还强调指出,他的定理"丝毫没有给人类理性的力量设立界限,而只是给数学中纯形式体系的潜能设立了界限"(同上,第 162 页)。从歌德尔以上论述中,以及在歌德尔为了清算维也纳小组的"数学是语法"的观点以及对卡尔纳普(Rudolf Carnap)唯名主义数学观的评论所撰写的(曾六易其稿但最终在生前将之束之高阁)"数学是语言的语法吗?"的论述中,我们现在也可以解读出:在歌德尔的眼中,数学是类似某种语言的话语(discourse)体系。

[2] 在下面的分析中,我们会体悟到,充满形式主义数学观精神的当代主流经济学家们今天似乎仍乐观地相信,他们的数学推理,是可以推出人类经济世界的"真理"、经济学原理的"正确性",以及经济运行的"确定性"来的。放在数学家有关数学哲学基础的争论中,尤其是考虑到歌德尔不完全性定理的证明对罗素逻辑主义数学观和希尔伯特将整个数学形式化的努力的致命打击,再考虑到经济学毕竟是研究有着自由意志并有一定选择自由的人的行为和行动之结果的一门社会"科学"话,如果再在这一背景下来反思当代经济学家的这一"天真的"乐观信念,我们会感到今天确实需要重新审视未来经济学的发展方向和理论经济学的任务了。当然,我们这样说绝非反对在经济学中数学的应用——正如鲁宾斯坦的《经济学与语言》一书中译者钱勇博士所见,"数学的缺陷不足以成为经济学不使用(转下页)

当然，我们这里应该醒悟到，如果说按照数学哲学中的逻辑主义的进路可以把数学理解为某种特殊的超越各种世界具体语言的一种"语言系统"的话，那么，按照法国著名数学家庞加莱（Henri Poincaré, 1854～1912）尤其是布劳威尔（Luitzen E. J. Brouwer, 1881～1946）的直觉主义，数学则是与日常语言有别的一种康德式的先验综合判断系统，是与经验世界无关的一种人类心智的自由构造，只是受基本数学直觉的限制。从这一理论视角出发，人们则可以达致数学只是某种类似于语言语法的思维结构的认识。布劳威尔还认为，数学概念在人类心智中是先于语言、逻辑和经验的那种康德式的先验综合判断，即独立于经验的、不能做分析性证明的判断，因而决定概念的正确性是直觉，而不是经验和逻辑。[1] 基于这一认识，布劳威尔认为，数学直觉的世界与感觉的世界是相互对立的，日常语言属于感觉世界，因而与数

（接上页）数学的理由"。我这里只是提醒要在经济学数学形式化的世风中醒悟到经济学数学化的局限性。我们要慎思的是一些当代主流经济学家的那种"我向思维自恋症"（autistic）的"伪科学主义"的偏执导向和做法。在这一点上，华裔逻辑哲学家王浩的见解应该比较持中和值得我们经济学人深思。在《歌德尔》一书中，王浩（Wang, 1987，参中译本，第328～329页）说："数学终究只是人类生活中很特别的一个侧面，我绝不相信凭我们对付数学的经验就能全部抓住要找的那个概念"。

[1] 尽管布劳威尔认识到非欧几何对康德的空间先验直觉说产生了致命的打击，但他坚持认为，"通过放弃康德的空间先天性，同时更坚定地坚持实践的先天性"，数学直觉主义可以得到恢复。因为，照布劳威尔看来，"时间的先天性不仅保证了算术的先天综合判断的性质，而且也保证了几何学有同样性质，不仅对二维、三维的初等几何如此，而且对非欧几何和 n 维几何也是如此"（见 Benacerraf & Putman, 1983，参中译本，第92～93页）。

学无关。[1] 数学也反过来独立于语言，而逻辑是从属于语言的，因而不是揭示真理的工具，而只是运用语言的手段。

如果说罗素的逻辑主义和布劳威尔的直觉主义均与当代主流经济学理论分析的数理模型化的世风并无多大干系的话，现在看来当代主流经济学的数学化趋势却与数学泰斗希尔伯特（David Hilbert, 1862～1943）所开创的形式主义学派的精神颇为相通。因为，按照形式主义学派的数学观，数学中合理性的唯一判据就是无矛盾性。这一精神显然构成了当代主流经济学派数学建模分析的基本（而又常常为当代经济学家们所不能反身意识到的）理论信念。翻开当代国际《计量经济学》（*Econometrica*）、《经济研究评论》（*RES*）、《经济理论杂志》（*Journal of Economic Theory*）等主流英文理论经济学期刊上通篇的数学公式的假定、定理、引理和数学证明，行外人确实难能理解他们的研究在现实世界的理论意义和映射到底是什么。很显然，当代主流经济学是希尔伯特形式主义数学观的一种理论膨胀和畸形结果，并且已经变成了一种非常专业化且形式化的形而上的（metaphysical）体系。而这种当代的"形而上"的理论经济学，不管

---

[1] 譬如，在《数学基础》一书中，布劳威尔（Brouwer, 1907, p. 130）曾提出，"语言学的构造，根据逻辑规律而排列的句子的序列，与数学没有什么关系，那是它之外的东西"。在另一场合，布劳威尔（Brouwer, 1981, pp. 4～5）则更明确地指出，"直觉主义数学应该彻底从数学语言中分离出来，并因此也从理论逻辑语言中分离出来，同时要认识到，直觉主义数学是一种本质上无语言的心灵活动，它起源于对时间流动的直觉"。从这里，我们也就可以进一步理解布劳威尔于1928年3月18日在维也纳的讲演中所提出的如下观点了，"在意志转达的过程中，既没有精确性，也没有确定性，特别是在用语言转达意志的时候……因此，在数学中也没有确定的语言……"（转引自 Tasić, 2001, 参中译本，第69页）。

它是否还食人间"语言"中的烟火,也不管它有多少真实性,还用多少日常词语,它自身有自己的"语言"和"话语"体系,[1] 已越来越变成一种不计"真实性"而只追求"可证性"的带有某种"我向思维自恋症"(autistic)的纯形式主义数学推导,这却是没问题的。

如果我们能了解数学哲学中以及语言哲学中的柏拉图主义、逻辑主义、直觉主义、约定主义等争论的实质,我们也许就能理解鲁宾斯坦对经济学语言的语义博弈分析是在哪个层面上讨论问题了。很显然,鲁宾斯坦的语义学的博弈分析还是索绪尔、维特根斯坦式的约定主义的。但是,如果我们接受普特南哲学中的"语义学是独立于认识论"的这一著名命题,那么,我们就会认识到,当代主流经济学家视野中的"数理模型经济世界",与古典经济学家用日常词语建构出来的"经济世界",在实质上并没有什么两样。认识到数学的语言问题,且如果我们相信普特南的"语义学独立于认识论"这一命题是真的话,即使我们认为鲁宾斯坦约定论的语言博弈模型是当代经济学(同时也可能是语言学)进一步深层推进的话,我们也

---

[1] 谈到当代经济学中的日常语言与数学的关系,重温歌德尔的以下一句话似乎大有助益:"我们承认,对一种谈论经验物的语言的语法所做的某种反思也是合法的数学。如果把这样的数学形式化,那么,每次形式化之后,总有一些问题在普通语言中能理解又能表达但在那种给定的形式化语言中却不能表达了。由此可见(布劳威尔)数学不可穷尽:我们永远不得不一再从'直觉之泉'中汲水……如果我们只有一种语言,又只能对它做出'阐释'的话,那么这些阐释便不可穷尽,它们永远要求再次运用某种新的直觉"(引自 Wang, 1987,参中译本,第64页)。这里应该指出的是,尽管歌德尔证明了数学作为纯形式体系的推理潜能的界限,但他后期数十年的学术生涯却显示了一种追求"精密"和"确切"从而将哲学"科学化"的导向。用歌德尔自己的话来说,哲学"应当对形而上学做得像牛顿对物理学做的一样多"(引自 Wang, 1987,参中译本,第241页)。

还无法判断是当代主流经济学的"数理模型经济世界"还是古典经济学家的"日常语言经济世界"更接近人类社会的"真实经济世界"这一点。于是,当当代主流经济学嘲笑古典经济学用日常模糊语言建构出来的"经济世界"不"科学"时,为什么不能反过来问当代主流经济学家这样一个问题:你们用数学模型构建和推导出来的"经济世界"就是"真实的"?就是"科学的"?[1]爱因斯坦曾认为,"就数学定律指涉现实而言,它们并不确定;就其确定性而言,它们并不指涉现实"(转引自 Cole, 1998, p. 147)。爱因斯坦的这一睿智的话,实在值得我们今天的经济学家们玩味。到这里,我们也许就能了解法国社会语言学家海然热(Claude Hagège, 1985,参中译本,第180页)的如下这段话对当代经济学研究现状的理论"映射"了:"假如语言被简化为一些抽象的步骤,或者除去任何尊崇对象而只

---

[1] 据菲利普·姆里欧斯基和帕尔梅拉·库克(Philip Mriowski and Pamela Cook, 1990, pp.191~192)认为,当代主流经济学中盛行的只有把数学引入经济学它本身才能成为"科学"这一信念的始作俑者是瓦尔拉斯(Leon Walras)。据这两位论者所言,尽管瓦尔拉斯本人的实际数学水平只不过是基础分析几何和初等代数,但从青年时期起,他就要矢志于经济学的数学化,以使经济学成为像牛顿经典物理学一样的科学。可是,殊不知在当代新古典主流经济学家乐观地相信并努力致力于通过运用数学模型将经济学变得物理学那样一门"精密的科学"时,著名的英国天体理论物理学家爱丁顿(Arthur Stanley Eddington, 1882~1944)勋爵却说,"因为物理学从一开始就是用来解决概率问题的,要把现代物理学置入完全决定论的精确预测任何事物的圈套,是不可能的"(转引自 Cole, 1998, p. 67)。19世纪的法国著名数学家和天文物理学家拉普拉斯(Pierre-Simon de Laplace, 1479~1824)也曾指出,"严格说来,几乎我们所有的知识都是充满问题的;在我们确知的一些少量事物中,甚至在数学科学中,确知真理的主要手段——如归纳与类比——都是建立在概率基础之上的"(Cole, 1998, p. 147)。认真玩味爱丁顿勋爵和拉普拉斯的这些深刻的话,也许能使沉迷在数学推导之形而上学美梦中的当代经济学家头脑清醒一些。

剩下一些元符号（méta sémiotique，可以用来解读其他符号系统的符号系统），那么，借助语言进行沟通往来便不可能存在。任何社会存在也就因此化为乌有……逻辑是理性的产物，语言却不一定是自觉或半自觉的理性模型不可。"

从经济学的语言和修辞来反思经济学话语的深层问题与限制时，尤为值得我们经济学人注意的是语言学中著名的——且颇有争议的——"萨丕尔—沃尔夫假说"的理论含蕴。萨丕尔（Sapir, 1951, p. 165）曾有以下一段名言："那种以为个人对现实的适应过程可以不经过带根本性的语言的运用，认为语言不过是解决有关沟通或思考的科学问题的一种辅助手段的想象，完全是海市蜃楼。实际上，所谓'真实世界'，在很大程度上是靠不同文化群体的语言习惯构筑起来的。"与萨丕尔的这一见解一脉相承，他的学生沃尔夫（B. L Whorf, 1956）也曾经认为，人类是依靠和使用语言所建立的符号将自然加以剪裁，因而任何人都做不到绝对客观地、自由地描写自然；正相反，人们自以为最自由，实际上却不得不遵从某些解读模式。根据这一点，沃尔夫（Whorf, 1956，参中译本，第249页）提出："具有追求精确事实之光荣悠久历史的科学，在意想不到的语言法则事实面前终于陷入困惑。这些事实从未被过去的古典科学所承认、面对或作为事实理解过。相反，它们从后门进入科学大厦，而被当成'理性'自身的本质。"因而，按照萨丕尔和沃尔夫的见解，人运用语言认识和描述世界，正如量子力学中的"测不准定理"一样，要受语言本身运用的影响。正如法国语言学家海然热（Claude Hagège, 1985，参中译本，第176页）所见，由于语言是一种社会交往和交流的机制,当儿童们从母语中学会什么应该说,什么不该说的同时,"他们所发现的世界已被语言区分成不同的范畴,符号已被紧密地组织起来。从这个意义上看,语言锻造了表现世界的方式"。海然热接着还发现,对于自己的语言没有命名的事,人们的重视程度总要差一些。在这方面,我们可以发现许多现实的例子。譬如在一些新词出现之前,一些现象并没有引起人们的广泛注意,但一旦被命名和指称出来,情形就大不一样了。譬如,"文革"中和"文革"后期在中国有一个特别的术语叫"投机倒把",专门指一些人从一个地方"较便宜"地买到一些"商品"而到另一个地方去"贵"卖。这个词在"文革"后期非常盛行。如何看待"投机倒把"这个词所指的事实?实际上,如果对"文革"后期的社会实践有所经历的人会知道,当某些人创造这个词本身以及被当时的社会所接受时,就把一些"价值判断"注入了其中,使人们倾向于认为,"投机倒把"所涵指的现实行为不是一件好事。同样,细想一下,就连"小商小贩"、"企业家"、"老总"、"包二奶"、"吸毒"、"网虫"等这些目前流行的术语出现时都有价值判断在其中。从这个角度看,哪一个使用语言进行表达的人能够逃脱语言本身给人们已设下的界限和潜移默化的价值影响?谁人又能说自己是"毫无偏颇"地观察和解释世界?

事实上,不但对事物的命名本身往往并不是"价值中立"的,并因而会影响人们对现实世界的观察和认识本身,就连语法、文体、语篇本身也会影响人们对事物和外部世界的看法。这方面也有很多例子。当然,既然语言是一种人们认识和表述世界的工具,我们也不能不反过来认识到人们在创造字、词并用一定的语句表述外部事物时对现实世界的尽量"接近"。对此,海然热(Hagège,1985,参中译本,第177页)曾说过这样一些发人深省的话:"实际上,语法对哲学模式可以产生某种影响,但并不意味着思维彻头彻尾地由语言塑造。每个人其实都可以看到,思维客体是无法分解的集合体,而语言把世界的表象分解成块,以便它能作为非连续单位即语法范畴成为可以言传之物。不过,尽管有这些保留,语言结构和思维模式之间甚至在差别悬殊的文化里也常见有平行现象,让观察者相当吃惊。通过语言掌握世界和通过受到语言影响的思维活动重构世界,这恐怕是现象的同一循环当中的两个不同阶段而已。"实际上,海然热这里是想较清楚地告诉人们,在人们进行研究自然与社会的问题的"科学研究"时,一定要认识到自己所使用语言的局限和可能存在的问题,因而警示人们不要盲信"科学"从而导致一种科学的"理性自负"。对于当代经济学演化到今天已形成一个高度公理化的庞大体系的格局中,认真玩味一下从萨丕尔、沃尔夫到海然热对人类语言现象的这些反思性的评论,也许不无教益。

4. 从经济学的语言的分析视角看博弈论的实质与功用

如果说鲁宾斯坦的经济学语言反思还没有认识到(或者说上升到)对经济模型数学构成部分的语言反思是他的《经济学与语言》这本小册子的一个缺陷的话,那么,作为当今世界最重要的博弈论理论家之一,鲁宾斯坦对博弈论本身的反思确实是超前、深刻和发人深省的。

在当代经济学探索的前沿边界上博弈论研究蓬勃发展和博弈论模型分析在当今大行其道的研究态势中,博弈论好像霎时间成了时尚经济解释的一种"万能药"了。只要参加一次任何一所大学经济学院的博士或硕士论文开题报告会,你就会知道我国的青年学子们对博弈论工具的迷信已到了一个什么程度。譬如,在当下经济学研究的世风中,不论研究中国或国际上现实经济问题中的任何一个问题——无论是研究银行、股票、证券市场、收入分配、宏观调控、货币政策、外国直接投资或公司治理结构,还是试图解释民营经济、家族企业、"三农"问题、收入分配,等等——时,好像总是会有学生说,这一研究要运用某类某类博弈模型,要进行这样或那样的博弈分析。毋庸置疑，能用国际上最先进的数理分析工具和"规范"方法来分析中国经济改革中某些现实问题，这是中国经济学的一个整体进步。然而，在博弈论于当今世界红红火火的今天，处在博弈论理论探索前沿的大师级经济学家鲁宾斯坦却在这本《经济学与语言》的小册子中说了一些实在令大伙儿丧气的话："我相信，博弈论的模型只是被用来描述人的理性，而不直接与现实有关"（Rubinstein，2000，p.26）。在这本小册子的其他地方，鲁宾斯坦也一再强调了他的这一观点，并一再指出博弈论——尤其是经典博弈论（classical game theory）——的理论局限以及其与社会现实的距离。

在第五章"论博弈论的修辞"中，鲁宾斯坦一上来就指出，就博弈论为策略互动情形中的行为提供指导而言，现下许多人都认为博弈论是"有用的"。这一流行观点，为博弈论专家所使用的词语和修辞——如"博弈"、"策略"、"解"，等等——而得到加强。在博弈论大行其道的今天，鲁宾斯坦这位博弈论大师却直言说他怀疑博弈论的实际可用性，并且深刻地提醒人们，博弈论并不能告诉一个经理如何经营他们的企业，甚至并不能使市场营销经理改进他们的谈判策略，更不可能增加人们的 IQ。通过对博弈论修辞的反思，鲁宾斯坦（Rubinstein, 2000, p. 75）尖锐地指出："我认为博弈论的修辞确实对人有误导作用，因为，它给人一种印象，认为它具有很大的实用性，但实际上却不是如此"。由此，鲁宾斯坦进一步表明，他要通过对博弈论修辞的反思，说明两点：（1）人们想从博弈论中学到在策略互动环境中应该采取什么策略，但这实际上做不到。因为，博弈论的基本概念"策略"并不能被理解为一种行动过程。（2）在博弈论中，一些数学公式的大量运用造成了一种它的精确性的假象。事实上，它并没有任何现实基础。基于这一反思，鲁宾斯坦（Rubinstein, 2000, p.79）发现，博弈论中"策略"概念的两种核心形式——即策略博弈中的扩展型策略和混合策略——看来更像是某些"信念"而不是"行动计划"。如果是这样的话，那么，整个博弈论的话语体系和言说方式都要重新思考了。

为了说明博弈论仅仅是一种用来描述人的理性到底如何的话语体系而不是一种指导人们现实生活和商业运营的有用的行动指南，鲁宾斯坦还专门举了纳什讨价还价博弈中满足唯一纳什解（Nash Solution）的四项著名定理——即正仿变型的恒定性、对称性、帕累托原则以及对无关可选对象的独立性——这一例子。很显然，正如鲁宾斯坦所见，如果说讨价还价理论的任务是为大量的讨价还价问题提供一个"清晰的"数字预言的话，那么，天才的数学家约翰·纳什当然是达到了这一目标。但是，纳什讨价还价解的"精确的"数字预言真的像许多主流经济学家所天真和自负地相信的那样能"在科学里"进行检验吗？鲁宾斯坦（Rubinstein, 2000, p.82）坦言他对此深表怀疑："纳什公式的重要性在于它的抽象含义，而与其可检验性无关。数字的使用……使模型的含义变得模糊，而且创造了一种幻觉，使人们误认为这可以得出数量结果。"沿着这一论辩理路，鲁宾斯坦（Rubinstein, 2000, p.86）深刻地指出："我不相信，除了澄清影响人们讨价还价结果的思维逻辑外，纳什的理论还能做更多的事。我看不出这种思维将如何全面地解释真实生活中的讨价还价结果。"鲁宾斯坦对"纳什讨价还价"博弈和"纳什解"的这些评论,难道不在某种程度上适宜他自己的具有时间贴现因子(discount factor)的"鲁宾斯坦讨价还价博弈"以及其中"Kalai-Smorodingsky 解"(韦森,2003c,第 55～56 页)?[1]又难道不在某种程度上适合于整个新古典主流经济学?

认识到博弈论理论推理的实质及功用,也就能进一步认识到我们在上一节中对经济学的数理分析和数学模型建构与"日常语言经济学分析"的分工和各自的长短来了。到这里,我们也就能理解为什么像鲁宾斯坦(Rubinstein, 2000, p.82)这样的博弈论大师和数学模型建模高手竟会在这个问题上说出这样的话:"运用数字来说明讨价还价问题,使得纳什讨价还价解的含义变得模糊。[2]如果博弈论理论家可以使用更为自然的语言来说明模型,那么,解的概念也将会更为清晰,而且会更有意义。"理解了这一点,也就能知道鲁宾斯坦在第五章中所说的"数字幻觉"是指什么了。

这里应该指出,鲁宾斯坦本人从对经济学语言和修辞反思角度对博弈论本身所提出的批评,完全是建设性的,因而我们也决不可

---

[1] 当然,我们这样说并不否认鲁宾斯坦讨价还价博弈是对纳什要价博弈的一项重大发展。"鲁宾斯坦讨价还价博弈"中的"Kalai-Smorodingsky 解"也确实证实和"解释"了许多文化中大量存在于分配中的"五五均分"现象。但是,与其说"鲁宾斯坦讨价还价博弈"中的"Kalai-Smorodingsky 解"为现实中人们的实际讨价还价博弈提供了某种指导,毋宁说它只是"解释"了或者说"印证"了人们社会现实中的讨价还价结果为什么常常会是这样的。

[2] 纳什讨价还价博弈中的纳什解的精确数学表达形式为:$N(S,d) = \arg\max\{(u1-d1)(u2-d2) | (u1,u2) \in S \text{ 及 } ui \geq di \text{ 对于任何 } i\}$。(见 Rubinstein, 2000, p.81)

由此就认为博弈论的理论分析是无用的。正如鲁宾斯坦本人所明确说明的那样，尽管他本人对博弈论的实用性感到怀疑，但没必要对此感到悲观。因为，我们没有必要将实用性作为博弈论有用性以及其存在的理由。正是出于同样的考虑，笔者（韦森，2000）这些年来一再呼吁，**中国的理论经济学的发展，不但要从"改造世界"和"影响世界"的误区中走出来，而且也不要为"解释世界"和"解释不了世界"而犯愁。理论经济学，不仅不要去追求"改造世界"和"影响世界"，也不必刻意去追求"解释世界"。只有营造出一个为理论而理论、为学术而学术，且不为解释世界而只为解释理论而努力的学术氛围，中国的理论经济学才可能会有长足的进步。**

5. 语言反思对经济学制度分析的理论意义

经济学是研究人的行为以及人的行为的经济后果的一门社会科学。经济学的研究假定人的存在，并假定人是有理性的，而不管假定人的这种理性是无限超理性的（hyper-rational——新古典经济学和经典博弈论的假定），还是有限理性的[bounded rational——演化博弈论制度分析如 H. 培顿·杨（H. Peyton Young，1998）的假定]。人为什么有理性？或反过来问，为什么只有人才有理性？一个最简单的回答是：这与人有语言有关。沿着这一理路进行逆向推理，我们就会发现，经济学隐含地假定语言及其作用的存在。不但从纯理论上推理我们会立即得出这一直观结论，从现实的观察和反思中也会径直达致这一认识。说人有理性是在于人使用语言，这实际上是一个"同义反复"（"tautology"——或言"重言式"或"套套逻辑"）。因为，语言本身就意味着理性或者说理性本身就意味着人的语言（思维）能力。

在人的社群或社会中之所以有习俗、惯例、规范、传统和制度，其原因在于人本身有理性（不管是无限超理性，还是有限理性），这恐怕没有多少反对意见。如果说人有理性在于人有并运用语言或者说人的语言和理性只是一枚硬币的两面的话，那么，人类社会中的种种习俗、惯例、规范、传统和制度均与语言密切互相关联，这就应该说是不言自明的了。[1]很显然，从语言及其作用的角度来思考人类生活世界中的种种习惯、习俗、惯例和制度的生发、型构、驻存和变迁的机制和过程，就会发现，所有这些社会现象均与语言这种特殊的"social institution"（语言学家索绪尔所言）密切相关。即使我们不对语言与种种社会博弈活动结果之间的微妙关系以及内生于人们社会博弈活动中的种种秩序、规则进行语用学和语义学层面的理论探讨和细微梳理，只要稍加思考，我们就会发现，不仅种种制度，以及道德的、法律的和社会的规范存在于语言中并以语言作为其存在载体，用语言来界定、来表述，而且它们必定在人们的言语活动中生成，在人们的言语活动中存在，并通过语言的载体在人们的言语活动以及文字交流中演化和变迁。正如真正意义上的市场交换要通过货币这个中介来完成、来度量一样，人类社会的种种制度规则的存在，要通过语言这个中介来完成，并必得且必

---

[1] 正如当代法国社会语言学家海然热（Claude Hagège）1985，参中译本，第46页）所见，"语言众多虽然并不反映任何人类生理上的差别，但是往往跟具有不同社会习俗的人类群体的感知世界和时空结构一致，甚至有着某种深层的联系"。但这种联系具体来说在不同的语言群体中的具体关系如何？这无疑是复杂但又十分有意义的问题。种种社会语言学和文化语言学就是在具体梳理和理论归纳语言与社会习俗以及种种其他一些人类生活形式的关系中发展起来的。经济学的制度分析若能把社会语言学和文化语言学的理论进展作为研究制度生成与变迁的理论机理的一种"支援意识"，无疑会对本学科的发展颇有助益。

定以语言的形式来实现和"绽出"(这里用哲学家海德格尔的一个术语)其存在。

认识到了种种制度规则的语言维度和制度以语言来昭显其存在并依靠语言的载体来发生其约束力这一点,也自然会识得出语言在制度生成、制度制定、制度维系以及制度变迁中的重要作用了。在《经济学与语言》中,鲁宾斯坦(Rubinstein, 2000, p.5)曾指出:"决策者在进行选择之前,会进行有意识的思考,而他们通常要通过语言来思考。这样,决策者用以表达其偏好的语言,就限制了他的偏好集。因此,决策者语言运用程度上的一些局限,会对经济人可实现偏好产生一定的限制。"由此,鲁宾斯坦深刻地指出:"对选择问题进行定义的语言'可能'(may)会影响决策者的语言。"鲁宾斯坦的这一深刻见解中,用了"可能"这样的缓和词语以表他的"猜测"。但在英文语境中,这个"may"显然是可以被忽略不计的。如果我们相信鲁宾斯坦这一重言式(tautology)判断是正确的话,那么依照笔者在《社会制序的经济分析导论》(韦森,2001)中所形成的社会制序型构(formation of social institutions)思路,即人们的社会活动和交往(或言社会博弈)自发产生秩序,秩序驻存中生成、硬化或言"沉淀出"非正式的约束规范,非正式的约束又会通过法律的制订和普通法的前例而转变为制度——因而社会或社群内部的正式规则中的秩序和秩序中显现的规则就是"制度"。既然语言限制人们选择的可能性以及现实的选择集,那么语言现状及其特征自然会从根本上通过影响人们的偏好和选择来影响人们的博弈均衡和博弈结果,从而影响秩序的型构过程、秩序的样态,并最终导致在不同的规则和规则多样性上确定下来并映射出来。就此而言，研究语言以及人们的言语活动与习惯、习俗、惯例和制度的存在以及与其生发和型构的关系，对理解种种市场运行中的制度安排的实质及其变迁演化机理和路径，显然是一项必不可少、且必定要做的工作了。加之，通过近两年中对语言学和语言哲学的初步研究，笔者现在模模糊糊地感到，近代以来，东西方社会在现代化过程中演化变迁路径上的差异，西方各国在近现代时期中法理社会的逐渐形成，东方尤其是传统中国的礼俗社会的长期维系，归根结底可能与东西方社会的不同语言制序的特征密切相关联。如果是这样的话，对语言理论及其不同语言特征的比较分析，就成为经济学的制度分析进一步推进所必须要走的一步了。

如果把制度经济学的理论思维进一步提升到哲学本体论反思的层面，我们也许更能清楚地发现语言在人们市场活动的秩序和种种制度的生发、型构、维系、演化和变迁中的作用了。这里，我们不妨从当代著名语言哲学家塞尔（Searle，1995，1998）对"社会实在"的哲学反思的视角来讨论这一问题。

在《社会实在的建构》和《心灵、语言与社会》两部著作中，塞尔（Searle，1995，1998）曾提出了"制度事实"（institutional facts）[1]

---

[1] 在《社会实在的建构》一书中，塞尔（Searle, 1995, pp.87～88）对英文"institution"一词所涵指的社会现实对象性做了他自己建构性的界说。按照塞尔的说法，看是否有真正的"institutional facts"的出现之关键在于我们能否将习俗或惯例的规则明确地法典化（codification）。他具体举例道，如产权、婚姻、货币这些社会现象，显然已被法典化为法律，因而是"institutions"。但一些如约会、鸡尾酒会、朋友关系，则还没有被法典化，因而还不能算作"institutional（转下页）

和"原初事实"(brute facts)两个相对概念。按照塞尔(Searle, 1995, p. 2)的界定,一些胡塞尔哲学意义上"生活世界"中的现象之所以被称为"制度事实",是因为"其存在要求人类制度"。塞尔举例到,在现代社会中,为了使一片纸成为五元的货币,就需要有人类的货币制度存在。反过来,原初事实的存在——如山川河流、原始森林、地震台风、厄尔尼诺现象,以及燕子的秋去春来,等等——就不要求制度。[1] 当然,塞尔认为,为了表述原初事实,我们需要语言,但塞尔指出,必须把所述事实(fact stated)与对该事实的表述区别开来。从塞尔的这一两分法中,我们可以看出,哲学家塞

(接上页)facts"。塞尔的这一见解实际上意味着,能够并实际上已被典章化和法典化了的"custom"(习俗)和"convention"(惯例)才构成了"institutions"(制度),否则,就只是"习俗"和"惯例"而已。从塞尔的这一研究进路中,我们也可以清楚地解读出,他本人所理解的"institutions",也恰恰相等于古汉语中本来含义的"制度"。故在这里我们把哲学家塞尔所使用的"institutional facts"翻译为"制度事实"。在努力区别"convention"和"institution"两个概念时,美国博弈论制度经济学家肖特(Schotter, 1980)实际上也和哲学家塞尔一样是在中文"制度"的含义上来理解和界定英文中的"institution"概念的(参韦森,2003c)。

[1] 严格来说,这里塞尔所说的应是原初实在,而不是原初事实,因为,一谈"事实",就意味着有人的判断在其中(或言人是在场的),就要有人的语言因素潜隐地存在于其中。很显然,塞尔在使用"原初事实"这个概念时,犯了罗素在为维特根斯坦《逻辑哲学论》所做的"序"中误解维特根斯坦的"Sachverhalten"概念时混淆"事实"(fact)与"事态"(state of affaires)的同样一个错误。"事态"或"实在"反映在人的语言表述中,或言在逻辑表达式中为真时,才成为"事实"。因此,一谈到"事实",就隐秘地有语言的维度在其中。换句话说,事实是语言中的实存。由此我们也可以进一步推断,"真理"也有一个语言的维度隐含在内,或者说真理存在于语言之中。当然,塞尔指出,必须把"所述事实"(fact stated)与对该事实的表述区别开来,意味着他意识到了这一问题。很显然,如果是在维特根斯坦逻辑哲学的话语体系中,塞尔所说的"所述事实"实际上所指的就是"Sachverhalten"("原子事态"或"单元事态")。

尔所理解的制度实在，人们所观察到的制度现象，或者说人们的理念中的制度事实，应该而且必定是一种人类社会独有的现象，是与人有关的一种独特的人类社会现象。[1] 如上所述，人存在于这个世界之前，就有物质世界存在，有塞尔所理解的 "brute facts" 的存在，恐怕难能有人对此质疑。但没有人，没有人的意志或意向性（intentionality），就没有制度，因而所有制度是人类社会所独有的存在现象，均是人的制度。对于这一点，恐怕也没有人会怀疑。但进一步的问题是，为什么唯独人类社会有制度现象？是什么使人成为人并与其他动物区别开来？按照洪堡特和塞尔的见解，这又恰恰是因为人能说语言。换句话说，语言（能力）使人成为人，语言使得人的社会有了制度（因为语言"编织"、"构筑"并"构成"了制度）。因此，一个自然的结论是，只有有了语言这种标志着人成为人的存在和能力的特种 "meta-institution"（元制序），才使其他种种习俗、惯例、规范和制度等人类生活形式成为可能。因此，人类的语言本身就成了人类种种习俗、惯例、规范和制度等等社会实存之存在的必要条件，或言人类社会的所有这些生活形式无一不存在于语言中并以语言的"外壳"求得其存在，或言"绽现"其存在。

理解了塞尔语言哲学中制度实在（事实）和原初实在（事实）的

---

[1] 现在看来，塞尔区分开"原初实在（事实）"和"制度实在（事实）"，实为一大理论贡献。这一理论贡献的另一层含义是，即使我们承认除了人之外的其他动物也有"社会"的话，而其他动物"社会"本身也只是一种"原初实在"。相对而言，所有人类社会的"制度实在"都必须有人的意向性（intentionality）在其中。这实际上也意味着所有"制度实在"都与语言有关。

区分，如果进一步理解塞尔的老师奥斯汀（John L. Austin, 1962）的"以言行事"（包括人以言创生制度事实）哲学，我们也许就更能理解语言反思在经济学的制度分析中的重要了。因为，不但人类生活形式中所有习俗、惯例和制度要在人们的语言交流中生成，并通过人们的语言交流而得以驻存、维系，而且惯例作为一种非正式的约束规范以及制度作为一种正式的约束规则本身要以语言的形式取得其存在。这也就决定了习俗的演化、惯例改变和制度变迁也要通过语言这种特殊的"social institution"来完成。尤其是制度型构、制订、维系、存在、变迁以及现实的约束力，均与语言有着密不可分的关系。

如果从哲学本体论上来思考人类社会的种种生活形式现象，就会发现，制度作为一种约束规则和体现着一定秩序和规范的建制安排，是一种多人或集体决策的结果，常常是在多人一致同意（consent）下产生的，并必定在多人集体的一致同意和遵从中才能存在，才能取得其约束力。一致同意的达致，一致同意的认同，一致同意的存在，甚至一致同意的破裂，均需要在语言这种特殊的"社会机制"中来完成。就连制度作为一种集体意向性的存在——集体中个人意向性的交汇和混同（pooling，或照塞尔的见解，一种集体意向性的生成）——也必定存在于语言之中。由于制度要在语言中生成并以语言的形式存在，那么，一种语言中的现存词汇、语言特征以及语法结构均无疑不会不在制度基体（institutional matrix——这里借用诺贝尔经济学奖得主道格拉斯·诺思的一个后期常用的术语，见 North, 1990, 2005，一译"制度矩阵"）上发生

111

某种作用并在制度特征中"映射"出来。这一点实际上也被博弈论经济学家鲁宾斯坦所注意到了。这就是他基于"决策者使用有限的语言来表述其偏好"假设得出的结论:"一项决策规则必须是用语言来表达的,只有这样,在评议和执行阶段,它才可以在集体中进行交流。"因此,"它可以被解释为是对决策者可使用的有限语言的反映"(Rubinstein, 2000, p. 57)。鲁宾斯坦的这些见解,实际上已在某种程度上蕴含了笔者这些年一直坚持的一个源自索绪尔语言观但又与索绪尔的语言观有些区别的一个理论观点:**制度说到底是一个语言现象**。

然而,正是因为语言是一种"social institution"(索绪尔),而反过来人类社会独有的所有"social institutions"(其中包括中文"制度"概念所涵指的现实对象性)又是一种语言现象,这就给经济学的制度分析以及哲学论辩本身设置了一种"先天的"困难:正是因为制序是个语言现象,而反过来语言本身又是一个约定俗成的制序,当我们用语言这种特殊的制序解释其他种种习俗、惯例和制度实在时,就陷入了塞尔(Searle, 1995, p. 13)所言的那种解释学的循环论证怪圈:"我们必须用制度事实来解释制度事实;我们必须用规则来解释规则,用语言来解释语言。"把这一见解推广到经济学的制度分析中[1],我们就会发现,在讨论、研究、描述和模型化种种

---

[1] 哲学家胡塞尔曾把其现象学的任务定作为研究生活世界的构造以及支配人们的生活世界的法则,由此我们也可以说,人类生活形式的理论分析,就是研究人类生活世界的型构(configuration)、内在种种存在表现形式和人类生活世界中的人的行为中的常规性(即事态中的同一性),以及发现和反思支配和规约(转下页)

人类社会的习惯、习俗、惯例和制度现象时，以致在人们实际社会中种种生活形式的型构、建构和制度基体(matrix)的"编织"中，任何时候都离不开人们的言语活动以及人类的某一种或多种语言，其中包括日常语言、数学语言、逻辑语言、计算机语言，甚至聋哑人手语和盲文。既然语言本身是构成其他种种社会约束、规范和制度的"质料"和"维度"，而语言本身又是讨论、研究、描述以及理论再现种种其他习俗、惯例和制度的必用工具，由此看来，探讨语言的本质(如果语言有本质的话——维特根斯坦认为语言无本质)和不同语言的特征以及作为一种特殊社会生活形式的语言与其他生活形式(包括习俗、惯例、与制度)的关系及其在其他社会生活形式生成、型构、建构、演化和变迁中的作用，就成了对人类的种种生活形式——包括习惯、习俗、惯例、规范、传统、法律和其他种种制度——进行探索从而推进经济学的秩序生成机制研究和制度分析所必须要做的一项前提工作了。

如果接受乔姆斯基的人们语言—心智结构中的"深层结构"和"转化生成的表层结构"两分法，我们就更能从深层意义上理解、反思语言与社会生活形式之间关系的制度研究的意义所在了。什么是人们语言官能(faculty of language)的"深层结构"和"表层结构"？按照海然热(Claude Hagège，1985，参中译本，第53页)的

(接上页)人类生活形式中的常规性的规则体系(rule systems)。这里我不大主张使用生活世界的"法则"(law)这种提法。如果人类生活的世界有什么法则的话，那就是导致人类活动中行为的常规性的产生并规约着人类行为的种种规则体系所赖以建立在其基础之上的道德原则。

理解,"从其抽象性来看,深层结构很接近人们所说的逻辑系统,故具有足够的一般性,已远远超过个别语言的具体特点。然而,逻辑系统跟它们在语言中的运用根本不是一码事"(着重号为引者所加)。这里看来,尽管乔姆斯基所见的人们语言官能中的"深层结构"接近"人们所说的逻辑系统",但二者显然并不是一回事。很明显,在各种语言中所共同存在的这种"深层结构",与数理逻辑中的那种元逻辑,显然是相通的,但它本身则是人们心智结构中的共同的东西在各种语言中存在的"普遍语法"上的"展现",是那种使人们——尤其是操不同语言的人之间——能相互理解,并使不同语言的语言语句的相互表达能够互相翻译成为可能。这种语言中的"深层结构"与"表层结构"的区分对经济学和社会理论中的制度分析意味着什么?现在看来,正是因为有这种语言中"深层结构",包括习惯、习俗、惯例和制度等社会制序(social institutions)才成为可能,才有其唯一性(指只有人类社会才具有)。这也直接蕴含了对包括研究人类社会的种种制度在内的生活形式进行抽象理论分析的可能性。同样道理,也正是这种深层结构(普遍语法)会在不同语言社群中转换生成一些特殊语法或有着诸多差异的表层结构(特殊语法),在种种特殊语言制序中所映照着的现实生活形式才和语言结构一样有着多种多样的特征,也因而使对不同社会的生活形式的比较(即所谓的"比较制度分析")成为可能。

另外,从语言的"原生功能"上来看,语言和命名绝非是仅仅工具性地描述和指称世界以及外在对象,而有其能动性功能。正如法国语言学家海然热(Claude Hagège, 1985,参中译本,第160页)

所言,"语言在谈论世界的同时也在重新创造世界"。这一点运用到语言语制度的关系时更是如此。在现实中,法官对法律事实和条文的表述往往就在创造法律事实,尤其是在普通法的运作体系中,更是如此。同样,甚至当一个制度经济学家在谈论"制度"时,也自然在某些方面"重新创造制度事实"。道理很简单:除非你是在研究历史上的某种"死亡"且已不再"工作"的制度,谈论既存并正在发生实效的"制度"往往在于重申这种制度,因而在创生或强化这种既存的制度。对于这一点,在研究制度变迁过程和制度变迁的张力与困难时尤其要特别予以考虑和重视。同样重要的是,要想创生一个新的制度,除了从理论上和逻辑上阐述其制度的合理性和必要性之外,一个更为重要的考虑是,充分运用语言的技巧,甚至有时要有意识地创造出一种话语体系,一种或一簇相关"词汇"和术语,来说明、解释和界定这类制度实质及内涵,并尽可能地让社会的参与者和决策者能理解这类"语言"。做不到这一点,任何新制度的生成和维系都将十分困难,甚至是不可能的。

6. 余 论

在 1885 年出版的一本小册子《语言人：论语言对人文科学的贡献》中，法国语言学家海然热（Claude Hagège，1985，参中译本，第 182 页）曾指出："研究语言的人会祈望语言'应该'是什么样子吗？那是逻辑主义者才会有的幻想！**语言在谈论世界的同时，也缔造了一个它所谈论的世界。**"这句话寓意甚深。人类使用语言来描述、解释和理解世界，用语言来解释经济现象和其他社会现象。也许许多人并不理解，人们正是在试图用语言解释、理解和描述社会现象时却在某种程度上"创生出"了一个他们所试图理解的世界，因而，在人类社会的所有现象中，最重要也是最难理解的现象莫过于语言，其中最难理解的就是，为什么人们能通过语言表达而相互理解，且通过语言表达而创生种种社会制度。这里有很多例子。譬如，一些非常常见的看来没有任何意义的句子却使听者和读者从中理解出什么。请看如下语句，"我就是我"；"太过分就是太过分"；"该着有什么就得有什么"；"给是给，借是借"；"生意就是生意"；"过去的已经过去了"；"不该如此就是不该如此"；"经济学就是经济学";如此等等,这些人们在日常会话中所常说的语句,从语法理论分析起来似乎只是简单的重复,因而好像不说明什么,但在一定的场合和情景中,人们说出来之后,却往往含义很深,发话者和听话者又能意会和理解。以言创生制度事实的例子更是俯拾皆是,且有时显得既明显却又似乎难以理解。譬如,当立法机关中的某位有权威的人士宣布说从某年某月某日某时起某部法律生效时,这部法律马上就付诸实施了。当一个牧师在教堂对一对男女新人说:"我在上帝面前宣布你们结为夫妻!"这对男女立即结成为夫妻了(有没有结婚登记制度实际上并不构成问题)。2001年11月13日,WTO部长级会议上,大会主席、卡塔尔财政、经济和贸易大臣卡迈勒在多哈宣布中国加入世界贸易组织的那一刻,他的话也就立即创造了一种制度事实,即中国成了这个组织的成员国。从上述一些事例中,我们既可以看到语言的功用,也可领略到语言的奇妙。人类社会的语言现象之奇妙,一方面在于如牛津大学的哲学家奥斯汀所认为的那样,在人类活动和交往的许多情境中,人们可以以言行事(do thing with words),但另一方面,语言也必定如剑桥大学的哲学家维特根斯坦所认为的那样,人们在认识和描述世界时运用语言,也会陷于语言的牢笼之中。语言的**奇妙性**和语言的**有限性**这两个面相,都是我们今天在研究和思考人类社会的经济活动现象时需要认识和醒悟到的。

在评述鲁宾斯坦的《经济学与语言》时,当代一位逻辑学家本森(Johan van Benthem,参 Rubinstein, 2000, p.93)曾深刻地指出:"语言是我们思考和交流时所呼吸的空气,常常不为人们所注意。

语言使人类的认知成为可能,且同时通常以一种不可见但非常真实的方式对人类的认知进行着约束。当语言这一至关重要的媒介成为人们公开——尤其是在分析传统中——关注的焦点时,在本世纪哲学就发生了一个'语言转向'。"本森接着指出,从《经济学与语言》开始,在博弈论经济学家鲁宾斯坦那里也开始了一个"语言转向"。鲁宾斯坦以其《经济学与语言》,试图将博弈论置放在一个广阔的理性推理和语言交流的知识版图上,这符合当代人类思想界的前沿潮流。从整体上来说笔者同意本森教授的这一判断。然而,也毋庸讳言,鲁宾斯坦的语言的经济分析和经济学的语言反思还只是标示了"经济学语言转向"的一个开端。沿着语言的经济分析和经济学的语言反思这两个反向且相互关联的研究"向量"中,无疑还有漫长的探索路途,有大量的工作要做,且具有极其广阔的研究前景。我们也可以预期到,这两个研究方向上均能产生对语言学和经济学本身都有极其重要意义的理论成果。同样也毋庸讳言,这两个方向上的任何进一步的理论推进都将是十分困难的。

当代经济学的帝国主义大军,已经侵占了其他社会科学王国中大片大片的领地。如果说当代经济学帝国主义对其他社会科学王国不断入侵的一支又一支的"冒险远征军"均还远远未凯旋的话,它们却从对其他社会科学王国的"侵袭"中不断学习并确实学到了很多东西,这自然也会反过来引发一些当代经济学家对自己研究领域中的一些问题的观察视角和分析方法的不断反思。博弈论经济学对语言研究领域的侵入,显然也展示出同样一个发展路径,并已形成了一个同样的理论格局。在这个初现的格局中,逻辑学家本森(参

Rubinstein, 2000, p.95)发问道:"我们不能'解释'人类历史,为什么我们应该能'解释'语言呢?"[1] 这一问,实在意味深长。仔细玩味,对已处在人类思维探险边界前沿上的理论家们也许不无益处。沿着本森教授的这一发问,我们也自然会想到这样一个问题:经济学的语言,能解释得了经济学自身的语言问题么?

(本文发表于《东岳论丛》2009 年第 11 期)

参考文献

Austin, J. L., 1962, *How to Do Things with Words*, Oxford: Oxford University Press.

Benacerraf., P. & H. Putman, 1983, *Philosophy of Mathematics: Selected Readings*, 2nd ed., Cambridge: Cambridge University Press. 中译本:贝纳塞拉夫、普特南,2003,《数学哲学》,朱水林等译,商务印书馆。

Binmore, K., 1994, *Game Theory and Social Contract, Vol. I, Playing Fair*, Cambridge, MASS.: The MIT Press. 中译本:宾默尔,2003,《博弈论与社会契约》,王小卫译,上海:上海财经大学出版社。

---

[1] 当代数学家詹姆士·纽曼(James R. Newman)在其《数学世界》中曾指出,"在我们现在所有的知识中,最能让我们感到安全的就是知道我们所不知道的是什么"(转引自 Cole, 1998. p. 171)。在谈到当代社会科学学者致力于将"科学预测"方法应用到社会科学领域的倾向时,美国当代核物理学家奥本海默(Frank Oppenheimer)也曾指出,"因为不愿意使自己的行为受到控制或者说被预测,人们的反应就是摈弃社会科学和自然科学……如果人类的科学要对社会有益处的话,理解的层面必定要比水晶球的清晰更为重要"(转引自 Cole, 1998, p. 81)。理解了这一点,也许就能更理解在新古典主流经济学派追求理论阐释的水晶球般清晰的世风中,像哈耶克那样深邃的思想家的理论工作的重要了。

Binmore, Ken, 2005, *Natural Justice*, Oxford: Oxford University Press.

Bloom, David E. & Grenier, Gilles, 1992, "Economic Perspectives on Language: The Relative Value of Bilingualism in Canada and the United States", in J. Crawford (ed.), *Language Loyalties: A Source Book on the Official English Controversy*, Chicago: University of Chicago Press, 445～452.

Breton, Albert,1998, "An Economic Analysis of Language", in Breton, A. (ed.), *Economic Approaches to Language and Bilingualism*, Canadian Heritage, Department of Public Works and Government Services Canada, Ottawa, 1～33.

Breton, A. & P. Mieszkowski, 1977, "The Economics of Bilingualism", in Wallace E. Oates (ed.), *The Political Economy of Fiscal Federalism*, D.C. Heat, Lexington, MA.

Brouwer, Luitzgen E. J., 1907, *On the Foundation of Mathematics*, in *Collected Works*, ed. by A. Heyting, Amsterdam: North Holland.

Brouwer, Luitzgen E. J. 1981, *Cambridge Lectures on Institutionism*, ed. by D. van Dalen, Cambridge: Cambridge University Press.

Carlile, W. W., 1907, "The Language of Economics", *Journal of Political Economy*, vol. 17, No. 7, 434～447.

Cassirer, E., 1944, *An Essay on Man: An Introduction to a Philosophy of Human Culture*, New Haven: Yale University Press. 中译本：卡西尔，1985,《人论》，甘阳译，上海：上海译文出版社。

Cassirer, E., 1946, *Language and Myth*, translated by Susanne K. Langer, New York: Dover Publications. 中译本：卡西尔，1988,《语言与神话》，于晓译，北京：生活·读书·新知三联书店。

陈远明（编著），1983,《语言学与现代科学》，成都：四川人民出版社。

Chomsky, N., 1985, *Knowledge of Language: Its Nature, Origin, and Use*, Westport, CT.: Greenwood.

Coase, Ronald, 1937, "The Nature of Firm", *Economica*, 4（November）, 386～405. Reprinted in Ronald Coase, 1988, *The Firm, the Market, and the Law*,

Chicago: University of Chicago Press.

Cole, K.C., 1998, *The Universe and Teacup: The Mathematics of Truth and Beauty*, New York: Harcourt Bruce.

Cupitt, D., 1997, *After God: The Future of Religion*, London: Weidenfeld & Nicolson.

Friedman, Milton, 1987, *The Essence of Friedman*, edited by Kurt R. Leube, Stanford, Calif.. Hoover Institution Press. 中译本：弗里德曼，2001,《弗里德曼文萃》，胡雪峰等译，北京：首都经济贸易大学出版社。

Grin, F., 1990, "The Economic Approach to Minority Languages", *Journal Multilingual and Multicultural Development*, vol. 11, No. 1～2, 154～73.

Grin, F., 1994, "The Economics of Language: Match or Mismatch?" *International Political Science Review*, vol. 15, 25～42.

Grin, F., 1996, "The Economics of Language: Survey, Assessment, and Prospects", *International Journal of the Sociology of Language*, vol. 121, 17～44.

Hagège, C., 1985, *L'Homme de Parole: Contribution linguistique aux sciences hummaines*, Ed. Fayard. 中译本：海然热，1999,《语言人：论语言对人文科学的贡献》，张祖建译，北京：生活·读书·新知三联书店。

Henderson, W., T. Dudley-Evans & R. Backhouse, 1993, *Economics and Language*, London: Routledge.

胡作玄，1985,《第三次数学危机》，成都：四川人民出版社。

Keller, R., 1994, *On the Language Change: The Invisible Hand in Language*, London: Routledge.

Klamer, Arjo, Donald N. McCloskey, Robert M. Solow, 1998, *The Consequences of Economic Rhetoric*, Cambridge: Cambridge University Press.

Lamberton, Donald M. (ed.), 2002, *The Economics of Language*, Cheltenham, UK: E. Elgar Pub.

Land, S. K., 1977, "Adam Smith's Considerations Concerning the First Formation of Language", *Journal of the History of Ideas*, 38: 677～690.

Lazear, E. P., 1999, "Culture and Language", *Journal of Political Economy*, vol. 107, No. 6, ss. ,95～126.

Marschak, J. 1965, "The Economics of Language", *Behavioral Science*, vol. 10, 135～140.

McCloskey, D. N., 1983, "The Rhetoric of Economics", *Journal of Economic Literature*, vol. 31(June), 482～517.

McCloskey, D. N., 1985, *The Rhetoric of Economics*, Madison, Wis.: University of Wisconsin Press.

McCloskey, D. N., 1986, *The Writing of Economics*, New York：Macmillan.

McCloskey, D. N., 1994, *Knowledge and Persuasion in Economics*, Cambridge: Cambridge University Press.

Mirowski, P. & P. Cook, 1990, "Walras''Economics and Mechanics': Translation, Commentary, Context", in W. J. Samuels (ed.), 1990, 189～219.

Otteson, J., 2002, "Adam Smith's First Market: The Development of Language", *History of Philosophical Quarterly*, 19(1): 65～86.

North, Douglass C., 1990, *Institutions, Institutional Change and Economic Performance*, Cambridge: Cambridge University Press, 1990. 中译本：诺思，2008,《制度、制度变迁与经济绩效》，杭行译，上海：格致出版社。

North, Dougalss C., 2005, *Understanding the Process of Economic Change*, Princeton, NJ.: Princeton University Press. 中译本：诺斯，2008,《理解经济变迁过程》，钟正生、邢华等译，北京：中国人民大学出版社。

Pinker, Steven, 2000, *The Language Instinct: How the Mind Creates Language,* New York: Perennial Classics. 中译本：平克，2004,《语言本能》，洪兰译，汕头：汕头大学出版社。

Putnam, H., 1970, "Is Semantics Possible?" in H. E. Kiefer and M. Munitz (eds.), *Language, Belief and Metaphysics*, NY: State University of New York University. 中译本：A. P. 马蒂尼奇，1998,《语言哲学》，牟博等译，北京：商务印书馆，第 590～607 页。

Quine, W. V., 1969, *Ontological Relativity and Other Essays*, New York: Columbia University Press.

Rogerson, R., 1997, "Theory Ahead of Language in the Economics and Development", *Journal of Economic Perspectives*, vol. 11, No.1, 72 ~ 92.

Rousseau, J. J., 1954, *Discours sur l'origine et les fouements de l'inegalité parmi les homes*, Paris: Agrégé de I' Université. 中译本：卢梭，1997,《论人类不平等的起源与基础》，李常山译，北京：红旗出版社。

Rubinstein, A., 1982, "Perfect Equilibrium in a Bargaining Model", *Econometrica*, vol. 50, 97 ~ 109.

Rubinstein, A., 1985, "A Bargaining Model with Incomplete Information about Time Preference", *Econometrica*, 53:1151 ~ 1172.

Rubinstein, A., 1998, *Modeling Bounded Rationality*, Cambridge, MA.: The MIT Press.

Rubinstein, A., 2000, *Economics and Language*, Cambridge: Cambridge University Press. 中译本：鲁宾斯坦，2004,《经济学与语言》，钱勇译，韦森审订，上海：上海财经大学出版社。

Rubinstein, A. & M. Osborne, 1990, *Bargaining and Market*, New York: Academic Press.

Rubinstein, A. & M. Osborne, 1994, *A Course in Game Theory*, Cambridge, MA.: The MIT Press.

Russell, Bertrand, 1937, *Principles of Mathematics*, London: G. Allen & Unwin.

Samuels, Warren, J. (ed.),1990, *Economics as Discourse : An Analysis of the Language of Economists*, Boston: Kluwer Academic.

Sapir, E., 1951, *Selected Writings*, ed. By D. G. Mandelbaum, Berkeley: University of California Press.

Saussure, F. de, 1916 / 1949, *Cours de Linguistique Général,* Payot Paris. 中译本：索绪尔，1980,《普通语言学教程》，高名凯译，北京：商务印书馆。

Schotter, A, 1981, *The Economic Theory of Social Institutions*, Cambridge: Cambridge University Press. 中译本：肖特，2003,《社会制度的经济理论》,陆铭、陈钊译，上海：上海财经大学出版社。

Schultz, Theodore W., 1993, *Origins of Increasing Returns*, Oxford: Blackwell. 中译本：2001,《报酬递增的源泉》,姚志勇，刘群艺译校，北京：北京大学出版社。

Searle, J. R., 1995, *Construction of Social Reality*, New York: The Free Press.

Searle, J. R., 1998, *Mind, Language and Society*, New York: Basic Book. 中译本：塞尔，2001,《心灵、语言和社会》,李步楼译，上海：上海译文出版社。

Serrus, C., 1993, *Le paral lélisme logio – grammatical*, Paris: Alan.

申小龙，2003,《语言学纲要》,上海：复旦大学出版社。

Smith, Adam, 1756/1976, *The Theory of Moral Sentiments*, Oxford: Oxford University Press. 中译本：亚当·斯密，1997,《道德情操论》,蒋自强等译，北京：商务印书馆。

Smith. Adam 1776/1930, *An Inquiry into the Nature and Causes of the Wealth of Nation*, Methuen & Co.. 中译本：亚当·斯密，1972/1974,《国民财富的性质和原因的研究》,郭大力、王亚南译，北京：商务印书馆（上卷）/（下卷）。

Smith, Adam, 1983, *Lectures on Rhetoric and Belles Lettres*, ed. by J. C. Bryce, Oxford: Clarendon Press.

Smith, John Maynard, 1982, *Evolution and the Theory of Game*, Cambridge: Cambridge University Press. 中译本：史密斯，2008,《演化与博弈论》,潘春阳译，上海：复旦大学出版社。

Smith, Vernon L., 1999, "Reflections on *Human Action* after 50 Years", *Cato Journal*, vol. 19, No.2, 195～209.

Tasić, Vladimir, 2001, *Mathematics and the Roots of Postmodern Thought*, Oxford: Oxford University Press. 中译本：塔西奇，2005,《后现代思想的数学根源》,蔡仲、戴建平译，上海：复旦大学出版社。

Tattersall, Ian, 2002, *The Monkey in the Mirror: Essays on the Science of What Makes Us Human*, New York: Harcourt Brace. 中译本：Tattersall，2004，《在达尔文的镜子里》，鲁刚译，长春：长春出版社。

涂纪亮（编），1996，《当代西方著名哲学家评传：第一卷语言哲学》，济南：山东人民出版社。

王德春等，1997，《神经语言学》，上海：上海外语教育出版社。

Wang Hao, 1987, *Reflections on Kurt Gödel*, Cambridge, Mass.: The MIT Press. 中译本：王浩，2002，《歌德尔》，施宏逵译，上海：上海译文出版社。

王士元，1994，"进化论的语言本能"，载 Steven Pinker，2000，中译本，第 7～8 页。

韦森，2000，"理论经济学的任务：是解释世界，还是解释理论？"载韦森，2002，《难得糊涂的经济学家》，天津：天津人民出版社，第 45～50 页。

韦森，2001，《社会制序的经济分析导论》，上海：上海三联书店。

韦森，2003a，《文化与制序》，上海：上海人民出版社。

韦森，2003b，《经济学如诗》，上海：上海人民出版社。

韦森，2003c，"哈耶克式自发制度生成论的博弈论诠释"，《中国社会科学》第六期。

Whorf, B. L., 1956, *Language, Thought and Reality, Selected Writings of Benjiamin Lee Whorf*, Cambridge, Mass.:The MIT Press. 中译本：沃尔夫，2001，《论语言、思维和现实：沃尔夫文集》，高一虹等译，长沙：湖南教育出版社。

Wittgenstein, L., 1953, *Philosophical Investigation*, trans. by G. E. M. Anscombe, 3rd ed. (1967), Oxford: Basil Blackwell. 中译本：维特根斯坦，1996，《哲学研究》，李步楼译，北京：商务印书馆。

言语行为与制度的生成

■ 研究语言的人会祈望语言'应该'是什么样子吗?那是逻辑主义者才会有的幻想!语言在谈论世界的同时,也缔造了一个它所谈论的世界。

——[法]海然热(Claude Hagège)

引

    依照英国语言哲学家奥斯汀以言行事哲学的分析理路，本文初步探讨了人的言语行为与制度生成的内在关系。第 0 节简要介绍了从语言哲学和语言学的分析视角研究人类社会制度现象的一般意义。第 1 节则讨论了以言创生制度的基本哲学思路。第 2 节对以言创生制度的施事话语的形式条件进行了一些讨论。最后，第 3 节则探讨了以言创生制度事实和制度规则的道德基础问题。

0

0 人类社会的习俗、惯例和制度等种种社会制序是怎样生成的？乍看来这是个无聊的问题。在人类任何社会和社群（communities）的任何历史时期中，总会有这样和那样的社会制序在那里。理论家们为什么总要问它们为什么会产生，或为什么总想弄清它们是如何产生的？也许，这不是出于理论家们的无聊和职业习惯。问原因，在于想理解结果；问理论，在于想理解现实；问过去，在于想理解现在；问他人，在于想理解自己，理解我们自己。

0.1 在从理论上追问这个有点近乎无聊的问题时，西方国家中研究制度问题的经济学家们一般是从个人选择的逻辑结果或行为人（agents）的选择互动来思考问题的。从个人的社会选择来研究习俗、惯例和制度的生成机制和其存在理由，目前看来大致只能达致两个逻辑推论结果：(1) 如果把制度一般理解为是凭借某个（或某些）人自己的理性推理能力而理性制定出来的，这一般会导致制度设计论。新制度学派（New Institutionalism）、激励经济学、机制设计理论和新比较经济学的理论家，已在这个方向上做了许多工作。

（2）如果把种种习俗、惯例和制度等社会制序理解为具有分立知识和不完全信息因而只具有个人有限理性（bounded rationality）的诸多参与者行动互动的结果，一般会导致哈耶克式的制度生成论。目前在西方国家中，演化博弈制度论经济学家正在这个研究方向上努力工作着，并继续拓展着他们的研究领域。

0.1.1 不管是制度设计论，还是制度演化生成论，其理论分析进路都可以最终还原到个人，还原到人的选择，再还原到人的理性禀赋及特征，即抑或是无限超理性的（hyper-rational——新古典经济学和经典博弈论的假定），抑或是有限理性的（bounded rational——演化博弈论制度分析论者如培顿·杨（H. Peyton Young 的假定）。现有的这些研究都是富有成果的，且各有其自恰的理论推理逻辑。然而，这些研究大都是在像用解数学题一样的逻辑推导方式来论证人类社会的种种制序为什么是这样，而不是那样；或者应该是这样，而不应该是那样，这样的研究结果，也自然——或精确地说"大致倾向于"认为——包括种种制度规则和组织安排式样在内的人类社会制序常常有一个唯一的最优安排。这里且不评论这样的理论结论到底是否有问题，而只想指出这么一点：这类研究还都是对包括种种制度在内的人类社会制序生成可能的逻辑推论，还缺少对其生成路径的形式条件的考察。之所以这样说，是因为，无论是制度理性设计论者，还是制度自发生成论者，或像布坎南（James M. Buchannan）那样把制度一般理解为社会大多数成员一致同意计算的结果，均忽略了制度设计或制度生成中语言的运用以及语言运用中语言本身的内在问题，加之，迄今为止，大多数研究者更没想到制度设计和制度生成中的语言运用与制度设计和制度生成过程本身也存在着内在且密切的互动问题,因而,人们均好像有意无意地把制度生成中的语言以及语言运用问题视作不成为问题的问题。这样一来,就有了这样一个问题:审视制度生成中的语言问题真的是无意义的吗?

0.1.2 研究社会制序生成中的语言运用问题,或探究制度生成中语言与社会制序的相互作用和相互关系问题,在目前国内外几乎没多少可供参考的经济学文献。于是,我们只能转向语言哲学家和语言学家已有的理论探讨,看能否从他们的理论中借用一点东西,以回答上述问题。

0.2 当代语言哲学和语言学均是一个个宏大的理论世界。由此我们不得不限制我们当下的理论讨论范围:本文只考虑言语行为与社会制序(其中主要是制度规则)生成的关系。这里首先应该说明,为了论述行文的方便,我们这里把包括个人的习惯、群体的习俗、社会惯例以及包括宪法、法律、法规、规章、规程等制度约束在内的社会制序简约为"制度",且为了说话方便,我们把"制度设计"和"自发制度孳生"均简单称为"制度生成"。

0.3 说在人的社群或社会中之所以有习俗、惯例和制度,其原因在于人本身有理性(推理能力),在目前这恐怕已没有多少反对意见。如果说人有理性在于人有并运用语言或者说人的语言和理性只是一枚硬币的两面的话,这还需要让人们稍加思索才能接受。如果认定人有理性在于人有语言能力且实际使用语言,人类社会中的种种习俗、惯例和制度均与语言及其运用密切互相关联,这就应该说是不言自明的了。很显然，从语言及其运用的理论视角来思考人类生活世界中的种种习惯、习俗、惯例和制度的生发、型构、驻存和变迁的机制和过程，就会发现，所有这些社会现象均与语言这种特殊的"social institution"（语言学家索绪尔所言）密切相关。即使我们不对语言与种种社会博弈活动结果之间的微妙关系以及内生于人们社会博弈活动中的种种秩序、规则进行语用学和语义学层面的理论探讨和细微梳理，只要稍加思考，就会发现，不仅种种制度的、道德的、法律的和社会的规范存在于语言中并以语言作为其存在载体，用语言来界定、来表述，而且它们必定在人们的言语活动中生成，在人们的言语活动中存在，并通过语言的载体在人们的言语活动以及文字交流中演化和变迁。正如真正意义上的市场交换要通过货币这个中介来完成、来度量一样，人类社会的种种制度规则的存在，要通过语言这个中介来完成，并必得和必定以语言的形式来实现。由此，我们达致一个源自索绪尔（Ferdinand de Saussure）的语言观但又与索绪尔的语言观有些区别的一个理论判断：**制度说到底是个语言现象**。

0.4 如果认识到人类社会的种种制度实存是个语言现象这一点，从语言特征和语用学的角度研究制度的生成就可能不是无意义的了。

0.5 从语言学尤其是语用学的角度研究制度的生成，一些语言哲学和语言学的问题是绕不过的。本文的主旨就是想初步梳理一下语言哲学家和语言学家是如何思考制度生成问题的——尽管他们常常是不经意地这样做了。

1

1.0 为什么说制度生成与人们的言语活动有关？请看以下的例子：

—— 当立法机关中的某位有权威的人士宣布说从某年某月某日某时起某部法律生效时，这部法律马上就付诸实施了。

—— 一个牧师在教堂对一对男女新人说："我在上帝面前宣布你们结为夫妻！"这对男女立即结成夫妻了（有没有结婚登记制度实际上并不构成问题）。在中国社会中，主婚人主持一对新人拜了天地之后说："入洞房！"从那一刻起，一对新人就成了夫妻（在当今中国社会中，一对男女可能已在政府有关机构登记结婚了，但在主婚人宣布——说出——这一事实前，人们仍会认为他们只是未婚夫妻）。因此看来，牧师和主婚人的话语，就创造了语言哲学家塞尔（John Searle, 1995, 1998）所说的"制度事实"（institutional fact）。

—— 2001年11月13日，在WTO部长级会议上，大会主席、卡塔尔财政、经济和贸易大臣卡迈勒在多哈宣布中国加入世界贸易组织的那一刻，他的话也就立即创造了一种制度事实，即中国成了这个组织的成员国。

1.1 一些人在一些场合和情景中说出了某些话，这些话立即就"对象化"成了"制度事实"，这好像是件很奇怪的事，奇怪到竟如《圣经·创世记》中所言的神说"要有光"就有了光一样神奇！为什么一些人在一些场合中说什么，就会有什么，就会产生什么？

1.2 一般认为，在当代哲学中，最早解开一些人在一些场合说出些什么就会创生什么这一点的是当代英国哲学家奥斯汀（John L. Austin），或精确说来，是奥斯汀（Austin, 1962）在《如何以言行事》一书的论述中所基本完成的。其实，早在奥斯汀之前，维特根斯坦也曾把言语视作一种行动，并从而把语词视作行动的结果。譬如，在《哲学研究》中，维特根斯坦（Wittgenstein, 1953，§ 546）就指出，"Worte sind auch Taten"，这句话的英译文为"Words are also deeds"。李步楼的《哲学研究》译本把这句话翻译为"言也是行"。陈嘉映的译本则把这句话翻译为"话语也是行为"。联系这一节的上下文，我们就会发现这两种直译法都有道理，但均需再做一点解释。首先，德文的"Worte"和英文的"words"，是否应该翻译为"言"和"话语"？我觉得这里把它翻译为"说出"或"言出"可能更切近一些。另外，维特根斯坦这里所说的"行"，不是用的德文的"Akt"和英文的"act"、"conduct"或"behave"，而是用的德文词"Taten"，其相对应的英文是"deeds"。德文的"Tat"和英文的"deed"均是指已完成的行为。因此，这里的德文"Worte sind auch Taten"和英文"Words are also deeds"，均有说了某句话即会造成一定后果且要为之负责之意。特别是如果把这句话置放在法律文本的制定以及在法庭调查的场景中，这种意思就非常明显了。

因此，维特根斯坦的这句话的精确意思似可以这样理解，"言出（什么）也就做了（什么）"。

1.2.1 "言出什么，就是做了什么"，因而人要对自己的言语负责，这可不是个小问题！但是不是在任何情境中都是这样呢？显然不是。为什么不是如此？要理解这一点，这里有必要先回顾一下奥斯汀的"以言行事哲学"。

1.2.2 在《如何以言行事》一书中，奥斯汀首先提出了他的"言语行为"（speech act）概念，来代替后期维特根斯坦哲学中的一个核心概念"语言游戏"（Sprachspiel）。沿着其以言行事哲学的分析理路，在对语言的特征和秉性的认识上，奥斯汀在某些方面也与维特根斯坦有着重要差异。譬如，维特根斯坦曾认为，在语言游戏中，语言有无数的用法。奥斯汀却认为，即使承认这一点，我们也有可能将语言的用法归为有限的别类。奥斯汀提出，既然言语活动从本质上来说是执行一种动作的，那么，我们就可以根据句子里的动词用法来划分言语活动的种类。这就有了他的"记述话语"（constative utterance）、"施事话语"（performative utterance），[1]以及后来的"以

---

[1] 据杨玉成（2002，第78页）教授猜测，在奥斯汀本人相对于"记述话语"（constative utterance）而最初引入"施事话语"时，在他头脑中，施事话语只是一些特别的话语，是作为约定俗成的、仪式的或礼仪的程序中的"施行"因素而被说出某些东西，特别指是有结婚、离婚、打赌、遗赠或捐赠、给重要的船命名、给婴儿施洗礼、订合同、玩游戏等等活动而言中约定俗成的程序而说的。现在看来，这些言语活动中的施事话语，多与社会制度的生成有关，换句话说，在这些活动、仪式或礼仪的程序中"适当人"的施事话语，一般均会创造一定的制度事实，正如上面所说，牧师在教堂中宣布一对男女为夫妻，这对男女就成了合法的夫妻，法官在法庭上宣布某对夫妻解除婚约，这对夫妻就不再有婚姻关系了。但是，正如（转下页）

言表意行为"(locutionary act)、"以言施事行为"(illocutionary act)和"以言取效行为"(perlocutionary act)三分法。

1.2.3 有了"记述话语"和"施事话语"这样的分类，并有了"以言表意行为"、"以言施事行为"和"以言取效行为"这三种划分法，我们就可以进一步理解，维特根斯坦所言的"言出什么也就做了什么"，以及能够导致制度生成的作为"deeds"的"words"，多与言语活动中话语的"以言施事力"(illocutionary force)有关，且这种导致以言施事力的发话行为，必须带着发话者本人的特定的和特殊的意向性［德国哲学家弗朗兹·布伦塔诺（Franz Brentano）所提出的一个哲学概念，德文为"Intentionalität"这个概念］。这里，我们不妨拿顾曰国（Austin, 1962, p. F34）教授在解读奥斯汀的以言行事哲学时所举的一个例子来说明问题：假如老李见邻居老张的房子着火了，便大声呼喊道："老张，你的房子着火了！"老张一听，心脏病发，当下一命呜呼了。在此情况下，依照奥斯汀以言行事哲学的分析理路，这里，老李的话只是一个以言表意行为，或言记述性话语（他只是向老张说出了一个事实），但却有以言取效的语力。很显然，在法庭上，法官是不能以"以言取效行为"来判老李的罪的。但是，假如情形是老李曾对老张威胁说："我要杀了你！"这句话就

(接上页)后来许多论者以及奥斯汀本人也所指出的那样，在人们的无限多的话语中，实际上是很难区分哪些是"记述话语"，哪些是"施事话语"的。这一困难导致了奥斯汀在《如何以言行事》的后面提出了人们"言语活动"的"以言表意行为"、"以言施事行为"和"以言取效行为"的三分法。至于奥斯汀的"言语行为"的"三分说"和"两（区）分说"的关系及其转变的深层根源及其哲学意义，参杨玉成（2002）第三章。

是以言施事行为。如果老张听到老李这句威胁话后一命呜呼了,法官就可以以此来判老李有罪了。到这里,我们可以初步理解在奥斯汀的心目中对三种言语行为("以言表意行为"、"以言施事行为"和"以言取效行为")以及三种言语行为之间关系是怎样的了。这里,我们是从法庭审理辩论的角度思考人言语行为的。无疑,在现实中这种情况只能是以言取效行为的一部分特例。问题是,法官在听取以言表意行为和以言施事行为的话语时,他可以不计或不考虑以言表意行为所造成的实际结果,但这并不意味着以言行事中的以言表意行为就没有以言取效的结果,尽管发话者言语的效果可能非同于发话者本人的意图(如在第一种情形中老李只是想告诉老张一个事实而根本没想吓死他)。如果我们意识到不仅以言施事行为会有"以言施事力"(illocutionary force),以言表意(如述愿句和陈述句)有时也会产生以言施事力,我们大致可以认为界定制度性规则的话语一般是施事话语,必须且必定是"以言取效行为"的语句。[1] 到这里,我们也就进一

---

[1] 是否以记述话语(constative utterance)也可以构建一定的制度规则?请看以下两句话:1948年12月10日联合国大会通过并颁布的《世界人权宣言》第1条的第1句话:"人人生而自由,在尊严和权利上一律平等。"1954年9月20日通过的《中华人民共和国宪法》第85条:"中华人民共和国公民在法律上一律平等。"从形式上来看,这些均是奥斯汀所言的"记述话语",但无疑它们均构成了制度性规则。不管是记述话语(或按奥斯汀的后来的说法"以言表意行为"),还是施事话语(或按奥斯汀后来的说法"以言施事行为"),构成制度性规则的话语必定是"以言取效的"(即"perlocutionary"),以达致维特根斯坦所言的"Words are deeds",才能构成一定的制度事实,才能构建一定的制度规则,这一点应该没错。当然,我们必须注意到,正如奥斯汀本人后来所意识到的那样,要真正区分开什么是记述话语,什么是施事话语,非常不容易,以至于他在"施事话语"(1970, pp. 233~251)一文中曾猜测,所有记述话语归根结底都是施事话语。因为,按照奥斯汀后来的考(转下页)

步接近一点理解本文讨论的主题"言语可以创造制度事实"的问题了。

1.3 奥斯汀（Austin, 1962, p. 23）曾说："……施事话语不是或不仅仅是说某些事情，而是做某些事情。"人们的言语可以是施事话语，言语可以创造制度事实，这一点我们已经讨论过了。当然，我们这样说并不是说任何人在任何情况下说任何话都会以言取效（perlocutionary）从而创造或者说带来一定的制度事实。但至少我们则可以反过来知道任何制度事实都是经由某些人在某些情况下说出某些话语以达到以言取效的结果时方能构成制度事实。那么，什么样的话语才有以言取效的结果并能形成一定的制度规则或制度事实呢？奥斯汀（Austin, 1962, p. 26）说："这必须存在一种为人们所接受的、有一定惯例影响的惯例程序，这一程序包括某人在某种情况下说出某些言辞。"说到底，一种施事话语要有以言取效的结果，不但发话人要有适当的身份、地位和权力，更重要的是他的话语必须符合惯例，并且有一定的惯例力量。否则，他即使有其身份、地位和权力，如果发话不符合惯例，将仍无施事力，且不能导致制度规则和制序事实的生成与确立。在《如何以言行事》中，奥斯汀（Austin, 1962, p. 57）还特别指出，这种施事句在英文中一般还有"hereby"的形式，如"You are hereby authorized to pay…"（可能为法官在判案时的话语口吻），或"Notice is hereby given that trespassers will be prosecuted"（这显然是一个约束的警示规则即制度），等等。在《如

（接上页）虑，所有记述话语都可改写为"I state that..."，即所有记述话语都是可以被认作是隐式的施事话语。如果是这样的话，这里所引的《世界人权宣言》和《中华人民共和国宪法》中的两句话都可以被视作"（隐式的）施事话语"。

何以言行事》一书中，奥斯汀所举的以言施事的大量句例为一些法律案例中的使用语言。为什么会如此？据奥斯汀的一个学生皮彻（G. Pitcher）所言，奥斯汀之所以如此，与他在牛津时经常与著名法学家哈特（H. L. A. Hart）在一起开讨论班有关。这也从一个侧面说明，奥斯汀本人的以言行事理论在很大程度上与他潜意识地思考"如何以言创造制度事实"以及如何"以言生成法律规则"有关（Berlin, 1973）。这一研究理路后来又被他的学生塞尔沿着一路走了下来。

1.3.1 奥斯汀（Austin, 1962, p. 116～117）在谈到以言施事行为与以言取效行为的区别时说：（1）"除非取得某一影响，以言施事行为将不会适当地（happily）和成功地得以完成（performed）。"因此，奥斯汀认为：（2）"以言施事行为从某些方面也有别于产生结果，这是从'常规'方式（'normal' ways）造成某一事态即改变事件的自然过程的意义上来说的。"（3）"许多以言施事行为为惯例所引致一个回应和贯序结果（sequel）。"概言之，以言施事行为亦有"确保领悟"（securing uptake）、"产生影响"（taking effect）以及"引致回应"（inviting responses）三种作用（Austin, 1962, p. 121）。但为什么奥斯汀认为"以言施事行为"是约定（或惯例性）的行为（conventional acts），而"以言取效行为"则是非约定（或惯例性）的行为？如果把以言取效行为视作"以'常规'方式造成某一事态即改变事件自然过程的结果"的行为，那么，我们只能断言，只有以言取效行为才能产生一定的制度事实和制度规则。我们是否应该进一步规定"以言施事行为"和"以言取效行为"？以言施事，可以有所为，但不一定有所结果，即达到言所指向的目的。而"以言取效行为"可以是"以言施事行为"的结果或者一部分,即以言施事取得和达到了其所指向的目的和结果。这样,我们可以有这样一个理解链:以言表意可以以言施事,但并不是所有的以言表意行为都是以言施事行为(因为以言表意行为还包括表述句——即"constative utterance"和"施事句"即"performative utterance");以言施事可以导致以言取效,但并不是所有以言施事行为都必定达到以言取效的效果,换句话说,并不是所有以言施事行为都是以言取效行为。如果这样来理解三种言语行为的话,也许就可以减少一些奥斯汀《如何以言行事》的哲学中的混乱和麻烦。这里,我们至少可以断定,只有以言取效行为,才能导致一定的制度事实,才能生成一定的制度规则。因为,只有同时达到了(满足了)以言表意、以言施事和以言取效,人的言语在人们的语言游戏中产生一定的后果,才能影响他人,才能如奥斯汀所见那样以一种以"常规"方式造成某一事态即改变事件的自然过程而产生某种结果,才能生成制度事实和制度规则。

1.4 人们以言行事和以言创造制度事实,说来并不是哲学家维特根斯坦、奥斯汀和塞尔的原初发现。事实上,从西方哲学史上来看,早在17世纪,意大利著名哲学家维柯(Giambattista Vico, 1968, vol. 2)就对语言在人们社会活动和历史发展和演变中的重要作用有过非常多的论述。譬如,在《新科学》这部世界名著中,维柯就提出语言是建立人类社会的最强有力的手段这一洞识,并提出谁掌握了语言文字的"主权",就掌握了人的命运。

1.5 回到中国文化思想史中,我们发现,人能以言行事,以言创生制度事实,在数千年前就曾为我国的一些古代思想家们所意识到了,因而可以说这一哲学思路并不具有西方哲学家们——如维柯、维特根斯坦、奥斯汀和塞尔等——的发明专利。具体说来,早在两千多年前,《礼记》中就有"黄帝正名百物以明民,慎率民而一焉"的说法。这说明,早在黄帝那里,中国的先民们就已懂得以言治世、以言创造制度事实的道理。《周易·系辞上》中,也有"鼓天下之动者存乎辞"之说。这也说明中国的先哲们早就注意到语言在人们社会生活中的重要作用了。另外,孔子曾更明确地道出了言语在创造制度实在中的重要作用。孔子的"正名"思想以及他把"正名"看作是他的重整封建礼制之社会和政治秩序的重要手段的认识,正反映了孔子本人意识到了言语行为在社会制序型构和维系中的重要作用。譬如,《论语·子路》中就记载了孔子的通过正名以治礼乐、平天下的思想:"名不正,则言不顺;言不顺,则事不成;事不成,则礼乐不兴;礼乐不兴,则刑罚不中;刑罚不中,则民无所措手足。"很显然,照孔子看来,通过正名而以言行事,以言明理,以言定礼乐,是维护传统中国社会秩序和治理天下之首先要做的事!除了孔子外,墨子也在两千多年前对以言行事进行了大量论述,并提出了与孔子以正名为核心的语言实践观不同的"取实予名"原则。而名家的"正名自治"(《管子·白心》)和"名正则治"(《管子·枢言》),无疑也内含着以言创生和规范社会秩序的思想。同样,荀子所言的"王者之制名,名定而实辨,道行而志通,则慎率民而一焉",这也更清楚地说明荀子十分清楚地意识到了语言在社会之统治以及制度之型构和维系中的重要作用。

1.6 从中国先哲们到维柯对语言力量的认识中，从维特根斯坦到奥斯汀再到塞尔对言语活动在社会生活中重要作用的阐释中，我们均可以领悟到，语言不但在维系一个民族群体和保存一种民族文化中有着非常重要和不可替代的作用，在一个社会甚至一个国家的形成中也起着某种人们往往省察不到的作用。这里我们不妨试想一下，如果秦始皇在率秦军横扫六合后没有统一汉语语言并进行一系列文字改革（包括改大篆为小篆以及推行隶书，等等），中国能否在秦汉之后形成和保持一个大一统的中华帝国？一个反例是，虽然成吉思汗曾率大军横扫过欧亚大陆，征服了许多国家，但可能正是因为元帝国无法在欧亚的广大疆土中统一语言，它也最终没有维持多久，结果在短短的百余年中就分崩离析了。另一个例子是，在入关后，清帝国的统治也是建立在统一汉语的基础之上，才维持了三百多年。回顾历史上任何一个朝代的更替，任何一场大的历史运动，难道不都有简略的"语言纲领"或"口号"来鼓动民众或振奋军（或民）心？实际上，正因为皇帝、政治家、军事家和普通百姓都在生活实践中体感到语言和言辞的重要作用，才使人们在生活中尤其是在重大的历史转折关头对一些言辞产生一种莫名其妙的敬畏和迷信心理，这方使人们相信"吉言"、"咒语"、"诅咒"、"隐喻"、"忌讳"、"名讳"等均有某种神奇力量。在现代社会中，人们所常挂在嘴边的"恭喜发财"、"六六大顺"，"福"字倒贴（谐音"福到了"），以及数字喜欢"8"等，均反映了人们对语言的某种神奇作用的内心敬畏。由此看来，如果不考虑语言的文化意义，不探究言语活动在人们社会生活与制度生成中的作用，岂不等于没有真正认真地思考过制度问题？

2

2.0 制度,不管是制度实在(在塞尔的话语中为"institutional facts",精确一点理解,英文中的对应词应为"institutional reality"),还是制度规则(在英语语境中,可以大致理解为"institutional rules"),必须经由语言言说出来。没有经由语言言说出来的东西,永远不可能成为"制度"。由此我们可以十分确定地认为,任何制度都有语言的维度在其中。制度,无论是制度安排,还是制度规则,都内含着某种约束力。这种约束力,是以语言——或分解开来是由语句——的形式存在的。是否有没有语言方维的制度? 真想象不出来。

2.1 制度必定有语言的维度,那么,制度必须经由某人的言说宣布或书写话语(用奥斯汀的词汇来说"utterance in writing")界定下来。因此,人的言语在一定情境中可以创生制度实在或制度规则,这似乎是一件不言自明的事实了。我们接着要讨论的问题是:言语要在什么样的情境中才能创造制度实在? 看来这里还必须回到奥斯汀的语言哲学。按照奥斯汀的以言行事哲学,言语要创造制度事实,它本身首先是施事话语,且必须具备以言取效的语力,什么样的施事话语才有以言取效的语力呢？奥斯汀认为，这要求施事话语必须是"适当的"（happy）。

2.1.1 什么样的施事话语在一定语境中才是适当的？奥斯汀（Austin, 1962, pp. 14～15）提出了一种施事话语要适当的六个必要条件：

"（A1）必须存在一个有约定俗成效力（conventional effect）且又被接受的惯例程序，这一程序包括在一定情景中由一定的人说出的一定的话，"并且，

"（A2）在一个给定的场合，特定的人和情景必须适合所诉求的特定程序的要求。"

"（B1）这个程序必须为所有参加者所正确地执行（executed），"并且，

"（B2）完全地执行。"

"（Γ1）这个程序通常是为具有一定思想或情感的人的使用所设计的，或为任何参与者所发生的某些相因而生的行为而设计的，那么，参加并要求用这个程序的人，必须事实上具有这些思想和感情，"并且进一步，

"（Γ2）随后他们自己必须实际以此而行。"

2.1.2 奥斯汀进一步指出，只要违反这六条标准中的任何一条，施事话语就会或这或那的是不适当的。如果我们把奥斯汀的施事话语的这六个条件置放在对言语行为与制度生成的相互关系的思考中，就会进一步认识到，这六个条件也是生成"制度规则"和"制度事实"的话语的六个必须具备的条件。仔细分析奥斯汀关于适当的施事话语的以上六个条件，我们会发现，（A）类规则涉及语言本身的内在制序（established order by which everything is regulated）或者说与规约着人们的话语行为的语言制序（language institutions）本身有关，违反了

145

（A）类规则则会产生奥斯汀所说的"误求"（misinvocations）或"误用"（misapplications）；而（B）类规则则涉及人们言语行为与其他社会制序的关系，违反了（B）类规则则会产生"误施"（misexecution）。（Γ）类规则则涉及人们的言语行为与社会制序关联的内在情境。违反了（Γ）类规则不仅施事话语本身是不合适的，也自然会导致对既存的和将要由言语行为所创生的制度事实的无效（no-play）。

2.1.3 很显然，虽然我们认为制度实在或制度性规则都原生自施事话语，但却不能反过来认为所有的施事话语都会创生制度实在或制度规则。如奥斯汀所言的使相信、使惊奇、使高兴、使沮丧、使误导、使劝服，以及一些即时制止之类的施事话语，就不一定会产生制度事实。事实上，我们可以推断，能导致可以产生制度事实的施事话语，只是人们施事话语中的很少一部分。这里要强调指出，正如奥斯汀所界定的施事话语的 A1 条件一样，产生制度实在的以言施事行为本身也必须是一种按照惯例（convention）而实施的行为——用索绪尔的说法，语言本身必须是一种约定俗成的"social institution"，它才能成为其他制度实在的承担者。也正如奥斯汀（Austin, 1962，p. 105）本人所言："我们务必注意到，以言施事行为是一种符合惯例的行为（conventional act）：是遵同某一惯例而实施的行为。"奥斯汀（Austin, 1962，p. 119）又说："严格说来，除非所使用的手段是符合惯例的，否则不可能有以言施事行为，同样，非言词而达之手段也必须是符合惯例的。"奥斯汀和索绪尔的这一见解非常重要。这不仅意味着人们不能随自己的"理性计算（的最大化）"任意创生制度，而且必须且必定按照现有的约定俗成的惯例（包括适切言语及其语言用法）来构造和设计制度规则，来构建制度实存。

2.2 能生成制度规则的话语，不仅要符合惯例，要符合语言本身的语法规则（如果不符合语法就不能成其为制度），且必须语言清晰。用乔姆斯基（Chomsky，1965，参中译本，第8～9页）的话来说，且不说制度规则的内容，首先界定制度规则的语句的语法和语义表达对所有为非正式惯例约束和制度性规则所涉及的参与者来说，必须是可理解的且为人们所接受的。具体说就是，用来建构和"编织"惯例性约束和制度性规则的语句必须符合语言本身的内在规则，并且所用语句中语词配搭必须能表达一种清晰明白的完整意义且意义为这些规则的参与者和涉及者所明了时，这些惯例性规则和制度性规则才是有效的，才成其为本身。[1] 譬如，在人们的市场交换中的惯例性规则（尤其是其中的"合约"，即"agreement"）以及法律制度性规则的语句界定越清晰明白，越不会发生误解，就越利于人们守诺和遵从。

2.3 更进一步地思考，即使符合语法且语义明晰这一条件，惯例性规则和尤其是制度性规则的生成还要求建构和编织这些规则的

---

[1] 在《哲学研究》中，维特根斯坦（Wittgenstein, 1953, §99～100）提出了一个重大的理论问题：如果规则不周延或模糊，它还是规则吗？在不周延和模糊的规则中，还会有游戏吗？维特根斯坦认为，这正如一堵"有洞的围墙还是围墙吗？"的问题是一样的。但是，在现实中，人们在不周延或含糊的规则中仍然会玩游戏。这要取决于人们的习惯，即维特根斯坦所使用的"Gepflogenbeiten"。对于回答这一问题，记得哲学家塞尔曾举过这样一个例子：在原始部落，围墙不见了，人们还是不敢逾越原来围墙所划的界线。事实上，不仅人是如此，在一些动物中也会发生这一现象。候鸟大规模迁返难道不是在遵从某种"规则"？动物的"遵从规则"不也与"习性"（habit）有关？人类使用语言并通过运用语言的言语活动创生制度规则，是否最终又与人是一种遵守规则的动物的禀性有关？

语句符合人们言语活动中的其他惯例。换句话说，符合语法规则和语义清晰还不是惯例约束和制度性规则的语言要求的全部。因为，在社会交往和生活游戏中的秩序的型构以及惯例性规则和制度规则的生成，除了对人们语言表达的语法和语义表达惯例的要求外，甚至对语言表达风格和语调都要有所要求。譬如，不能用文学语言或诗的语言来界定法律条文，不能（或不宜）用开玩笑的语调来表达一种市场交换中的许诺等。如果把上述种种因素综合起来，我们就会看到，惯例约束和制度规则必须在语法规则中生成，在语法规则和语言惯例中演化。这里既涉及语义学的内在规则，也涉及语用学的规则，更有句法学和修辞学的要求内在其中。

2.3.1 这里我们可以拿一个例句来说明问题。在语言学中，一些论者常常拿这样一个英文句子"This is the dog that chase the cat that caught the rat that stolen the cheese that was on the table"来嘲讽英语表达的迂腐。很显然，这个语句完全符合英文语法，但在人们的日常用语中，如果有人这样使用语句，虽然能让他人明白，但一定会被他人笑话。但是，在英文国家里的法律文件中，人们却常常读到类似的语句。这也从一个侧面反映了制度性规则更加需要严谨、语义明确并符合更加严格的语法要求，以尽量减少歧义，以至于即使出现一些人们日常言语活动中所感到的迂腐的语句，也是可以接受的，甚至是必需的。从这里我们也可以进一步体悟出习俗的规则（即惯例）与制度性规则（如法律条文或其他规章、规程）的差别来了。习俗性规则必定符合人们日常用语的语言习惯，甚至可以用非正式的口头（但必须是严肃的而不是开玩笑的语调或语气）语言界定下来，而制度性规则则可以超越这一点而倾向于语法更严谨以及语义更明确的正式语句所构建而成。

2.4 除了生成制度规则的语句要符合语法之外，制度生成的一个重要因素或者说条件是必须一个施事话语或记述话语要有意义，即不能言之无物。拿语言学家们所常举的一个例子："禁止猎杀老虎"，这就是现在的一条动物保护的制度性规则。但如果有人宣布说："禁止猎杀凤凰"，其他人听了，只会觉得这是一句开玩笑的话，因为在现实中根本就不存在"凤凰"这种动物。因此，单凭符合语法形式和施事动词形式（在这里为"禁止"）的语句组合，并不就能构成制度事实，也不一定就会生成制度规则。但反过来说，只有符合语法规则和施事动词形式的施事话语，才有以言施事力（即"illocutionary force"），才能生成有效的制度规则和制度事实。

2.5 在以言行事生成制度事实或制度规则时，除了上述条件外，发话者说话的外在场合（即奥斯汀所说的必须符合"适切性条件"——英文为"felicity condition"——原则）也是一个重要的决定因素。语言学家们所常举的一个例子是：当一个法官在法庭上说一句话时，他的言辞就有法律效力（以言施事力），但在法庭外面，他的同样的施事话语就没有这种施事力了。如在结束一件法庭调查案件后，法官在法庭上对被告说："我宣布你有罪。"这句话就造成了一定的制度事实。但如果法官在法院之外的场合对别人说："我宣布你有罪！"这句话就没有任何作用。另外，除了语言本身的内在规则、语义和发话的场合外，在决定一个以言施事或以言取效句是否能产生一定的制度事实或制度规则上，发话人的身份、地位以及发话的场景，都是决定因素。

3

3.0 制度,不管是制度安排,还是制度性规则,对相关的人的行为都具有一定约束力。任何一项制度的约束,从形式上看都是语言的约束,或精确地说有语句的约束力。人"说出"或者用奥斯汀的术语说"写出"(utterance in writing)一句话或一些话,就有约束力,这究竟为什么?对此,经济学家往常的回答一般是:一项制度之所以对相关人的行为有约束力,在于这项制度一旦制定——或形式上按奥斯汀的说法一旦被"说出"或"写出"——就有"enforcer(s)"在后面支持着这项制度,因而与此项制度相关的人如果违背了这一话语界定的意思,这"enforcer(s)"就要运用某种手段或力量惩罚制度的违反者(the violator),因而与此制度有关的当事人出于自己利益的最大化计算,决定还是遵守这项制度为好——这就是经济学的推理逻辑。制度的约束力就只在于此吗?

3.1 请看以下例子:

——1215年6月15日英国国王约翰与25位男爵在温莎堡签订的《自由大宪章》第39条说:"任何自由人,如未经其同级贵族之依法裁判，或经国法判决，皆不得被逮捕、监禁、没收财产、剥夺法律保护权、流放，或加以任何其他损害。"

——1776年6月12日在北美通过的《弗吉尼亚权利法案》第1条说："一切人生而同等自由，独立，并享有某些天赋的权利……"

——1954年9月20日通过的《中华人民共和国宪法》第87条："中华人民共和国公民有言论、出版、集会、结社、游行、示威的自由。"

以上这些陈述制度性实事的语句都是靠某些"enforcer(s)"在背后经过经济学家们所相信的那种"利益最大化计算后决定遵从"，然后才有约束力或奥斯汀所言的"以言施事力"的吗？

3.2 在《如何以言行事》中，奥斯汀（Austin, 1962, p. 6）曾指出，"施事句"（performative sentence）或"施事话语"（performative utterance）或他简称"施事"（a performative）时说，在他的以言行事理论中，"'施事'一词将像'命令'（imperative）一样，被用于许多方面和建构之中。"随后，奥斯汀（Austin, 1962, p. 7）举了施事话语的两个例子："I bet"，"I declare"。这些语句都内含着某些"imperative"的成分。研究奥斯汀语言哲学的学者发现，奥斯汀所理解的施事句（或言具有施事力的话语或句子）是合约式的（contractual，如"我保证"），或者是宣告式的（declaratory，如"我宣布开战"）。很显然，这两类施事话语常常与经济活动中的交易、交换以及人们社会生活和交往中的制度的生成或契约的制订有关。

3.3 在话语的施事力和道德律令（moral imperative）之间有没有关系？为什么人们说一句话或做出一项允诺后就有约束力？我们现

在猜测，这可能与道德语言或施事话语中的许诺与道德的定言命令（categorical imperative）有某些相通之处。用中文常识来说，"说话要算话"。"说话不算话"，就常常被人们认为是不道德的。"说话算话"，显然这里面就含着道德的定言命令在其中。

3.3.1 奥斯汀（Austin, 1962, p. 10）还说过，"精确性（accuracy）和道德（morality）诸如此类的（词汇）显然即是说**我们的言辞即我们的约束**（our word is our bond）"。在道德语言中，在我承诺如果今天你帮我明天我会帮你的情况下，我承诺的言辞就是我的约束，这个约束就是道德约束，因而照此看来道德约束是与语言联系在一起的。从这里我们也明白为什么当代元伦理学家如斯蒂文森（Richard L. Stevensen）和黑尔（Richard M. Hare）均注重研究"道德语言"问题了。这显然又与前面我们已讨论过的维特根斯坦的"Words are also deeds"的见解在精神上有某些相通之处。

3.4 在谈施事话语的适当条件时，奥斯汀（Austin, 1962, p. 13）区分了以言行事话语的语向上朝内的和精神上的（inward and spiritual），与语向上朝外的和可视听的（outward and audible）。这一区分实在意义重大：一个人说一句话尤其是一句许诺的话，在向外说给外人听时，也向内说给自己听，且不仅要把这句话说出让听者保持在记忆中，也同时把这句话以及把说这句话本身这件事保持在自己的记忆中。这可能是人之成为人的天生禀赋之一。（其他动物有没有这个禀赋？）从这里我们也可以进一步推想，当人们以言行事说某句话——尤其是做出一项许诺——时，不但是朝着他人的和可视听的，也是朝着自己的内心世界（即对自己言说）的。这无疑就有道德规范在其中。向外对他人说，有可能就与（但不一定）制度规则的生成或制度实在的存在有关；朝内对自己说，就有道德律令在其中。由此推理，有没有道德考量的制度？有没有道德推理的许诺？博弈论经济学家们所相信的"只有可信承诺才是可信的"这类断言是否真的是可信的？经济学家的"任何制度都必定是纳什均衡才有约束力"的断言是真的？

3.5 讲到以言创生制度事实的道德含蕴，使我们联想到了当代英国著名道德哲学家图尔闵（Stephen E. Toulmin）。在谈到道德伦理与"social institutions"的关系时，图尔闵（Toulmin, 1950, p.170）曾举过这样一个例子：如果借了一本书并答应要还时，你就会这样推理，"我要留下这本书，是不道德的，因为不遵守诺言是不道德的"。由此，图尔闵进一步认为，"'诺言（the promise）'便是我们的 institutions 之一"。基于这一认识，图尔闵接着说，"所有 social institutions 均建立在一整套义务和权益的系统之上"（Toulmin, 1950, p. 171）。如何理解图尔闵的"诺言便是我们的'institutions'之一"这句话？很显然，诺言本身仅仅是一种话语形式，诺言本身因而也可以被认为是一种完成的社会事实，而诺言的兑现即守诺也会产生一种社会事实——或言在社会事实中显现出来才成为诺言。诺言的存在蕴涵着守诺的存在。没有守诺，也就没有"诺言"这个词。从诺言到守诺，或反过来从守诺到诺言，都牵涉到一定的社会制序，也都经历过一定的社会事实。一个许诺之所以有约束力，是个伦理学问题，必定有道德的维度在其中。正是因为诺言这种结果和社会事实在一定的社会机制过程中对人们的行为有一定的约束力，因而就可以把它不甚精确地视作一种"institution"。这里，图尔闵的这句话实际上也意味着言语创造"institutional fact"，或者说，话语的结果会形成"institution"，结果诺言本身就被当成了一种"institution"。诺言本身被图尔闵视为一种"institution"，看来与所有"institutions"从本质上是一个语言现象有关，也与人们以言创生惯例与制度的事实有关。

3.6 言可行事，言即是行，言可创生制度，这是我们从奥斯汀及其弟子塞尔语言哲学中以及图尔闵的道德哲学解读出来的一个理论发现。事实上，人间的所有约束都来自言语这一点，并不是所有人都能醒悟得到的。譬如，奥斯汀的老师、牛津的另一位老牌哲学家普理查德（H. A. Prichard, 1968）就曾对许诺（promising）感到困惑：人们仅仅说些什么，怎么就能建立约束关系？现在看来，普理查德所说的这个问题的实质是，语词（如许诺）为什么会有约束力？其实，早在普里查德之前，哲学家休谟也曾提出过"许诺是不可理解的（unintelligible）"的断言。譬如，在《人性论》第3卷第2章第5节，休谟（Hume, 1946, p. 517）就提出："许诺本质上是完全不能理解的东西，而且没有任何心智的活动（act of mind）是属于它的。"休谟（Hume, 1946, p. 518）最后发现："除了义务感（a sense of duty）外，我们并没有任何其他动机导致我们完成许诺。如果我们认为许诺没有道德义务（moral obligation），我们便永远不会感觉到有遵守许诺的任何倾向（inclination）。"从休谟、普理查德对许诺约束力的困惑，到图尔闵把许诺视作一种"institution"，再到奥斯汀以言行事和塞尔的人们以言创造制度事实的论述，虽然步步紧逼地探寻到了制度事实的生成机制,即制度事实在人们的言语活动中生成,以语言的形式存在,并归根结底所有规范约束和制度规则均由语言来界定、来承担,但好像并没有最终回答为什么语词(尤其是其中的许诺)就对人们的行为有约束力这一问题。看来要回答这个问题,就要从语言哲学的思考,从制度分析的层面,进一步推进到伦理学的思考和康德的超越伦理学的定言命令上来。人们用言辞表达许诺,但人们为什么会遵守承诺?这里,经济学的利益分析和博弈论的重复博弈的收益最大化计算能在一定层面上或可以部分地解释原因,但显然不能解释问题的全部。人们言而有信或言而守信,作为一种伦理美德在任何社会和任何族群中均有其超越利益考虑维度的一面。因此,只有把道德推理放在审慎推理的范围内而作为其支撑点,方能理解芸芸众生中的社会现象。换句话说,只有把伦理学以及语言学的思考放在经济学制度分析逻辑推理的基石或者说起点上,才会有真正接近人类社会现实的经济学的制度分析。

韦森于2005年7月8日谨识于复旦,7月11日定稿

(本文发表于《北京大学学报》2005年第六期)

参考文献

Austin, John L., 1962, *How to Do Things with Words*, Oxford: Oxford University Press.

Austin, John L., 1970, *Philosophical Papers*, 2nd ed., Oxford: Clarendon Press.

Berlin, Isaiah, 1973, *Essays on John L. Austin*, Oxford: Oxford University Press.

Chomsky, Noam, 1965, *Aspects of the Theory of Syntax*, Cambridge, Mass.: The MIT Press. 中译本：乔姆斯基，1986,《句法理论的若干问题》, 黄长著等译，北京：中国社会科学出版社。

Hume, David, 1946, *A Treatise of Human Nature*, Oxford: Clarendon Press.

Prichard, H. A., 1968, *Moral Obligation and Duty and Interest*, Oxford: Oxford University Press.

Searle, John. R., 1995, *Construction of Social Reality*, New York: The Free Press.

Searle, John. R., 1998, *Mind, Language and Society*, New York: Basic Book.

Toulmin, Stephen, 1950, *The Place of Reason in Ethics*, Chicago: The University of Chicago Press.

Vico, Giambattista, 1968, *The New Science of Giambattista Vico*, Ithaca and London: Cornell University Press.

Wittgenstein, L., 1953, *Philosophical Investigation*, trans. by G. E. M. Anscombe, 3rd ed. (1967), Oxford: Basil Blackwell.

杨玉成，2002,《奥斯汀：语言现象学与哲学》, 北京：商务印书馆。

赵虹，1991,"多域价值、宇宙特性和人本观念——论古汉字在华夏文化心态中的'框架承重'"，载申小龙、张汝伦(编),《文化的语言视界》, 上海：上海三联书店。

语言与生活形式：
兼论乔姆斯基对后期维特根斯坦哲学的商榷与发展

■ 一种语言,乃是一种社会制序(social institution)。但是,在许多方面,它与政治、法律以及其他制序有区别。

——索绪尔(Ferdinand de Saussure)

■ 哲学中的一整片云,凝结成了语法的一滴雨。

——维特根斯坦(Ludwig Wittgenstein)

引

这一章对语言与种种社会制序的关系做了抽象的哲学分析。鉴于人类社会的种种制序都要用语言制序来表述和界定，我们可以把语言视作一种元制序（meta-institution）。通过回顾维特根斯坦哲学中的"语言游戏"与"生活形式"之间关系的论述，以及通过回顾维特根斯坦之后国际语言哲学和语言学界乔姆斯基、克里普克以及约翰·塞尔关于维特根斯坦所提出的"人遵守规则的悖论"讨论，笔者的研究发现，在维特根斯坦的"人遵守规则的悖论"与康德所理解的作为人的知性（德文为"Verstand"）的概念官能（a faculty of concepts）、规则官能（the faculty of rules）、乔姆斯基的人先天"语言官能"以及洪堡特所提出的像原型（archétype）一样预存于人的精神之中的语法关系，存在着根本的认识上的一致性。换句话说，在人们心智/大脑中与先天语言官能联系在一起的"普遍语法"（乔姆斯基）、"知性能力"（康德）、"精神中的原型"（供堡特），以及维特根斯坦所见的那种"最具体"、"最坚硬"、且最纯洁的像"晶体一般"的世界和思想同一的先天"逻辑秩序"，既蕴涵着人类社会制序中的共同的东西（某些一致性），也内含着生发出人类社会生活形式的无限多样性、可能性。这种一致性（共同性）和多样性"因子"的并存，又恰恰内含在语言制序本身的特性之中。在最后一部分讨论了口头语言与书写语言在人类社会的种种社会制序的形成和变迁中的作用。

语言与制序：
经济学的语言与制度的语言之维

自20世纪初以来，在当代哲学和多门社会科学中较普遍地发生了一个"语言转向"（linguistic turn）。这一语言转向首先发生在哲学中，继而国际学术和思想各界对语言的关注从哲学广泛地推进到伦理学、人类学、历史学、社会学、法学和文艺理论等其他社会科学中。如果说当代哲学和多门社会科学领域中的思想发展和理论探索构成了一首宏大的交响曲的话，那么，一个显见的事实是，当代学术各界对语言问题的探究和解释就构成了这一交响曲的主旋律。与当代哲学和其他多门社会科学探讨中以语言反思为主旋律的宏大交响曲不相谐和的是，除鲁宾斯坦（Ariel Rubinstein, 2000）这位博弈论经济学大师外，似乎至今好像还很少有经济学家注意反思经济分析中的语言问题。然而，如果说以只注重数学分析工具的运用和计量模型的建构为研究精神导向的新古典主义主流学派到目前还没意识到经济学的理论话语（discourse）也有个语言问题是可以理解的话，那么，以号称研究真实世界的经济现象和制序（institutions）解释为其研究纲领的新制度学派（New Institutionalism）[1]到目前还没人注意研究语言在人类社会的种种制序的生发、型构、驻存和

---

[1] 尽管这些年来笔者一再坚持主张要把均质欧洲语中的"institution"一词翻译为"制序"，但考虑到由于以科斯（Ronald Coase）、诺思（Douglass North）、威廉姆森（Oliver Williamson）、张五常（Steven N. S. Cheung）等为代表的New Institutionalism至今仍然忽略了对"institutions"中的"社会事态"（state of social affairs）即"社会秩序"（social orders）层面或方维的研究，而只关注"institutions"中的正式和非正式约束（尤其是其中的产权约束）即"制度"方维，照中国学界目前的通用译法把"New Institutionalism"译为"新制度学派"，似乎名副其实。故本文将遵循目前国内经济学界的惯例仍然使用"新制度经济学"一词。

变迁中的作用，就有点令人不可思议了。因为，只要我们稍加思考，就会发现，不仅经济学的理论话语和对经济学中一些概念的长期争论常常与学界同仁在学术研究中如何理解约定俗成和经由承袭而来的语言、语言习惯（usage）和言词（wording）的用法有关，而且人类社会的种种社会制序必定与语言有关：它们在人们的语言和言语交流中生成，以语言的形式存在，因而语言本身可能就是制序的载体，或者说制序存在于人们的言语活动之中并以语言的"外壳"来实现其存在。基于这一认识，本文旨在从思辨哲学的理论层面上辨析和梳理一下语言（language）与制序（institution）的之间的关系。在第 1 节中，我们将回顾著名语言学家索绪尔（Ferdinand de Saussure）和哲学家维特根斯坦（Ludwig Wittgenstein）以及美国著名语言哲学家塞尔（John Searle）对语言与制序及其相互关系的论述；第 2 节将讨论后期维特根斯坦哲学中的两个核心概念"语言游戏"与"生活形式"，并从中解读出维特根斯坦本人在其后期哲学时期对"语言"和"制序"的关系的理解；在第 3 节中，我们将从当代著名语言学家乔姆斯基（Noam Chomsky）的对"（人的）先天语言官能"理论解说中考察他与维特根斯坦、康德以及洪堡特（Wilhelm von Humbodt）在哲学精神上的一致性，并从中反思种种人类制序的共同基础；第 4 节将讨论乔姆斯基、克里普克（Saul Kripke）和塞尔对后期维特根斯坦哲学中的"（人）遵从规则的悖论"的商榷，以期从最深的认识层面上反思语言与制序的相互作用和相互涵衍的内在关系；最后，我们将讨论口头语言和文字语言在人类社会的种种制序上的投射。

1. 索绪尔、维特根斯坦与塞尔：语言是一种元制序

在讨论语言与制序的关系之前，我们首先必须意识到，照许多语言学家和哲学家看来，语言本身就是一种社会制序，且语言作为一种特殊的社会制序，它是所有一切人类制序的载体，反过来说，所有人类的制序现象都可被归结为某种语言现象，[1]或至少与语言有某种关系因而具有语言性（这里借用哲学家伽达默尔的一个概念"Sprachlichkeit",[2] 参 Gadmer, 1960：393，参中译本，第497页）。譬如，从索绪尔《普通语言学教程》一书中，我们知道，在索绪尔之前，就有一位叫惠特尼（Whitney）的美国语言学家

---

[1] 要理解这一点，理解塞尔的"社会现象"和"制度（序）现象"的区别非常有益。照塞尔看来，社会现象（实际上他是指"群居现象"和"集体行动现象"）是人和其他动物所共有的。他举例说，非洲的土狼（hayeonda）在集体猎物时有某种社会现象，但非洲土狼群中却没有"制度（序）现象"。

[2] 这个德文词在英文中就难能被翻译出来，因而伽达默尔《真理与方法》的英译者巴登（Garrett Barden）和卡明（John Cumming）有时把它翻译为"linguistic quality"和"linguistic in character"，或直接把它翻译为"language"（参伽达默尔《真理与方法》英译本，p.351）。

曾把语言视作一种社会制序。瑞士著名语言学家索绪尔在评论惠特尼把语言（langue）视作和其他社会制序（social institutions）一样的一种社会制序时指出，"语言不是在任何一点上都与其他社会制序一样的社会制序"（参 Saussure, 1959: 10; 1983: 10; 1949；参中译本，1993，第 31 页；参中译本，第 9～10 页）。应该注意到，当索绪尔说"语言是一种社会制序"时，实际上并不是指语言是一套建立起来的规则体系（尽管语言内部有规则体系）即制度，而是指一套形成并沿革下来的"惯例"，用英文说，"A language is a formed conventional system by which everything is regulated"。由此看来，如果这里把索绪尔的这段话里的"social institution"按照我国著名语言学家高名凯先生的译法把它翻译为"语言是一种社会制度"，就显得十分乖张。因为，语言本身绝非是指一套人们制订出来的"rules and regulations"，即"（规章）制度"，更不是那种带有现代政治意识形态话语色彩的"社会制度"（即英文中的"regime"含义的"制度"，如资本主义制度、社会主义制度、封建制度、奴隶制度）中的"制度"。正如我们下面将要讨论的那样，尽管人类社会的所有"制度规则"都要由语言来界定，来建构，来承担，来"编织"，但语言本身并不是一种"制度"，因而在这里把索绪尔所使用的"social institution"翻译为"社会制度"，显然是不合适的。另外，从索绪尔在其普通语言学体系中实际使用这个词的含义来看，他也不是说语言是一种"社会制度"或某种"制度规则"，而是指语言本身是经由约定俗成的路径而形成的某种法国著名社会学家涂尔干（Émile Durkheim）所言的那种"自成一类的存在"（sui generis）之类的东西。

譬如，在《普通语言学教程》的另一些地方，索绪尔就曾说："语言是一种约定俗成的东西（convention），人们同意使用什么符号，这符号的性质是无关紧要的"。这也从一个侧面佐证了当索绪尔说"语言是一种'social institution'"时，他实际上是指语言是一种惯例体系（conventional system），一种约定俗成的"自成一类的存在"。

接受惠特尼把语言视作一种社会制序这一观点，并进而把这种社会制序视作一种约定俗成的那种涂尔干所言的"自成一类的存在"之后，索绪尔（Saussure, 1983, p.15）进一步指出："正如刚才我们已经说明的那样，一种语言，乃是一种社会制序。但是，在许多方面，它与政治、法律以及其他制序有区别。当我们开始考虑另一类事实，它的特殊本质就昭显出来了。"为什么作为一种社会制序的语言与其他社会制序有很大不同？照索绪尔看来，这主要是因为语言仅仅是一种表达观念的符号系统，并因之可将其比之于聋哑人的字母、象征仪式、礼节形式，以及军事信号，等等。但是，从索绪尔的论述中，我们则可以看到除了提出语言是这些系统中最重要的符号体系外，他并没有进一步指出语言与其他社会制序的不同之处在哪里。索绪尔只是在后面的论述中指出，不应该只把语言看作是一种分类命名集（nomenclature），而应把作为一种符号的语言理解为一种社会现象，一种与其他种种有着社会制序共同的特征，并经由人们的自主决策而建立起来的特征（Saussure, 1983；Harris, 英译本，pp.15～16；参中译本，第37～39页）。这里索绪尔本人好像并没有进一步努力去理清语言、文化和制序之间的关系，索绪尔只是在强调指出，语言作为一种社会制序，是约定俗成的东西，是过去历史的结果。

在认定语言是一种社会制序之后，索绪尔又对语言这种特殊的社会制序与其他社会制序进行了比较，指出语言制序与其他社会制序相比较而言在创新上有一种集体惰性（collective inertia）："语言无论任何时候都是每个人的事情；它流行于大众之中，为大众所运用，所有的人整天都使用着它。在这一点上，我们没法把它与其他制序比较。法典的条款、宗教的仪式以及航海的信号，等等，在一定的时间内，每次只跟一定数量的人打交道；相反，语言却是每个人每时都参与其中的，因此它不停地受大伙儿的影响。这一首要事实已足以说明要对它进行革命是不可能的。在一切社会制序中，语言是最不适宜创制的。它同社会大众结成一体，而后者在本质上是惰性的，看来首先是一种保守力量"（Saussure, 1959, p.70; 1983, p.70; 1949, 参中译本，第 111 页）。[1]

在以上这段话中，我们可以清楚地看出两点：第一，以语言为载体的制度、惯例、礼仪等社会制序比语言制序本身适用的范围要小。语言作为一种社会制序是每个能说话的人、每个要说话的人都要遵从的，而法律、惯例、制度、礼仪只是与之相关的人才遵从。因此语言的作为一种社会制序的应用范围、适用范围要宽广得多，

---

[1] 不但索绪尔认识到这一点，其他语言学家也大都也看出语言本身的自我维系的变迁张力和惰性。譬如，美国语言学家萨丕尔也强调指出了这样一个事实：每种语言都具有使自己的语音形式维持原样的强烈倾向，"我们将把语言形式——语音形式和词法——中那些重要的一致性和歧异性归于语言的自发倾向，而不是归于忽而这样聚合忽而那样聚合的一些单独而零散的特性的复杂结果。语言或许是一切社会现象中最富独立性、最具坚韧性的了"（转引自 Cassirer, 1945, p. 99）。

普遍得多。这实际上也就意味着，人要先遵从语法规则，才能遵从其他制度性规则。因为制度性规则必须由符合语法的语言建构出来。第二，与其他社会制序——尤其是其中的法律规则和规章制度来——相比，语言更有着一种索绪尔所说的那种"集体惰性。"[1]

当然，这里我们必须也要意识到，不仅语言制序本身有着索绪

---

[1] 这里也特别提请读者思考的是，与西方拼音文字（尤其是英语）相比，汉语语言文字具有更大的自我维系性和变迁的张力。这一方面是因为汉语语言言辞的灵活性、含义弹性以及语义的包容性，另一方面则是因为汉语语言自近代以来由于其成熟发展而相对来说已成为一个因循守旧和缺乏创新性的体系。譬如，在西方文字中，尤其是在英语中，几乎每年都有大量（真可谓成千上万）的新词出现，从而使西方语言（尤其是英语）形成并保持了一个充满活力的开放体系。相比之下，我们的汉语就显得"僵硬"和"保守"得多。因为，在现代汉语中，除了从外来语中借词之外——如"巴士"（bus）、"的士"（taxi）、"酷"（cool）、"英特网"（internet）以及经济学中的"滞胀"（stag flation）等这些由音译和意译的外来新词以及随着社会种种新事物的出现而出现的一些新词如"彩电"、"空调"、"家电"、"乡镇企业"、"入世"、"非典"（SARS）等等之外，与英语和其他西方文字相比而言，现代中文中出现新词的速度就显得非常慢（也许有的语言学家不同意这一判断）。我们中国人说话尤其是撰文著书，总是喜欢"引经据典"，用词典上已有的"词汇"来造句著文（这当然与中文是一个博大灵活的语言体系有关）。因而，在中文中，句子可以是新的（不是新的自然意味着剽窃），但词必须是旧的（已有的），字当然更是旧的（因为在中文中造新字比造新词更难，并且几乎是不可能的）。即使造出新词来，也难能过报纸、杂志和出版社的编辑们的关（因为在中文世界里，编辑主要的任务好像就是查在现有的汉语词典中有没有一个作者所用的词）。在这一点上现代汉语还不如古代汉语，因为在古代汉语中还有大量新词出现，并且按照《说文解字》中"字"，"滋也"（即不断的滋生扩展的意思）原来意思，汉字应该不断地滋生。但不知从哪天起（从《康熙字典》起？），中文的"字"好像永远停止"滋生"了。中文的这一特征，不但较难适应日益变化的世界，也较难描述世界上出现的新事物，甚而型塑和禁锢了讲汉语的人们的思维，从而使华人比较"墨守成规"和"趋于保守"并因而缺乏创新精神，从某种程度上自然使汉语成了一个自我维系和相对封闭的语言体系。这种汉语和华人思维的协同共生现象和相互作用，使得汉语在约束甚至窒息华人在科技和社会体制运作方面的思想创造力显得非常"有效"，这不能不引起我们的深思和反省。

尔所见的"惰性",其他任何社会制序一旦形成或一旦建立起来,都有自我维系和自我保持的功能,因而从某种程度上来说都有一定的"惰性"。并且,其他种种社会制序的惰性与语言本身的特性有关,或者说与语言本身的惰性是联系在一起的。反过来看,语言的承传性、连续性,以及演化变迁中的惰性实际上也反映出了或者说从某种程度上决定了由语言建构和编织出来的社会制序的承传性、连续性和变迁的惰性。由于其他社会制序要由语言本身来建构,来"编织",来界定,来组成,语言本身的惰性就自然引致其他制序变迁的惰性和自我维系性,这正是人类社会的一般制序变迁的巨大张力的一个主要语言根源。[1]另外,除了一些小说、诗歌、散文和文学作品外(甚至在描述人的活动有关的文学作品的意义之中),语言形式都映照着人世间的许多制序存在。在法律、法规文本和文件中,在社会组织内部的以书写文字形式集成和写下的规章条例中,以及在一些标识牌和交通标识牌中,都用文字语言形式保存、储存和内含并昭显着制度规则,从而可以说,制序中的制度规则就存在于这些文本之中,并与阅读过这些文本或听说过这些文本内容的人的头脑中用语言形式"编织"的规则知识联结在一起。由此来看,制序内部的制度规则就其存在本质来看是一种语言知识,这当然是指向指导和规约人们生活游戏中的现实行为的语言知识和语言界的。正如索绪尔(Saussure, 1949,参中译本,第115页;1959,第77页;

---

[1] 当然,这里你也可以说社会制序的多样性、复杂性和变迁性(changeability)恰恰又蕴涵在语言的灵活性和多样性之中。

1983，第77页）所见："同表面相反，语言在任何时候都不能离开社会事实而存在，因为它是一种符号现象。它的社会性质就是它的内在特性之一。"由此来看，制序不仅是一种社会存在形式，一种可见社会现象中的抽象存在，而约束和支撑着社会建制和人们行为中的常规性的制度性规则也与处在这种制序中使用着语言并通过语言与有着关于制序的语言知识的人的心灵密切相连，因而部分地存在于人们的思想中，成为一种语言中的存在。从这一认识论的角度来看，我们又会得出，语言这种特殊和一般制序构成了其他社会制序的家，或反过来如伽达默尔所见，被人"所理解的制序就必定是语言"，再用海德格尔的语言风格来说，其他社会制序必定在语言制序中"绽出"。

在理解索绪尔的语言是一种特殊社会制序这一点时，应该进一步注意到索绪尔亦从语言在法律文本中的作用这一视角思考过语言的作用及其特性。譬如，索绪尔（Saussure, 1949；参中译本，第107页；1959，第71页；1983，第71页）曾说："因此，不能简单地把语言认作为一种契约；正因为是如此，语言符号是一种特别有意思的研究对象；因为，如果我们想要证明为一个集体所接受的法律是人们所必须服从的东西，而不是一种可以随便同意或不同意的规则，那么语言就是最明显的证据。"从索绪尔的这段话中，我们可以解读出，不仅法律本身要通过语言来表示，来界定，来承担，而且语言本身的规则也像法律规则一样，是一种确定的规则，且人们必须照这种内在的规则、这种约定俗成的规则行事［包括奥斯汀（John L. Austin）所言的"以言表意"和"以言行事"］。从语言与生活形式：
兼论乔姆斯基对后期维特根斯坦哲学的商榷与发展

这一点来看，作为一种社会制序的语言和其他社会制序有某种精神上的共同之处。[1] 从这段论述中，我们也可以解读出，照索绪尔看来，尽管语言与其他社会制序有着精神上的共同之处，但却也不能简单地把它们视作霍布斯、卢梭那种意义上的"社会契约"。如果硬要把它们视作某种社会契约，它们也是一种复杂的、具有双重性的契约，即一方面是人与自己的精神上的"契约"，另一方面又是与他人的"默契"和"约同"。反映在语言本身的性质上，一方面语言在"共时性"上即在一定时点上相对来说是不可任意改变的且为人们所约同的东西，另一方面在"历时性"上又是可变的。对这一点，我国著名语言学家许国璋先生专门有研究。据许国璋先生（许国璋，2001，第164页）所见，按照索绪尔语言学的共时性研究（synchronic study）和历时性研究（diachronic study）方法，语言作为一种符号既有不变性，又有可变性，因而语言作为一种现象系统在"共时性"上看是相对固定和不变的，在"历时性"上又是演化的。之所以说在共时性下语言是不变的，是因为某物称某名，或反过来说以某一词和表述法称谓某一类现象，是约定俗成的，因而某名、某种说法和某种语法形式是大家共用的，共同接受的。即使某个人执意要改变它，在短期也做不到。因此，尽管作为能指和所指二元社会心理实体的语言符号[2] 本来照索绪尔所认为的那样具有任意

---

[1] 也许正是因为这一点，索绪尔才接受惠特尼的见解从而把语言视作一种社会制序。

[2] 索绪尔把作为"能指"和"所指"结合体视作一种二元的心理实体，是有一定道理的。能指包括词的音象和形象。例如"树"这个词的音和形代表符（转下页）

性,但一旦为语言群体所普遍接受,它相对来说在一定时期就是固定不变的。但是,在"历时性"中,语言就不再是固定不变的了。由于语言与社会制序以及文化在一个社会过程中互相作用,而其他社会制序如习俗、惯例、法律和其他种种规章制度以及文化均在人们的生活游戏中不断发生变化,且语言制序的变化从整体上来看比其他种种社会制序的变迁要滞后,尽管社会制序和文化的变迁要靠人们用语言的交流并往往靠新语句的生成和传播来完成。因为,社会制序与文化在社会过程中发生变化了,语言的符号施指与符号受指的关系也往往会随之发生变化,自然会导致语言本身的变迁。这就导致了索绪尔所谓的语言"历时"态下的变迁和演化。语言作为一个体系是随着时间而发生变化的。这不仅是指语音、词义的变化和新词的出现,就连语法规则也演变着。因此,一位意大利语言学家莫罗(Tullio de Mauro,1972)曾把语言比作一首交响乐、一盘棋、一条川流不息的长河,一件历经岁月缝满了补丁——而补丁所用的布又是从衣服本身剪下来的——的袍子。

索绪尔在《普通语言学教程》(Saussure, 1983, p.77;参中译本,第113页)中,在谈到语言制序与其他社会制序的区别时还曾指出,"别的人类制序(human institutions)——习俗、法律等——在

(接上页)号意象,与代表这一符号意象的"树"的概念,不是指外部世界的某种对象即"那棵东西"或"那一类东西",也不是指发音和拼写法本身,而毋宁说是心灵的"印迹"。我们可以唇舌不动,默诵一首诗,一段文字(尽管词作为"能指"和"所指"的结合在我默诵时其音象和形象均在我心里的一个过程之中),就说明了这一点。至于"词"和词所涵指的对象关系,就成了哲学中的指称和意义问题,而不再是一个"语言学"的问题了,尽管仍然是一个"语言"问题。

不同程度上均建立在事物的自然联系基础之上。[1]它们在目的和手段之间展现出一个必然的适应。甚至连我们的服饰时尚也不是完全任意的：它不能过分离开身体所规定的条件。相反，语言在选择它的手段方面却不受任何限制。因为我们看不出有什么东西会妨碍我们把任一观念和任一连串声音联结起来"（着重号为引者所加）。索绪尔又接着指出，"为了强调说明语言仅是一种社会制序，惠特尼很正确地强调符号有任意性，从而把语言学指向一个正确的方向。但是，他没有贯彻到底，没有看到这种任意性把语言与其他社会制序分开"。索绪尔的这段话中，有一点特别值得我们深思和注意，那就是，任何其他社会制序的型构和存在均需要一定的约束条件并受一定的制约（现实制序型构和变迁中的制约主要产生于当事人利益的冲突和已存制序之变迁的张力），但语言符号的任意性却好像不受任何制约。正是根据这一点，我们可以进一步认为，语言符号的这种任意性使得它像商品交换中的货币一样能成为其他社会制序的承担者，并为其他社会制序的无限演化和变迁创造可能性。对于这样一个重要的观点，我们如何强调也是不过分的。

对于语言与其他社会制序相比而显现出来的任意性这一点，索绪尔（Saussure，1949, p.103；1959, p. 68; 1983, p. 68）还进行了进一步的阐释，他说，"事实上，一个社会所接受的任何表达手段，在原则上都是以集体习惯——或者同样可以说，是以惯例（convention）

---

[1] 这里尤为值得我们注意的是，索绪尔在分疏语言制序与其他社会制序的区别时，非常精确和准确地把习俗和法律均视作人类制序的构成部分。

为基础的。例如，那些带有某种自然表露的礼节符号（如在中国人朝拜皇帝时的三跪九叩）也同样由规则所给定下来的。这所根据的不是其内在价值，而是必须执行的规则。因之，我们可以说，完全任意的符号比其他符号更能实现符号传递的理想。正是因为这个原因，语言既是最复杂、最广泛的表达系统，也是最富有特色的表达系统；正是在这种意义上，尽管语言只是一种符号系统中的一种，但语言学却成为了整个符号学的一种范型"。这里，索绪尔非常明白地说明了语言的符号性质。正是语言这种完全任意的符号系统的性质，它才能成为其他种种社会制序的载体（这就与货币由于其特点成了其他商品的价值的载体有点相似）。语言作为一种符号的任意性性质，正是它成为承担和"编织"其他所有社会制序的一种元制序的基本条件。因为，正是有了语言这个有些"任意性"的符号系统，[1]一些其他种种社会制序，如习俗、惯例、法律、契约、规章、规程等，以及其他种种制度规则才可能在社会过程中通过语言这种特殊的符号系统得以"自由"型构并得以沿存、延续、传播和演变。另外，从语言这种索绪尔心目中的一种带有符号任意性的特殊社会制序在人们生活游戏中的作用来看，没有语言，就没有人际间的相互信息、思想和文化交流以及物质的交易与商品交换，也就自然形不成人们交流和交往中惯例、礼仪、规则和制度（但可以有

---

[1] 语言符号形成时，任意性显然并不否定语言本身一旦成型就有其自我维系的变迁张力，即索绪尔所言的"惰性"。这种语言的"惰性"也自然使由我们所言的由语言这种任意符号系统所界定、编织和建构出来的其他社会制序具有其驻存性、自我维系性，并自然具有变迁中的张力和惰性。

秩序——正如其他动物世界有基因型和现象型的行为常规性一样）。没有语言，人们就不能进行社会交往、商品交换、市场交易，就不能进行社会博弈，即进行生活游戏。一言以蔽之，没有语言，人类社会就没有制序。从这种视角来看，我们又可以说，语言本身作为一种约定俗成的且作为带有某种任意性符号系统的一种元制序（meta-institution），是其他社会制序存在和发生的前提条件。

当我们理解和把握惠特尼和索绪尔所说的"语言是一种'social institution'"的意思时，有一点也特别值得注意，那就是，西方学者包括索绪尔这类语言学家在使用均质欧洲语（Standard Average European）中的"institution"一词时，有时是在中文"机构"的含义上来使用它的。比如，在《普通语言学教程》之"绪论"部分第五章，索绪尔（Saussure, 1959, p.21; 1983, pp.21～22）就把教会、学校、沙龙、宫廷和科学院等，按照西方语言的惯例统称作"institutions"。而这里的"institutions"，显然就是在"机构"的含义上来使用的，而不是在"institution"另一重含义即"established order by which everything is regulated"的含义上来使用的。[1] 但在索绪尔的《普通语言学教程》中，我国著名语言学家高名凯先生一律不加区分地把它翻译为"制度"了（Saussure, 1949, 参中译本，第44页）。这里把"institutions"翻译为"制度"是不恰当的，很显然，在这里应该把涵指教会、学校、沙龙、宫廷和科学院等等的"institutions"翻

---

[1] 至于"institution"一词的两重主要涵义及其中译法，请参见拙著《社会制序的经济分析导论》第一章（韦森，2001）。

译为"机构。"[1]

一个尤为值得我们注意和深思的现象是，在西方学界，不只是像惠特尼和索绪尔这些语言学家曾把语言视作一种社会制序，一些当代哲学家也曾是如此，并且，我们还没有证据证明这些当代哲学家是从惠特尼和索绪尔这些语言学家那里接受这一点，因而我们只能判断是这些哲学家自己在对语言现象的哲学反思中独自且自然或自发地自悟出这一点。这方面的例子很多。譬如，在《哲学研究》中，维特根斯坦就曾像惠特尼和索绪尔一样把语言本身视作一种"institution"：在这本书第 540 节，维特根斯坦（Wittgenstein, 1953: §540）就使用了"die Institution der Sprache"（语言制序）。另外值得注意的是，维特根斯坦这里实际上使用了"语言制序及其他的整体

---

[1] 这里也值得我们注意的是，美国语言学家卡罗尔（John B. Carroll）在为美国另一位著名语言学家沃尔夫（Benjamin L. Whorf）所编的文集的"前言"特别指出，与霍皮语（Hopi）自动把土地、房屋的"占有"（occupancy）和占有的地方与用于这块地方所做的事情区别开来不同，讲英语的人则把二者混为一谈。例如，在讲英语人的心目中，"学校"既是一个建制（institution），也是一幢（或一系列）建筑（见 Whorf, 1956，参中译本，第 18 页）。从卡罗尔和沃尔夫的这一洞见中，我们会进一步发现，正是英文语言思维本身的问题，在英文中的"property"一词，既是指作为一种抽象存在的权利即"产权"，又是指有物质形体或实体的"财产"或"财物"。在英文中还有其他许多类似的例子。从这里我们也会进一步认识到，从语言中的词所指的现实对象性是什么这样一个本体论思考的层面，进一步从语言与思维的相互关系的认识论思考的层面，再进一步从对语言和人们用词（wording）行为本身对人们思维和认识的制约的反思这一语言哲学的层面来看问题，就会发现，西方学术界对"institution"本身理解上的所见各异及其有关争论，原来缘起于英语语言本身。在英文中是如此，在汉语中自然也不例外。正因为这一点，美国语言学家沃尔夫（Whorf, 1956，参中译本，第 28 页）警示人们："我们一生一直在不知不觉中被语言的诡计欺骗，语言结构的诱导使我们只能按某种既定的方式感知现实。"他又接着指出："一旦意识到这一诡计，我们就有能力以一种新的眼光来看世界。"

174

背景"这一表述法。这里维特根斯坦所说的语言制序的"整体背景"（ihreganze Umgebung）又是指什么？是指其他种种社会制序，是指语言所在的文化环境，还是指人类"生活形式"（下一节我们将马上讨论这个概念）的整体？

不管维特根斯坦这里所说的"语言制序的整体背景"是指什么，但至少他将语言视作一种制序的见解，与索绪尔是一致的。前面我们已经指出，按照索绪尔的见解，语言本身就是一种社会制序。由于我们把社会制序的总和视作"生活形式"，由此我们也可以说语言或"语言游戏"（亦即索绪尔所说的"言语活动"）就是人类生活游戏（包括其形式）的一个构成部分，是"人类本质存在"的一个组成部分。人一生下来，就会落在一定的、既存的社会制序、语言环境和生活形式之中，也即是落在一定的语言共同体之中，也自然落在一种文化场景之中，且这个文化场景又恰恰是由语言所编织出来的。当一个人在一个语言共同体中长大，这既是一个接受一种语言的过程，也是被既存的社会制序即社会生活形式制序化（institutionalized）的过程。所以，学会或接受一种语言，就是接受一定的生活形式，就是被既存的社会制序制序化的过程。从文化与制序的相互关联来看，由于语言中潜含着"文化拟子"（memes），[1]人学习一种语言，就是被既存的文化濡化的过程。要理解这一点，我们不妨再回顾一下洪堡特的论述。洪堡特说，"语言就其本质来看，是某种连续的、每

---

[1] "拟子"（meme）是英国著名生物学家道金斯（Richard Dawkins, 1976/1989）在《自私的基因》一书中所提出的一个概念。

时每刻都在向前发展的事物。即使将语言记录成文字,也只能使它不完善地、木乃伊式地保留下来,而这种文字作品以后仍需人们重复具体化为生动的言语"(Humboldt,1836,参中译本,第56页,§12)。按照西方逻各斯中心主义的语言观,文字把不断消逝着的言说声音记载下来,通过文化濡化的社会机制把人们言说的内容即文化承传下来,而言说中的声音和文本中的文字又通过内在于人们的言语活动中的文化濡化机制构成了语言的总体。语言在人们的言语活动中成为一种特殊的社会制序,而作为这种特殊社会制序的语言中所承载的内容又构成和界定着其他种种社会制序。语言正像一条向前奔流不息的大河,而每一个词汇,每一个语法规则和句子,就是构成这条大江大河的点滴水滴。一个时代的语言——包括其中的沿存下来的和流行的词汇及表达形式——又必定与即时存在的社会制序同构,或者说映照并规定着既存的种种社会制序的式样和品格。当然,正如洪堡特所见,语言也凝汇着、记载着以及像木乃伊那样地保存着过去(包括初民社会)的作为具体社会生活形式的种种制序。

与维特根斯坦一样,当代另一位著名语言哲学家塞尔(John Searle)也曾非常明确地把语言称作一种社会制序,并且在近些年来出版的一系列著作中努力阐释、分疏和廓清作为一种特殊社会制序的语言与其他种种社会制序的关系。尤其是在1995年出版的《社会实在的建构》和1998年出版的《心灵、语言和社会》两部著作中,塞尔专门且比较详细地探讨了作为一种制序的语言在其他种种制序的存在和形成中的作用,并在《社会实在的建构》中,塞尔(Searle,1995,p.59)特别提出了"语言是制序实在(institutional reality)基本构成(constitutive)"这一重要观点。

在分疏和辨析语言制序与其他种种社会制序的关系时，塞尔指出，尽管一些高级智能动物(prelinguistic animals)能有合作行为，人类的婴儿在没有言词的情况下也明显地能用极其复杂的方式进行一些社会的相互作用(interacting socially)和交流，因此单就社会实在而言，不一定就需要语言，但是，对制序实在而言，就必须需要语言。从上面的论述中，我们已经知道，尽管惠特尼和索绪尔和维特根斯坦都偶尔谈到语言本身就是一种"institution"，而制序实在的建构和组成又需要语言这种特殊的制序（下面我们将要谈到，尽管制序中的秩序并不一定要经过语言游戏而产生，但社会制序作为人的或人们之间的一种类似于"主体间性"[1]的存在至少必须在一定的语言场景之中），但他们均没有认真地从哲学本体论的视角进一步分疏这两种社会制序之间的关系。这一工作后来就由塞尔来进行了。比惠特尼、索绪尔和维特根斯坦的认识更进一步，塞尔(Searle, 1995, p.60)指出，既然语言需要制序，语言本身又是一种制序，因而这必然导致语言需要语言。于是，塞尔惊叹道："这是一个多么令人难以摆脱的无限循环的怪圈！"

沿着语言制序与其他社会制序的关系这一思考向量，塞尔(Searle, 1995, p.60)发现，为了有（其他）制序，一个社会至少有

---

[1] 这里不妨借用哈贝马斯(Jürgen Habermas)的"主体间性"(intersubjectivity)一词。尽管这个概念是个意义含混且模棱两可的概念，但把它用来指制序是存在于人们的生活游戏中从而存在个人"之外"同时又存在于人们和活动之中的某种自成一类的存在时，还是可以勉强借用的。

一种原始形式的语言,并由此提出,语言制序对其他所有制序而言均是先在的(prior to other institutions)。塞尔还认为,从其他制序预设语言但语言本身却不预设其他制序的存在这一视角来看,语言是一种更根本的社会制序。塞尔说,"我相信,语言是一种根本的人类制序。我这样说是就以下意义而言的:其他制序,诸如货币、政府、私有财产、婚姻和游戏等都需要语言,或者至少需要类似语言的符号系统的形式,而反过来从某种程度上说语言的存在却并不需要其他的制序"(Searle, 1998,参中译本,第147页)。从塞尔这里所举的例子中,我们可以看出,人们可以有语言而没有货币和婚姻,但反过来却不是如此。因为,没有语言就不存在货币和婚姻[1]这种制序实在。塞尔认为,除了这种弱意义上的语言与制序的关系外,在更强的意义上,在任何制序中,都存在或要求一定的语言要素。

在辨识出语言是一种比其他种种社会制序更根本的社会制序——因而笔者把语言称作一种"元制序",即"meta-institution"——后,塞尔(Searle, 1995, pp.76~78)又详细列举了语言这种"元制序"在其他社会制序实在中的四大功能:(1)从认识论上看,在制序事实中,语言是不可或缺的(epistemically indispensable)。这即是

---

[1] 尽管在文明社会中,聋哑人可以结成夫妻,但婚姻这种制序实存只是在整个社会有了用语言界定婚姻法律关系中方存在。因而,聋哑人的婚姻关系说到底是由语言来界定的。当然,一些动物如鸳鸯和其他动物可以有固定的性伙伴,可以有"家庭"和"子女",但这显然还构不成人类社会的婚姻关系。因为,婚姻关系是与法律联系在一起的,因而必然与法律的语言界定有关系。即使没有成文法,当一个族长或牧师宣布一对男女为夫妻时,他们也必得使用语言。因而,一个毫无疑问的事实是,婚姻这种特殊的社会制序必须有语言的维度在其中。

说，尽管人们可以直观辨识出制序实在的物理载体，但人们必须借用语言来解读制序事实。塞尔举例道，当你辨识一张纸币时，你不是从一块纸片上就能解读出它是货币，而是从它上面所印刷的语言文字和象符上解读出它是货币和币值多少（当然，在现在伪钞泛滥的年代，人们常常需要从币纸的质量和某一处隐含特殊标识上来辨认是否是伪钞）。从这个角度来看，语言是制序实在的状态指号（status indictors）。(2)由于制序事实本质上是社会的，必须能交流的（communicable），即必须是让人们能理解的，于是制序（尤其是其中的"制度规则"维度）的可交流性自然要求一种公共交流手段，这种交流手段首先并主要是语言。(3)人类现实生活中的现象极其复杂，展示这样复杂的现象自然需要语言。(4)由于制序实在总是独立于制序中的人的欲望（urges）和性向（inclinations）而在时间序列中持存，这就要求一种独立于参与者的前语言心理状态的对制序实在持存的代表（representation）来实现其持存，这一代表即是语言。显然，没有语言就没有制序实在的连续性、延续性和继承性。

在把握塞尔语言哲学体系中的"制序"（institution）概念时，有一点特别值得我们注意，那就是他所理解的"制序"，是在一个较窄的含义上使用的。实际上，哲学家塞尔（John Searle）基本上是在中文"制度"和"建制"的含义上使用"institution"一词的（因为他不把人们社会制序中的"习俗"和"惯例"视作"institutions"的构成成分[1]）。换句话说，在塞尔的心目中，"institution"是作为

---

[1] 塞尔对"institution"的这种理解显然与英语词典上的解释不符。（转下页）

一种正式约束的"制度规则"和由这种正式规则支撑着的作为一种社会生活中实存的一种建制结构的综合体。这恰好对应我们中文的"制度"或"建制"。塞尔曾明确指出，判别一种社会实存是否构成"institution"的标准在于是否能将其"法典化"和"典章化"（codified）。譬如，在《社会实在的建构》一书中，塞尔（Searle, 1995，pp.87～88）就特别指出了这一点。按照塞尔的说法，看是否有真正的"institutional facts"的出现之关键在于我们能否将习俗或惯例的规则明确地法典化（codification）了。他具体举例道，如产权、婚姻、货币这些社会现象，显然已被法典化为法律，因而是"institutions"。但一些如约会、鸡尾酒会、朋友关系，则没有被法典化，因而还不能算作"institutional facts"。塞尔的这一见解实际上意味着，能够并实际上已被典章化和法典化了的"custom"（习俗）和"convention"（惯例）才构成了"institutions"（制度），否则，就只是"习俗"和"惯例"而已。从塞尔的这一研究进路中，我们也可以清楚地解读出，他本人所理解的"institutions"，也恰恰相等于古汉语中本来含义中的"制度"。这显然与英国著名社会学家吉登斯（Anthony Giddens, 1984）对"institutions"的理解[1]有着根本性的差异。

(接上页)譬如，*Shorter Oxford English Dictionary* 对"institution"这个词的界说是，"an established law, custom, usage, practice, organization"（即建立起来的法律、习俗、习惯、惯例和组织）。在英语世界里，人们的实际用法中，除了组织、机构和正式的法律制度和其他规章制度外，"institution"也是包括习惯、习俗、惯例、礼仪、行为的常规性等多种含义的。

　　[1] 吉登斯（Anthony Giddends, 1984, 参中译本，第80页）在《社会的构成》中说："我把在社会总体再生产中包含的最根深蒂固的结构性特征称为**结构性**（转下页）

在从哲学本体论的角度对作为一种元制序的语言和以语言为载体的种种其他社会制序的关系做了上述分疏和廓清之后，让我们再从认识论的角度反思一下作为一种人认识、描述以及理论"绽出"存在之工具的语言与其他种种社会制序的关系。如果我们这里绕过必须用语言描述语言，必须用语言反照、反思、界定、认识和把握语言本身这种我们无法超越的"鬼打墙"，而只是从认识论的视角考察语言与其他社会实在尤其是制序实在的关系，我们即会发现，尽管制序实在是可观察得到的，但却主要是在语言中"绽现"出来的。从这个角度来看待语言与制序的关系，我们又自然落入到海德格尔的存在哲学和伽达默尔的哲学解释学的"套路"里面去了。

我们从认识论的角度思考语言这种元制序与其他种种社会制序的关系，自然是把语言视作人类社会存在包括制序存在的场景。在这个问题上哲学家伽达默尔的见解甚为深邃和到位。与语言学家索绪尔所认为的语言作为一种符号"在任何时候都不能离开社会事实而存在"的认识相契合，哲学家伽达默尔也曾强调，由于语言形式与在语言中被视为与通过文本得以传播的内容是分不开的，所以，语言作为媒介绝非只是一种工具（参徐友渔等，1996，第179页）。也与海德格尔认为"语言是存在的家"的见解相类似，伽达默尔则认为"被理解的存在就是语言"，"语言拥有它自己的此在仅在于世界在其中得到陈述"。根据海德格尔存在哲学和伽达默尔哲学解释学的语言观，我们同样可以

（接上页）**原则**。至于在这些总体中时空伸延程度最大的那些实践活动，我们则可以称其为 'institutions'。"从这里可以看出，吉登斯是把 "institutions" 视作一种社会活动的。

根据社会制序(这里也可以替换为哈耶克本人所使用的宽泛的"社会秩序",即"social orders"这一概念)作为一种自成一类的存在本身,说"被理解的社会制序本身就是语言"。另外,由于语言如惠特尼、索绪尔、维特根斯坦和塞尔所认为的那样本身就是一种社会制序,一种笔者所理解的元制序,我们可以认为语言具有制序性,社会制序也有语言性。如果我们以海德格尔或伽达默尔的哲学语言来说话,我们就可以认为,社会制序的理论阐释,与其说是人们用语言描述制序,把作为一种社会实存的社会制序展现在语言中,毋宁说我们依照海德格尔存在哲学和伽达默尔哲学解释学的理论进路认为制序在语言中"绽出"。

我们这样做,并不是在玩语言"游戏"。因为,如果这样按照海德格尔与伽达默尔对语言的理解来理解语言与制序的关系,我们也就可以沿着这一分析理路把早期的维特根斯坦哲学与晚期的维特根斯坦哲学结合起来看了。依照早期维特根斯坦哲学,世界作为一种事态的存在必定有语言在其中。一方面事态本身作为此在(即在语言中"绽现"并必定在语言中"绽出"的存在)本身就有语言潜含在其中,或者说有语言的场景,以至于维特根斯坦的"原子事态"(Sachverhalt)概念本身也是一种语言的单元,另一方面,反映、再现和捕捉"原子事态"的"基本逻辑命题"更是要由语言来表述,来建构,来"编织"。在晚期维特根斯坦哲学中,语言与语言游戏的规则是不分的。而规则本身也就是语言,由语言来构成,由语言来承担,由语言来"编织"。因此,在语言中,维特根斯坦早期和晚期的哲学见解是相通的。其相通之处,恰恰是围绕着后期维特根斯坦哲学中的一个核心概念"语言游戏"而发生的。

2. 后期维特根斯坦语言哲学中"语言游戏"与"生活形式"的概念

　　为了进一步确当把握语言这种元制序与其他社会制序的关系，我们这里有必要努力廓清后期维特根斯坦哲学的两个核心概念并辨析和梳理二者之间的相互关系。这就是维特根斯坦在《哲学研究》中同时提出的密切相关且似乎是不可分离的"语言游戏"（Sprachspriel）和"生活形式"（Lebensform）这两个概念。我们这里之所以说这两个概念密切相关且密不可分，是因为，照维特根斯坦看来，生活形式与语言游戏二者互相涵衍，理解了一个概念，自然就把握了另一个概念。譬如，在《哲学研究》第 19 节，维特根斯坦（Wittgenstein, 1953: § 19）就曾说："想象一种语言就是想象一种生活形式。"[1] 由于后期维特根斯坦哲学的建构中，语言是被视作一种活动因而等同于"语言游戏"，或者至少可以像索绪尔的见解那样认

---

　　[1]　与维特根斯坦的这一意见相类似，伽达默尔（Gadamer, 1960，中译本：491）说："理解一门语言本身不是真正的理解，而且也不包括任何解释过程，它只是一种生活过程（Lebensvollzug）。"

为语言就存在于语言游戏(这里我们可以把维特根斯坦的"语言游戏"认作索绪尔所理解的"言语活动",即"language")之中,加之,由于维特根斯坦又明确指出"生活形式"与"语言游戏"密切相关,于是自然得出"想象一种语言就是想象一种生活形式"的结论了。正如维特根斯坦(Wittgenstein, 1953, §23)本人所言:"'语言游戏'一词在这里旨在强调表示,语言言说(das Sprechen der Sprache)乃是一项活动或生活形式的一部分。"从维特根斯坦的这句话中,我们可以清楚地理解到,语言游戏本身就构成了人类生活形式的一个组成部分。亦从这个视角来看,我们这里研究语言与制序的关系,从一个方面来说就是探讨、分疏和辨析维特根斯坦语言哲学体系中的"语言游戏"概念[1]与"生活形式"概念之间的关系。要进一步弄清维特根斯坦语言哲学体系中的"语言游戏"与"生活形式"之间的关系,这里就需要专门讨论一下后期维特根斯坦哲学中的"生活形式"概念本身的含义了。

什么是维特根斯坦所言的"生活形式"?这是一个国际学术界多年争论不清的问题。这里,还是先让我们回顾一下维特根斯坦

---

[1] 在其语言游戏概念形成的初期,维特根斯坦只是把语言游戏认作人们在原初阶段上"使用符号的方式",或"儿童刚开始使用语词的语言形式。"比如,在《蓝皮和棕皮笔记本》中,维特根斯坦(Wittgenstein, 1969a: 17)说:"以后我将一再提醒你们注意我称之为语言游戏的东西。这些语言游戏是使用符号的方式。这些方式比我们使用我们高度复杂的日常语言的符号的方式要简单。**语言游戏是儿童刚开始使用语词的语言形式。研究语言游戏就是研究语言的初始形式或初始语言。**"但在《哲学研究》的实际行文中,维特根斯坦所使用的语言游戏这个概念显然比"初始语言"要宽泛得多。在后期,维特根斯坦把人们的一切活动均视作"语言游戏"。用我们现在的划分,维特根斯坦把所有的人们的"生活游戏"均视作"语言游戏"。

是如何使用这个术语的,以期从中分梳出我们自己的理解。在《哲学研究》中,维特根斯坦(Wittgenstein, 1953, 226e)曾明确指出:"必须接受、给定的东西,乃是——可以说是——生活形式。"[1] 根据这一点,在解释维特根斯坦的"生活形式"概念上,西方一位论者 N. 吉尔(Gier, 1981)在其甚有影响的《维特根斯坦与现象学》一书中提出了所谓的"文化—历史说"。吉尔(Gier, 1981, p.32)写道:"生活形式的概念不是用作一种**事实**理论,即讨论某种生物学的、心理学的或文化的事实。生活形式是使社会和文化成为可能的形式构架,但它们不能用作社会学理论。生活形式并不回答'为什么'的问题;它们没有解释的权力……因而,生活形式主要是形式条件,是我们生活之波的模式,它们使意义的世界成为可能……因而,后期维特根斯坦哲学可以被视作是一种关于生活形式——即使得有意义的生活如何成为可能的形式结构——的描述现象学。"

在辨析和廓清后期维特根斯坦语言哲学体系中的"生活形式"这个概念时,大多数论者之所以亦把"生活形式"与"语言游戏"联系起来讨论,并认为语言游戏根植于生活形式之中,其根据是维特根斯坦的以下这句话:"我也将语言和它交织在一起的活动所构成的整体称作'语言游戏'(Sprachspiel)"。(Wittgenstein, 1953,§7)

---

[1] 单就这句话来看,哲学界有人把维特根斯坦的"生活形式"概念视作一个差不多等于胡塞尔的"生活世界"概念,是有其一定的理由和根据的。但在下面的讨论中,我们将会指出,尽管"生活世界"、"生活形式"、"语言游戏"和"游戏"这些概念均有些"元概念"的性质,这并不意味着我们就不能"言说"它们,就不能在日常用语的含义上来使用它们。

由于维特根斯坦把语言游戏与它交织在一起的活动所构成的整体认作"语言游戏","语言游戏"就自然变成了一个非常宽泛的概念。在最近发表的一篇论文中,笔者(韦森,2002)曾根据维特根斯坦的"语言游戏"、"生活形式"及伽达默尔的"游戏"概念,提出了"生活游戏"("Lebenspiel")这个概念。如果引入"生活游戏"这个概念,这里就可以看出,在维特根斯坦的心目中,语言游戏就是生活游戏,或者说语言游戏就是从一个侧面所看待的生活游戏。如果这样来理解语言游戏的话,那么,作为生活游戏之式样、状态和存在形式本身显现在语言中自然就是生活形式了,从而"生活形式"就仿佛成了一个"元概念"了。可能正是因为这一点,多数学者都把维特根斯坦的"生活形式"概念与胡塞尔的"生活世界"(Lebenswelt)概念联系起来,认为它与后者一样是"前理论"(pre-theoretical)、"前科学"(pre-scientific)、"前给定的"(pre-given)和我们不得不加以接受的东西,即二者均是作为一切概念活动(认识活动、理论工作)的基础和前提而提出来的(参韩林合,1996,第15页)。把维特根斯坦的"生活形式"概念与胡塞尔的"生活世界"概念联系起来考察,无疑有一定的道理。但是在认识到这一点之后,我们却没有必要把维特根斯坦的"生活形式"概念视作一种认识的界线和语言的边界,更不可把它视作维特根斯坦在《逻辑哲学论》中所言的那种人的语言"不可言说的"边界外的东西。基于这一认识,我们认为,没有必要把"生活形式"视作一种类似"先验的存在"和"给定"的东西,而毋宁把它视作一种现实的社会实存。因为,通观维特根斯坦的后期哲学,我们会发现,维特根斯坦是非常灵活地使用这个概念的：有时用它来指整个人类社会和整个民族的人们行动中出现的、并历史地承传下来的习惯、习俗、风俗、传统、制度以及人们的行事方式的整体和总和，有时又指一个相对独立的社群的行为的总和因而可视作人类社会总体行为方式和制度的局部。由于维特根斯坦大多是在复数的形式上使用它，这个概念与胡塞尔现象学体系中的那个作为"前理论"、"前科学"、"前给定的"和我们不得不加以接受的"生活世界"概念还是有着重大区别的。经反复忖度，笔者认为，维特根斯坦所言的"生活形式"与我自己近些年所理解的、宽泛含义的"社会制序"概念基本上是等价的，或者说，我所理解的种种"社会制序"的总和就构成了维特根斯坦所说的"生活形式"。

如果这样理解维特根斯坦的生活形式概念的话，我们就可以进一步理解语言（游戏）与生活形式之间的关系了。一方面，正如维特根斯坦所言，由于"语言的言说"就是一种活动或生活形式（按照我们现在的理解，这里严格来说应是"生活游戏"）的组成部分，因此，语言游戏本身就是从一个侧面所看待的人们的社会活动；另一方面，由于正是有了语言这个媒介，人们的社会活动才得以成为可能，我们也可以进一步说语言游戏是生活形式作为一个整体存在的前提条件，换句话说，正是因为有了人类的语言，才使人类的生活形式成为可能并现实地存在。这一点，维特根斯坦自己有着明确的认识。譬如，维特根斯坦在其遗稿中就曾明确指出："我们的语言游戏——其特征基于行事的规则——确定了生活形式"（转引自 Henry L. R. Finch, 1977, p. 93）。从维特根斯坦的这一见解中，我

语言与制序：
经济学的语言与制度的语言之维

们可以进一步体悟到，在语言游戏（亦即伽达默尔所说的广义"游戏"[1]——即笔者所理解的"生活游戏"）中，人们通过大家共知和共同使用的语言进行交流，正是大家能用语言的媒介进行交流和沟通，人们才能进行种种社会博弈即生活游戏，这才有了纷纭陆离的生活世界，才会有了这生活世界的种种生活形式，而生活形式的构成或言组成"要素"（elements），即是我所理解的人们的社会习惯（usages）、习俗、惯例、法律、法规、规章、规程、契约、建制、制度，等等种种具体的社会制序。由于语言本身如索绪尔所理解的那样也是一种特殊的社会制序，语言本身即是生活形式的构成条件，也是其他社会制序即其他生活形式得以产生和存在的前提条件。反过来回到海德格尔的存在论和伽达默尔的哲学解释学中，如果说"语言是存在的家"——或者反过来说"被理解的存在就是语言"——的话，语言本身无疑又是生活形式的"昭显"或者说"绽出"。具体说来，其他种种社会制序，如市场习俗和商业惯例，以及种种法律制度和规则，都必须以语言（包括口头语言和书写语言）的形式存在，都必须由语言——具体来说——语句来构筑而成。正是因为这一点，我把语言这种特殊的社会制序看成是一种构成其他种种社会制序的元制序，因而也可以视作组建维特根斯坦"生活

---

[1] 在《哲学研究》第69～74节，维特根斯坦进一步指出，"什么是游戏"本身就是一个非常难以解释和界定的问题。在这个最根本的问题上，已不能再解释或界说了，而只能"描述"，而只能说"这就是游戏"，"这些都是游戏"。正如维特根斯坦（Wittgenstein, 1953, §109）所言："必须抛弃一切解释，而仅仅用描述来取而代之。"

形式"的"元维度"(meta-constitution)。当然，正是因为语言本身又是一种制序，一种即构成又映照着其他种种实在社会制序（当然语言也构成和映照着自身），才有了维特根斯坦的"想象一种语言就是想象一种生活形式"之说。

现在看来，尽管在后期维特根斯坦哲学的话语体系中，"语言游戏"与"生活形式"这两个概念均有着某种"元概念"的性质，即一切哲学话语中的困惑都是围绕着这二者发生的，但在两个概念之间的关系还是可以在语言中"言说"和讨论的。即使维特根斯坦本人，实际上也是如此处理的。譬如，照维特根斯坦本人看来，一方面语言游戏植根于生活形式之中，另一方面，生活形式（严格来说这里应该是伽达默尔的"游戏"或笔者所使用的"生活游戏"这一等价概念）又是理解"语言游戏"以至于语言本身的"参考系"。维特根斯坦说，"人类共同的行为方式乃是我们据以解释陌生语言的参考系(Bezugssystem)"(Wittgenstein, 1953, § 206)。尽管从直观上判断在"生活形式"和"语言游戏"两个概念所涵指的对象性之间必定存在某种关联和相互作用，因而二者是两个密切关联的概念，这并没有什么困难，且似乎没有什么难接受的地方，分疏和辨析这两个概念的关系仍然是一项艰难的理论任务。其难点在于，这两个概念所涵指的实存之间复杂且"内在"的关系在于它们是与后期维特根斯坦哲学中的"是否有私人语言"的问题以及他的"遵从规则的悖论"联系在一起或者说纠缠在一起的。在后面的讨论中，我们还会看到，正是在这些问题上，克里普克、乔姆斯基和塞尔与维特根斯坦的分歧和争论发生了，而且这些问题又牵涉到康德哲学的先天综合判断和乔姆斯基先天语法中的"人类共同的心智结构"和"内在语言"诸问题。

现在就让我们进一步解释一下为什么说后期维特根斯坦哲学中"语言游戏"与"生活形式"两个概念的关系是与有没有"私人语言"问题和维特根斯坦本人所见的"(人)遵从规则的悖论"问题联系在一起的。[1] 正如我们在上一节所讨论的，可能正是因为"语言游戏"内在于"生活游戏"中且从一个侧面看就是"生活游戏"，在《哲学研究》中，维特根斯坦又说，"'语言游戏'一词的用意在于昭明下列这个事实，即语言的言说（das Sprechen der Sprache）乃是一种活动，或者说是一种生活形式的一个部分"（Wittgenstein, 1953, §23）。维特根斯坦还认为，"想象一种语言就是想象一种生活形式"（Wittgenstein, 1953, §19）。由于语言游戏与生活游戏基本上重合，想象一种语言就意味着想象一种生活形式，人遵从规则的一致性也首先通过人说语言并遵从语言内在的语法规则上表现出来。这意味着，在一个更深的思考层面上，我们可以认为人们"说"语言的内在规则可能正是人们遵从"生活游戏"之中的内在规则的一种映照。只有这样，我们方能开始理解引语中维特根斯坦所说的"**哲学中的一整片云，凝结成了语法的一滴雨**"（Wittgenstein, 1953, 222e）这句话的含义了。

---

[1] 对于在后期维特根斯坦哲学中，"私人语言"问题与"遵从规则的悖论"实际上是一个问题，克里普克（Kripke, 1982, p.68）亦有明确论述，"私人语言的不可能性是作为（维特根斯坦）他自己那种怀疑论的（遵从规则的）悖论的必然推论（a corollary）而产生的"。

然而，这里进一步的问题是，语言本身的内在规则从何而来？在这个问题上，乍看来维特根斯坦似乎是个约定主义者。因为，按照后期维特根斯坦哲学的论辩理路，既然语言被视作一种内嵌于"生活形式"之中的活动，是一种"（语言）游戏"，故它必定以一些（语言）游戏规则作为自己的基础，这就是说，语言存在于语言共同体之中，不能脱离语言共同体而孤立存在。可能正因为这一点，有西方学者（包括乔姆斯基这样的语言学家）把维特根斯坦看成是一个约定主义的语言论者。按照这种似乎是约定主义的语言论，语言是按照一定的语法规则把词汇排列组合而成的，语法规则则是语言共同体成员在实际使用语言的过程中通过习俗和惯例的约定俗成建立起来的。也可能是沿着这一理论推理的一个逻辑结果，维特根斯坦认为，不可能有私人语言，相应地，私自地遵从规则也是不可能的。这一点可以从维特根斯坦（Wittgenstein, 1953, §202）下面这句话看得出来："因此'遵从规则'是一种实践。自以为遵从规则并不是遵从规则。因此不可能'私自'遵从规则：否则，以为自己遵从规则就同遵从规则成为一回事了。"在另一处，维特根斯坦表达说，"对**语言**来说，人们是一致的。这不是意见上的一致，而是生活形式的一致"（Wittgenstein, 1953, §241）。因此，照维特根斯坦看来，说语言本身是一种遵从规则的活动。在日常语言中，遵从规则的标准是社会实践、生活形式，或社会成员之间的"约同"所规定的。从这一视角来看，语言作为一种特殊的社会制序又必须源于并存在于人们的其他社会制序之中。

照维特根斯坦看来，语言游戏是植根于生活形式之中的，语言是一种人类生活现象，因而，一种语言的内在语法规则（词法、句法、语义、发音）都必定是在语言活动中"自发"型构而成的。由于任何语言游戏都必须也必定以特定的、历史地承传下来的习惯、习俗、惯例、制度和文化传统为背景，所以一种语言的语法和语义规则都根源于人们的生活游戏之中，从而必定反映着人们的种种生活形式，即种种社会制序。只有从这种意义上我们方能理解维特根斯坦所说的按规则行事以及"语言现象……是以人们行为的一致性为基础的"，"是以规则性……为基础的"（转引自韩林合，1996，第163页）这一见解。

这样，依照后期维特根斯坦哲学的论辩理论，人们在运用语言时，有着"约同"或者说"一致性"（德文为"Übereinstimmung"，英文为"agreement"），而这种一致性又取决于生活形式中的一致性。这样看来，这里似乎又出现了一个循环论证，人遵从规则的"秉性"源自人们使用"语言"这种工具和媒介，而人们在语言游戏中遵从规则的"标准"又在于人们生活形式的一致性。那么，这种生活形式中的一致性又源自何处？到这里，我们似乎又发现，没有语言这个媒介和维度，也就没有人类生活形式中的一致性。由此我们陷入了一个循环论证的怪圈，因而我们只能说，语言的一致性与生活形式的一致性是同一的，是互相涵衍的。正因为人存在的绝大部分活动和社会交往都发生在语言中，都要通过言语活动来完成，所以人的社会生活也即是语言游戏，是通过语言来完成的生活游戏，因而人们使用语言中的一致性也正好就是人们生活游戏中所表现出来的形式即生活形式的一致性。正如维特根斯坦在《哲学研究》中所言,"遵从规则、作报告、下命令、下棋都是习惯[1](风俗、制序)"(Wittgenstein, 1953, §199)。维特根斯坦接着指出:"理解一个语句意味着理解一种语言。理解一门语言意味着掌握一门技术。"对于维特根斯坦所见人遵守语言规则的悖论以及给人们思想和生活所带来的困境这一点,当代一位重要哲学家万德勒(Zeno Vendler, 1970, 参中译本, 第26~27页)更明确地表达出来:"语言的使用者和下棋者相似,只不过情形要糟糕得多:因为可以想象这位下棋者最后学会了从其心智的约束中摆脱出来,但却不能想象没有[语言]的'约束'(bond)我们还能说任何事,还能探询和质疑任何事情。当然,这种约束根本就不是一种锁链(fetter),而是心智的器官。结论是:游戏规则所加于我们的概念框架去掉后,我们仍然可以理智地(intelligently)说话;但我们摆脱不掉语言加给我们的概念框架,正如我们遭受克拉底鲁(Cratylus)所摆弄的手指的惩罚那样[2]。毋庸赘言,换成用德语和汉语来进行讨论也无济于事。那不是'解放',而只是换了主人。"从维特根斯坦人在语言游戏中遵守规则的悖论论述和万德勒对此所做的这一段精彩的解说中,我们可

---

[1] "习惯"这个词在德文原文中为"Gepflogenheiten"(英译本把它翻译为"customs",看来英译本的这个译法不甚确切)。"Gepflogenheiten"是维特根斯坦在晚期哲学生涯所特别喜欢使用的一个词。

[2] 这里万德勒是指亚里士多德在《形而上学》一书第1010a节所说的古希腊一个赫拉克利特学派的哲学家克拉底鲁所言的一个极端观点。照克拉底鲁看来,"事物如此变化不已,瞬息已逝,吾人才一言出,便已事过境迁,失之幻消,所以他最后(提出),凡意有所诣,只能微扣手指,以示其踪迹而已"(见 Aristotle, 1933, 中译本, 第74页)。

以进一步体知到，语言的规则内在于生活形式之中，而作为规则存在的社会制序又必须符合语义规则并必须由符合其内在规则的语言来界定。这是一个人无法摆脱的困境：谁决定谁？孰先？孰后？孰是因？孰是果？这里真的好像是出现了一个无法逃脱出的"鬼打墙"！[1]

当然，从一种讨论的表层层面，我们可以认为有维特根斯坦（Wittgenstein, 1953, §83）所说的情形：人们一边玩游戏，一边制订规则（我们如在这里使用"制订"一词，显然是十分勉强的和生硬的）。甚至还有这种情况，人们一边玩一边改变规则。这些解释对普通人的判断来说似乎符合社会事实和社会现实。但是，从语言哲学的理论视角来观察问题，就会自然地问这样一些问题：人怎么会玩包含着语言游戏的"游戏"？人为什么会在玩游戏中玩出规则，玩出语言，玩出制度，玩出种种生活形式？其他动物也会"玩游戏"，可就怎么玩不出规则，玩不出语言，玩不出制度？上帝对人有特别的偏爱？于是，到了这个层面上，一切问题又似乎没有了答案，都似乎是不可知的。于是，我们的知识和我们的认识能力落入了这样一种可怕的和似乎不可理解的"神打墙"之中了。

这种循环论的怪圈，事实上正好是显露出了维特根斯坦的遵从规则的悖论的真正含蕴之所在："**我们的悖论是：没有任何行动的方式能够由规则加以确定，因为每种行动的方式都可以依据规**

---

[1] 正如下面我将要指出的那样，乔姆斯基的先天生成语法说似乎走出了这个"鬼打墙"，或者说他至少想努力跳出这个"鬼打墙"。

则而得出"［这句话的英译文为："This was our paradox: no course of action (Gepflogenheiten) could be determined by a rule, because every course of action can be made out to accord with the rule"。见 Wittgenstein, 1953, §201］。很显然，这是一句十分费解的话。单独揣摩这句话本身，也许很少人能理解维特根斯坦这里到底是在说什么。但是，如果把维特根斯坦对其所见的人遵从规则的悖论的这一表述，放在这一"悖论"恰恰是围绕在人们语言行为和社会行为中的一致性问题上发生的这一背景中，这句话的含义就明朗起来，随之我们也才能解读这句话了。对此，维特根斯坦本人有解释。他一方面认为，"遵从规则构成了我们的语言游戏的**基础**"；而另一方面则认为，"按规则行事是以一致性为基础的"（转引自韩林合，1996，第158页）。在许多著作中，维特根斯坦均讨论过"遵从规则"和"一致性"（德文为"Übereinstimmung"，英文为"agreement"）之间的关系。譬如，在《哲学研究》（§224）中，维特根斯坦说，"'一致性'和'规则'这两个词是相互关联的，它们是表兄弟。如果我教给某人其中一个词的使用，他也就学会了另一个词的使用"。接着，维特根斯坦又指出，"'规则'和'相同'（德文为"gleich"，英文为"same"）这两个词的使用是相互交织的"（Wittgenstein, 1953, §225）。在《关于数学基础的评论》中，维特根斯坦就曾指出，"人们不是通过学会'一致性'这个词的用法而学会服从规则。相反，人们是通过学会遵从规则而学会'一致性'的意义。如果你想要理解'遵从规则'意味着什么，你就已经能够遵从规则了"（Wittgenstein, 1978, §184）。在《哲学研究》中，维特根斯坦还把"一致性"理解为人们参加"语言游戏"的基本条件。而在语言游戏中，语言的一致性就是指语法规则。当然，这些语法规则不是人们随意制定出来的固定条文，而是人们在长期语言游戏中的约定俗成（conventions）[1]。正如维特根斯坦在《哲学研究》中所言，"人类**所说的**有真有假，在他们所用的语言中，他们是一致的。这不是意见上一致，而是生活形式的一致"（Wittgenstein, 1953, §201）。从这些论述中，我们可以清楚地解读出，照维特根斯坦看来，人们使用的语言以及内在于他们所使用的语法规则上的一致性，都体现了人们在生活形式中的一致性。而这种一致性，正是人作为人在长期社会博弈活动中约定俗成的结果。[2] 正是有了这种一致性，才发生了人同时遵从语言和社会规则，而又发生了这两种规则互相涵衍的"悖论"。

为什么说人遵从规则的根本性在于语言？这是因为，正是人作为人，有语言；或反过来说，正是会说语言人的这一生物和社会特征人，才同构成了人。事实上，人一说语言，就意味着人已遵从规则了。你不按语言内在的规则（包括已为语言社群所延存下来发音、语法、词义、语义）来说话，别人能听懂你在说什么吗？

---

[1] 这里就可以进一步看出乔姆斯基与维特根斯坦的区别。维特根斯坦只是猜测人类生活形式中有某种"一致性"，但他并没有进一步说明这种一致性源自何处，即为什么出现了这种一致性，乔姆斯基则在此问题上推进了一大步，认为人们生活形式的一致性应该在于人的先天语言官能（S_0），即先天语法，而这种先天生成语法恰恰是人作为人最本质的东西。

[2] 万德勒（Vendler, 1970, 参中译本，第36～37页）曾指出，"规则之为规则，既有描述性的功能，也有规范性的功能：它描述正确的行事（方式）"。如果这样来理解规则，那么习俗的规则（即惯例）与道德法则就基本上同一起来了，从而也就在道德哲学和语言哲学之间搭起了一座相互沟通和理解的"桥"了。

所以说，人一说话，就在遵守规则了。这正是维特根斯坦遵从规则的悖论所指向的问题的根本之所在。理解了这一点，我们方能理解维特根斯坦关于遵从规则的悖论。正是从人说语言因而遵从了规则这一人遵从规则最自然的、最深层的、最本源的特性上，衍生了人遵从各种由语言编织、界定和建构出来的其他种种团体、社群和社会中的其他规则。从抽象的理论论辩层面后退一步，从而从社会表层上来看，其他种种团体、社群和社会的规则，只有且必定和必然符合语言的规则时，才是有效的，人们才能遵从。因此，从这个视角看，如果说人类社会的所有规则都从语言本身内在的规则中生发出来，且必定建立在语言内在的规则所反映和折射出来的人们（语言）行为的一致性之上，恐怕没有多大问题。事实上，这一点也从某种程度上被美国语言学家布龙菲尔德识出。譬如，在其名著《语言论》中，当谈到语言学中著名的格里姆法则（Grimm's law）[1]时，布龙菲尔德就说，"从整体来看，人的行为并不完全是随随便便的（haphazard），而是按一定的常规性而行的，甚至在连贯的说话中发出个别音节这类小事上也是如此"（Bloomfield, 1955, p.13）。从布龙菲尔德的这一论述中，我们就可体悟到，人是遵从规则的动物这一"天性"或"本性"，是内在于人说语言的行为之中的。换句话说，人遵从规则是与人说语言这一现象和社会实在联系在一起的，或者说是同构的。

---

[1] 所谓"格里姆法则"，是指由19世纪的语言学家雅克布（Jacob Grimm, 1785～1863）在他的《德语语法》中所发现的在日耳曼语和其他印欧语言之间存在有规则的辅音对应关系。

更深一层的问题是，什么是规则？什么是遵从规则？遵从规则是一种活动，这应该是直观的。规则存在于语言中，遵从规则则存在于语言游戏中，这一判断也应该没问题。语言定义规则，语言解释规则，语言说明规则。所有规则均是由语言构成的，并由语言来承载。所有规则说到底都是语言性的东西，而语言本身又有其内在规则（即语法、句法、词法、写法和发音规则）。所有规则还必须符合语言的内在规则。没有语言，就没有规则。但问题是，没有语言，可不可以有秩序？可以。大雁飞行可以排成行，蚂蚁爬行可以成队，人们也可以不通过语言交流而自动排队买东西。这均有秩序在其中。但是，有没有没有语言的规则？可能没有。有规则，必须有语言。没有语言表达，没有语言界定，则不存在规则。这正是我们目前走不出维特根斯坦所提出的"人遵从规则的悖论"之困惑的原因。如何走出这似乎不可超越的"鬼打墙"，看来还必须回到"规则"与"秩序"[以及连带着的"常规性"（英文为"regularities"）和"一致性"（英文为"agreement"）]的区别上来了。

由于我们基本认定除了人类社会之外的动物"社会"不存在包含着奥斯汀所见的"声子"（phone）、"言子"（pheme）以及"意子"（rheme）[1]的语言，把规则与秩序的区别放在动物社会与人类社会

---

[1] 在《如何以语言行事》这部语言哲学的经典名著中，奥斯汀（Austin, 1975, pp. 92～108）首先区分了人的言语行为（utterance）三分法——即"locutionary act"（以言表意行为）、"illocutionary act"（以言施事行为）和"perlocutionary act"（以言取效行为），相应地提出了"phone"、"pheme"和"rheme"三个概念，并相应地提出人们的"phonetic act"、"phatic act"和"rhemic act"三种言语行为。根据奥斯汀本人的界说，"phonetic act"是指发出某种声响的行为，因而我们可以把（转下页）

的比较中是十分清楚的，其区别也是我们很容易理解的。但是，把二者及其关联放在人类社会的"生活游戏"中，困惑就自然出现了。因为，在人类社会的现实中，规则往往与秩序同构、同在，这就是问题的难点。"排队"，这是一个描述词，也常常意涵着一个规则。当一群人排队买东西，一个新来的人往前面挤，另一个站在那里排队的人对新来的人说："排队！"这时排队就已经成了这个情境中已排着队的人们的规则（尽管可能之前人们并没有说一句话而自动排成了一队在那里）。排队本身是一种秩序（大家都不排队而一起往前挤就是"无序"，即"disorder"）。但仅当有语句表达"排队"这两个字时，"排队"才变成了规则。这里的"排队"，可以由第三者（负责监管排队秩序的保安人员）说出来，也可以由已排队的人说出来，或者在排队的窗口前挂一块牌子，上写着"**请自觉排队**"表达出来。不管排队是经由人的口说出来，还是由一块书写的牌子表达出来，

（接上页）它译为"发声行为"，从而把"phone"翻译为"**声子**"（在语言学中人们有时也把它翻译为"声素"）。由于奥斯汀把"phatic act"界定为说出某种词词（vocables）和词汇（words）的行为，我们则可以把"phatic act"翻译为"言辞行为"，从而把"pheme"翻译为"言子"。奥斯汀（Austin, 1975, pp. 92～93）还特别指出，他所使用的"pheme"一词，是非同于语言学中的"phomeme"（音位）的。最后，奥斯汀把"rhemic act"界定为用这些声词来表意和有所指的言语行为。因之我觉得应该把"rhemic act"翻译为"表意行为"，并从而把"rheme"翻译为"**意子**"（在语言学中，人们一般把它译为"表位"或"述位"，即为主体提供新信息的句子成分）。比较奥斯汀的"phone"（声子）、"pheme"（言子）和"rheme"（意子）以及道金斯的"meme"（拟子），我们可以认为，尽管"声子"和"言子"均在人际间传播，但它们均不构成"拟子"；而只有"意子"，才构成人们言语交流中的文化"拟子"。换句话说，人们使用语言或言语交流中的意子就是文化中的拟子。对奥斯汀语言哲学中这三个专门术语与道金斯（Dawkins, 1976/1989）在《自私的基因》一书中所提出的"拟子"之间的关系的讨论，详见拙著《文化与制序》（韦森，2003）第四章。

语言与制序：
经济学的语言与制度的语言之维

只要有言辞"排队"在那里，就有规则在那里。有排队的规则，人们遵从排队而自动排队了，这里既有排队的规则，也有排队的秩序[1]。排队的规则指示和规约着人们排队的秩序，人们排队的秩序又体现和实现着排队的规则。在此情况下，这排队的规则和排队的秩序的整合，就是排队的制序，排队的人的群体的制序，即一种特定的社会制序。由此也可以看出，没有语言，可以有秩序（尽管在现实中常常通过语言交流才能产生秩序。是否大雁成行、蚂蚁成队也要靠某种"雁语"、"蚁语"或其他"信号交流"才能形成这种生物活动中的秩序？可能是如此），但没有语言，就不会有规则，就不会有制度，就不会有制度调规着的秩序，就没有哈耶克所言的建立在"规则"基础上的"行动秩序"，也就没有我所理解的"制序"。因此，可以断定，所有的社会制序都与语言有关，既在语言游戏中生成，又存在于语言"场景"之中，还必须由语言来界定，其中的规则层面，还须得由语言来表达，且必定由语言来承载。我们说所有社会制序都有语言性或有一个语言的维度（即，抑或由语言制序来编织和建构出来，抑或存在于语言场景之中），是因为，尽管秩序的生成可以不通过语言（譬如通过无语言交流的模仿和无语的默契而形成某种秩序），但在制序中的秩序，却必须且必定与语言有关。秩序的"语言化"即被语言界定和在语言指导、指示下所形成的秩序就与语言一起变成了制序，即均质欧洲语中的"institution"。英

---

[1] 在《哲学研究》中，维特根斯坦（Wittgenstein, 1953: §59）说"一条规则放在那里就像是一个路标"，就是这个意思。

文"institution"的主要含义即"the established social orders in human societies or communities in and by which everything is regulated",就意味着"institution"一词本身就是指规则调节下的秩序和秩序中显现的规则,即秩序和规则的耦合或整合。这种整合本身,也把中文的"制度"和"建制"甚至"结构"、"构形"即组合安排式样和情形内涵在其中了。于是,在笔者所理解的**制序概念**中,秩序、规则、建制和制度是同一的,是整合在一起的。这样,笔者所理解的社会制序,就有了三重含义:(1)作为一种人们生活游戏中所呈现出来的事态的秩序,同作为一种约束和规制的法律、宪章、规则、规章与规程的整合(从本质上来说是规则中的秩序与秩序中的规则的整合);(2)制度规则(包括法律规则和一个组织内部规章及规程)调节下的秩序状态,即型构(configuration);(3)建制,即经济体系或社会组织内部的构造式样和结构安排(这种构造式样和结构安排当然是由规则调节下的秩序显示出来的或者说表现出来的)。这三重含义不是指笔者所理解的"制序"概念中的三个部分或三块,而是从三个视角所看待的同一存在(entity)。这就是我对相等于均质欧洲语中"institutions"一词相对应的中文"制序"的当下理解和当下把握。

在对发生在人类生活游戏中的规则与秩序的纠缠、关联和交织有了上述认识后,使我们至少明白了维特根斯坦所见的"人遵从规则的悖论"发生在哪里了。然而到这里,我们仍然迷失在这一"悖论"中,仍然没有走出"语言"与"生活形式"交织在一起的"迷宫":人们遵从规则在于人们有语言,而语言的规则又在于人们生活形式

201

中的一致性，而生活形式中的一致性又源自何处？维特根斯坦所理解的"规则"（内在于语言中的深层规则、内在规则）到底是指什么？它又从何而来？这是些极其复杂的问题，复杂到可能与"人为什么是人"这个问题联结起来了。

一谈到规则，人们常常认为规则是人制定的，其依据是这样一种观察，人们往往在"游戏"之前先制订规则。然而，问题是，没有语言的内在规则，怎么能制订出大家一致同意的规则？制订规则，必须依照规则。于是，问题依旧：没有语言规则，如何制订规则？但语言的规则又从何而来？我们又如何跳出维特根斯坦所见的这个似乎是一种循环论证的理论怪圈？

现在看来，要跳出维特根斯坦以围绕着"人遵从规则的悖论"而设下的理论迷宫，就要求助于乔姆斯基了。在这个问题上，好像乔姆斯基比维特根斯坦更前进了一步，把语言的内在规则即普遍语法视作为人的先天语言官能中的一种状态、一种先天禀赋。

3. 乔姆斯基、维特根斯坦与康德："先天语言官能"的制序含蕴

　　下面就让我们简单回顾一下乔姆斯基的转换生成语法（TG）理论（严格来说是一种语言哲学），以进一步察看乔姆斯基是否发展了维特根斯坦哲学，是否跳出了维特根斯坦所见的"（人）遵从规则的悖论"怪圈，是否推进了人类对自然、社会和自身的理论认识的边界。

　　众所周知，在20世纪50年代，乔姆斯基的《句法结构》的出版曾引发了一场新的语言学革命———一场认识论和方法论上的革命。按照乔姆斯基（Chomsky, 1985）的见解，语言官能是人类心智/大脑（mind/brain）中由遗传基因决定的一个先天构成部分，而普遍语法（universal grammar, UG），照乔姆斯基看来，则是关于语言官能的初始状态（initial state）S_0 及其结构的说明。根据这一认识，乔姆斯基又区分了内化语言（internalized language, 简称为 I-language）和外化语言（externalized language, 简称为 E-language）。照乔姆斯基看来，外化语言即是指言语活动的产物，即索绪尔的结构主义

语言学所理解的一些在言语行为(language，在英文又可以理解为"utterances")中存在的含有意义的语言形式(词、语句)的集合，即"langue"。与之相对，乔姆斯基所提出的内化语言则是指体现在人们的语言行为中的知识体，是生成言语行为的内在规则系统。乔姆斯基(Chomsky, 1985, pp.3~4)在其他地方又指出，普遍语法可以被视作一般决定语言官能的一个特征，一种关于语言官能"初始状态"(initial state)的理论，而语言官能则又可以被视作"先在于任何语言经验"(prior to any linguistic experience)的一种前"语言获取装置"(language acquisition device)，一种"通过与外在经验的相互作用而产生某一特定语言人类大脑中的内在组成部分"(innate component)，以及"一种能把经验转化为知识体系的装置"。乔姆斯基还认为，人的语言官能作为一种特殊的心智/大脑之体系，有着对所有人来说共同的初始状态 S_0(Chomsky, 1985，p.25)，"给定一定的适当经验，这一官能能把初始状态 S_0 过渡为某种相对稳定恒定的状态 S_S，在这一过程中只是经历一些表层的修正(peripheral modification，譬如说获得一些新的词语条目)"。[1]

---

[1] 从语言学史上来看，除了洪堡特外，乔姆斯基承认他的转换生成语法也直接源自 17 世纪两个法国语言学家阿尔诺(Antoine Arnauld, 1612~1694)和朗斯洛(Claude Lancelot, 1615~1695)的"普遍唯理语法。"譬如，在《笛卡尔语言学：唯理主义思想史之一章》中，乔姆斯基(Chomsky, 1966)就承认它的转换生成语法理论在本质上是由这两位作者所代表的波尔·罗瓦雅尔(这两位作者所生活的修道院的名字)语言理论的现代的、亦且最明确的表达。另外值得注意的是，实际上其他语言学家也曾表述过类似的思想。譬如，美国语言学家沃尔夫(Whorf, 1956，中译本，第 206 页)就曾指出："思维并非取决于语法，而是取决于逻辑或推理的法则，而这些法则对宇宙的所有观察者来说应该是一致的——它们代表了(转下页)

基于对人的"先天语言官能"这一理解和对"普遍(内在)语法"与"生成(外在)语法"以及"内化语言"和"外化语言"的划分,在20世纪80年代发表的一篇"关于规则的若干问题"的重要文章中(Chomsky, 1985, p.221), 乔姆斯基一上来就明确指出, 他的有关生成语法的研究与以下这两个问题有关: (li)什么构成了语言知识? 以及(lii)语言知识从何而来? 就(li)来说, 知道一种语言L(内化语言), 就是位于作为心智/大脑组成部分之一的语言官能的某一确定状态S_L。而在某一状态S_L的已知(且已经内化的)语言L, 则是一个由两部分所组成的体系, 即核心语言和外围语言。而按照乔姆斯基的定义, 核心语言(core language)则是指由设定普遍语法的参数值所决定的系统, 外围语言(periphery language)则是指在说话人——听话人大脑中有实际表征的附加元素。

从思想渊源上来看, 乔姆斯基曾公开承认他的转换生成语法除了直接承传了洪堡特的传统和17世纪两个法国语言学家阿尔诺(Antoine Arnauld, 1612～1694)和朗斯洛(Claude Lancelot, 1615～1695)"普遍唯理语法"外, 也可再追溯到笛卡尔。因为,

---

(接上页)宇宙中可以被所有聪明的观察者独立'发现'的原则, 无论它们讲的是汉语还是乔克托语。在我们自己的文化中, 人们普遍认为公式化的数学和形式逻辑可以处理这类事情, 也就是说, 处理纯粹思维的范畴和法则。自然逻辑认为, 不同的语言用基本一致的方法表达这一完全相同的思维原则。"现在看来, 沃尔夫这里所说的决定思维的逻辑或推理的普遍法则或各种语言用基本一致的方法表达这一完全相同的思维原则, 就与乔姆斯基所见的人的先天生成语法论非常相似。而从毕达哥拉斯和古希腊哲学家所见的与作为宇宙万物之本源的数学结构相对应的人的数理思维能力和结构, 也无疑与之密切相关。它们是否是一回事? 还待思考。

205

乔姆斯基关于语言知识源于人的语言官能因而具有生物属性的普遍语法理论，明显地秉承了笛卡尔的天赋论（innatism）思想。[1] 照乔姆斯基看来，人的语言包含有语言能力（competence）和语言运用（performance）两个构成部分。乔姆斯基还进一步认为，人生来就拥有的"普遍语法"（universal grammar）这种人的天生官能（faculty）或人的大脑中的一种"天生装置"（innate device），是由人的生物遗传基因所决定的。这种由人类遗传基因预先规定好的官能和装置受到后天环境的触发刺激而发展成为人运用语言的能力。正是从这一视角观察，乔姆斯基及其追随者发现，所有自然语言均表现出相类似的基本特征，而这些基本特征就是乔姆斯基所言的深层语法的外在表现。为了说明这一点，除了一些心理学的证据外，乔姆斯基及其追随者还援引了如下事实：所有自然语言都可以互相翻译，而且翻译的难度远不及人们所想象的那样难（Vendler, 1970，参中译本，第40～43页）。

---

[1] 按照笛卡尔的身心"二元论"，一个纯"动物机器"（beast-machine）是强迫（compelled）按一定的行为方式行事，但是作为一个有灵魂有肉体的人，则是被"刺激"或有某种"倾向"（incited and inclined）而产生某种行为方式，这主要是因为尽管肉体本身的某些性向，但是灵魂有能力反思自身的行动，因而有些时候灵魂亦能阻止肉体的某些行动，且有些时候肉体本身也能服从灵魂的指引。因此，笛卡尔认为，人类的行为，包括对语言本身中的规则的运用，是自由的和不确定的。根据这一思路，笛卡尔认为，这些问题是超乎人的认知能力的，这亦即是说，照笛卡尔看来，我们还没有足够的能力来真正理解这些问题，尽管"我们对自由和在我们之间存在的差异是如此清楚，以至于不存在我们能更清楚和更完美理解的任何东西"。尽管如此，笛卡尔却认为，仅仅是因为我们不理解一个从本质上我们知道就不可知的事物，就怀疑我们的内在经验（inwardly experience）和在我们内部存在的东西，也是荒谬的。这就导致了笛卡尔的"我思故我在"的著名信条。

沿着笛卡尔的问题，我们现在会问，笛卡尔所说的人的"内在经验"是什么？换句话说，人为什么会有这种内在经验？从当代语言学的角度来看，尤其是从乔姆斯基的转换生成语法来看，这应该与人的语言知识有关。那么，人的语言知识又是如何构成的？语言知识的本质又是什么？如上所述，照乔姆斯基看来，"语言知识"又与"语言能力（competence）密切相关，甚至可把二者视作一个东西，即人的"心智/大脑的一种状态"（Chomsky, 1985, p.224），即乔姆斯基所理解的人语言官能 S_0。我们又如何认识语言能力和人"心智/大脑的一种状态"？乔姆斯基进一步认为，进一步讨论维特根斯坦的人遵从规则的悖论，对理解人的语言官能理论这一理论洞识的意义至关重要。这样，乔姆斯基又把他的先天语言官能的转换生成语法的理论直接指向后期维特根斯坦哲学中的核心问题。正如克里普克所言，乔姆斯基的转换生成语法"似乎给了我们一种维特根斯坦将不许可的解释"（Kripke, 1982）。换句话说，克里普克认为，乔姆斯基在某种程度上发展了维特根斯坦的思想，"言说"了维特根斯坦认为"不可言说"的事。[1]

克里普克的这一判断好像是对的，乔姆斯基的转换生成语法理论似乎比维特根斯坦的规则悖论推进了一步，即把人们运用语言的内在规则与遵从生活形式的一致性最终归结为人的先天语言官能。

---

[1] 从目前所查到的资料看，好像是克里普克（Kripke, 1982）在《维特根斯坦论规则与私人语言》一书中较早把乔姆斯基的语言论与维特根斯坦的人遵从规则的悖论联系起来，且有可能正是在回答克里普克的批评和挑战中，乔姆斯基在《语言知识》一书中专门写作了"关于规则问题的若干问题"一节。

然而，如果说乔姆斯基比维特根斯坦前进了一步，这一步好像也并没有多大，并且，与其说这是在人类思想认识的前沿上迈出了新的一步，推进了一步，不如说这一步又迈回到康德哲学那里去了。因为，乔姆斯基把人的语言知识能力归结为人的某种先在的官能和人的本质，这与康德批判哲学中人的先天综合判断说，显然在精神上是相通的。康德的整部《纯粹理性批判》，难道不是在回答人们的先天综合判断如何成为可能这一问题？乔姆斯基的生成语法理论的核心问题，难道与康德的先天综合判断[1]没有关系？这里，如果我们回顾一下康德在《任何一种能够作为科学出现的未来形而上学导论》这一名著中以下一段话，更可以印证乔姆斯基的生成语法理论与康德哲学的精神相通之处了，"有一些概念并不依赖于特殊的经验，却存在于一切经验认识之中。它们就仿佛构成了所有经验认识的纯联结形式。从普遍认识中找出这些概念，较之从一种语言里实际使用单词的一般规则从而使它们成为一套语法的组成部分，并不要求更多的思考或更深的明见（实际上这两项工作是很接近的）。在后一项工作中，我们也提不出更多的理由来说明为什么每一种语言都偏偏具有这样一些而不是那样一些形式特征，更提不出理由来说明为什么我们在那一种语言里所碰到的形式规定恰恰是这么多，不更多也不更少"（转引自 Verdler, 1970, 中译本，引言，陈嘉映译）。如果比较乔姆斯基的先天语言官能与康德对"知性"（或知识，德文

---

[1] 按照康德的先验综合判断的认识论，人生而就先天具有认识形式，只有了这种形式，人才能把感觉材料组合成知识。反过来看，如果没有这种先天综合判断能力，人类就不可能获得普遍必然的科学知识，从而不可能认识世界。

为"Verstand"，英文为"understanding"）的理解和界定，我们也许更能理解在乔姆斯基的先天语言官能说与康德认识论上的一致之处了。在《纯粹理性批判》中，康德（Kant, 1933: 147, A126，参韦卓民译本，第150页）曾把"知性"界定为"一种知识的自发性［a spontaneity of knowledge，区别于感性的感知（receptivity of sensibility）］，一种思想的力量，一种概念官能（a faculty of concepts），或者一种判断官能"。康德还接着指出，"若予适当的理解，所有这些定义都是同一的（identical）。现在我们又可以说知性是**规则官能**（the faculty of rules）……感性（德文为"Sinnlichkeit"，英文为"sensibility"）赋予我们（直观的）形式，而知性给我们以规则。后者始终对显现出来的东西（appearances）加以审视，以便从中发现某些规则"。从康德的这段话中，我们可以清楚地看出，在康德的眼中，"知性"就是人们在人的心智/大脑中的"（自发遵从）规则的官能"。从这里我们也可以清楚地发现，维特根斯坦所言的作为人"遵从规则的悖论"的思想以及乔姆斯基的人的先天语言官能的洞识，早在康德那里就非常清晰和深刻地被提出来了。

如果比较乔姆斯基的转换生成语法与维特根斯坦本人的一些见解，也许更能发现乔姆斯基与康德和维特根斯坦在认识上的一致之处了，也会理解我们为什么说即使乔姆斯基把维特根斯坦哲学的探究向前推进了一步，但推进也甚微这一点了。譬如，维特根斯坦（Wittgenstein, 1953, §97）在《哲学研究》中就所重述的他在《逻辑哲学论》（§5.5563）中所提出的如下见解："思想的本质，即逻辑，呈现出一种秩序，而且是世界的先天秩序：也就是**可能性的秩**

序，它对于世界和思想一定是相同的。但是，这种秩序看来一定是极其简单的。它先于一切经验，又必须贯穿于一切经验之中；不允许任何经验的模糊性和不确定性有影响它的可能——它一定得像最纯洁的晶体一般。但是，这一晶体并不呈现为一种抽象；相反，它呈现为某种具体的东西，而且是最最具体的东西，简直可以说是最坚硬的东西。"之后，维特根斯坦又进一步指出："我们有这么一种幻觉，即以为在我们的研究中，那些独特的、深邃的、本质的东西就在于企图通过这种研究把握语言的无可比拟的本质。也就是存在于命题、词、推理、真理、经验等概念之中的秩序。这种秩序乃是存在于所谓超——概念之间的超——秩序。可是当然，只要'语言'、'经验'、'世界'这些词有一个用法，那么它们的用法一定和'桌子'、'灯'、'门'这些词的用法一样的平凡。"维特根斯坦又接着补充道，"一方面，我们语言中每个语句显然'就其现狀而言就是井然有序的'……另一方面，看来也很清楚，凡是存在意思的地方，也就一定有完美的秩序。因此，即使最含糊的句子也一定有完美的秩序"（Wittgenstein, 1953，§ 98）。到这里，我们就可以看出，在人类认识和语言的关系最深层的层面上，康德、维特根斯坦和乔姆斯基见解似乎是一致的。[1] 换句话说，乔姆斯基所认为的作为人的

---

[1] 当代一位后期维特根斯坦哲学家卡维尔（S. Cavell）曾指出，哲学家眼中的语法实际上就是乔姆斯基眼中的"深层语法"（depth-grammar）。照卡维尔（Cavell, 1962，p.86）看来，"维特根斯坦所言的语法是一种知识，即康德所称的'超验'（transcendental）知识"。这也从一个方面佐证了乔姆斯基、维特根斯坦和康德实际上在探讨同一个问题。

语言官能中的 S_0 状态,与维特根斯坦所言的思想和世界中同一的"先天秩序",和康德所称的"先天知识"或者说人的"先天综合判断能力",难道不是指向一个东西?三人难道说的不是一回事?并且,从维特根斯坦的这一大段话中,我们甚至可以解读出,在维特根斯坦的认识中,人们语言因而思维中的内在规则,不仅与人们生活形式中的一致性相一致,甚至可以被视作同一种东西,而且更进一步与世界整体的秩序相一致。把维特根斯坦的这一见解与中国古代哲学中的"天人合一"观联系起来思考,我们甚至可以认为,维特根斯坦的这种思想(语言)中的逻辑和世界"先天秩序"的一致性,恰恰指向传统中国哲学中所说的"天人合一"。这里,如果把乔姆斯基、维特根斯坦语言哲学与康德哲学中的精神相通之处与海德格尔和伽达默尔的"语言是存在的家"和"被理解的存在就是语言"的哲学观联系起来看,也许更有意思。因为,不管如何理解乔姆斯基的"先天语言官能"的那种原初状态(秩序),也不管如何理解维特根斯坦的思想与世界中的逻辑上的"先天秩序",这些"东西"并不仅仅是哲学家们的理论猜测,而是在语言中显现或者说"绽出"的存在的"最最具体的东西,简直可以说是最坚硬东西"。

如果说在语言知识能力与人类生活形式的关联问题上,在康德、维特根斯坦、乔姆斯基之间存在着思想、认识、见解上的一致性和精神上的相通之处的话,在这里还应该再加上洪堡特。在 1826 年发表的一篇论汉语特性的论文中,洪堡特非常深刻地指出,"人在说话时,必然要通过排序开来的词语来表达思想,所以,词语的要素的组合必须遵循一定的顺序,才能构成具有明确表达的思想统一体;而这一顺序在说话人和听话人的思维中,想必是一样的,否则,听说双方就无法相互理解"(Humbodt, 2001,参中译本,第124页)。洪堡特认为,这是一切语言的语法所赖以存在的基础。从语言学的角度来看,这一顺序或秩序在句子中确立词与词的关系,另一方面,它也在词语和思想统一体之间建立起一定的关系。这意味着,经由分析被转化为言语(parole)的思想,我们可以演绎出词的语法形式。洪堡特进一步认为,这样一种分析所发现的"只不过是一个具有语言能力的人的精神中本来就有的东西"(Humbodt, 2001,参中译本,第124页);或者说"语法关系存在于人的精神之中"(Humbodt, 2001,参中译本,第154页)。而照洪堡特看来,"假如这些形式没有像原型(archétype)一样预存于人精神之中,或者让我用更严格的表述来说,假如人的语言能力没有像出自自然本能那样服从这些形式的强调规律,那他就不可能理解自己,也不可能理解他人"。从这些论述中可以看出,20世纪50年代之后乔姆斯基所提出的转换生成语法思想,早在19世纪初在洪堡特那里就萌生了。后来乔姆斯基把洪堡特奉为他的思想先驱之一,不是没有理由的。并且,洪堡特的这些思想,在康德、维特根斯坦和索绪尔那里,似均能找到相似洞识。

从上一节洪堡特对语言和语法的深刻论述中,我们可以体悟到,语法是一种规则,也是一种秩序(由此我们似乎又可以把内在语法或在人的语言官能中的先天的普遍语法视作一种"先天的制序"或"人心灵的内在制序",[1]但这里的"制序"显然不是"建立"起来的,而是内在于人的思维"器官"中的一种天生生物禀赋)。因此,正是因为人的精神中有这样一种如洪堡特所说具有自然本能一样的像思维"原型"一样的东西(这个原型恰恰就是乔姆斯基所视的人的先天语言官能中那种 S_0 状态,且必定与康德所言的人的先天综合判断能力和知性能力密切相关),这个原型一样的东西会在人与他人的交往即维特根斯坦所言的语言游戏中激发出来,并与他"人"的这种"原型"和"原状"互相激发,从而转化为乔姆斯基所言的外在语法或特殊语法,即任何语言中表现出来的特殊语法,从而,人的先天语言官能中的内在语言也就昭显为外在语言。而这种外在语言和特殊语法,却是不同地域和族群中的人们在语言游戏中游戏的结果,实际上是每个"人"内在语言和内在原型在与他人所潜含的内在语言和语法相互碰撞及相互映照中的一个随机结果。这种相互映照和相互碰撞的过程,在社会的表层上看来就是一个"语言游戏"的过程,在时序中则表现为一个民族长期历史语言的型构演化过程。正是在这个共时和历时的同一个过程中,语言本身才形成了即存在于个人大脑中,又存在于语言群体之间的一种"自成一类的精神存在",也正是在这个过程中,语言才成了像维特根斯坦和索绪尔所见的那样本身就构成了自成一类存在的一种"元制序"。而在这种内化语言的外化,内在语法向

---

[1] 很显然,要理解我这里所说的"内在制序"或"先天的制序",只有把海德格尔的存在哲学和伽达默尔解释学中的语言考虑进来才能理解,即才能了解我为什么这里用"制序"而不是"秩序"。

外在语法的昭显和转换,从而人们运用语言的本能官能进行语言游戏的同时,人们的生活游戏也必须且必定同时发生,也正是在这个生活游戏的过程中,语言制序和其他社会制序一起出现,即在社会现象的层面上生发和形成了其他种种社会制序。因此,在人们的生活游戏中,人们通过内在语言在与他人进行信息和思想交流所"激发"出来的语言游戏中,使得其他种种社会制序在人这种独特的生物群体中产生了和存在了。由于语言的内在规则和秩序本身依照洪堡特和乔姆斯基所理解的那样,是内在于人的精神本质之中的东西,因此人类社会的种种社会制序应该是或者说想必是原发于人的精神中的这种"先天官能"、"先天秩序",或者说是"天生资质"和"内在禀赋"的。并且,内在于人的精神本质中的这种先天秩序和先天官能,应该说反映着逻各斯,即反映着存在的结构和秩序。也只有在这样的一个思考层面上,我们方能真正理解传统中国哲学中的"天人合一"思想,方能理解海德格尔和伽达默尔所认为的"此在"(Dasein)存在于语言中,存在于"思之诗"之中的真正含义。换句话说,胡塞尔所说的生活世界的此在性以及语言制序和人类社会制序内在逻辑一致性,均与洪堡特以及后来的乔姆斯基所洞识出来的人精神之中天赋资质中的原型有关联。

  这里应该看到,在人们心智/大脑中与先天语言官能联系在一起的"普遍语法"(乔姆斯基)、"知性能力"(康德)、"精神中的原型"(洪堡特),以及维特根斯坦的那种"最具体"、"最坚硬"、且最纯洁的像"晶体一般"的世界和思想同一的先天"逻辑秩序",既蕴涵着人类社会制序中的共同的东西(某些一致性),也内涵着生发出人类社会生活形式的无限多样性、可能性。这种一致性(共同性)和多样性"因子"的并存,又恰恰内含在语言的特性之中。正如乔姆斯基所言,"语言的基本性质是:为了表达无限多的思想和范围无限的新情况做出恰当反映而提供手段……另外,某种语言的语法要普遍语法去补充,后者包括语言运用中的创造特性,并表示各种原有的规则现象,由于这些规则现象是普遍的,所以从具体的语法中略去了"(Chomsky,1965,参中译本,第 4 页)。从乔姆斯基的这段话中,我们可以进一步推断出,如果在人类各种语言中存在一种普遍语法,那么,这实际上反映了人之成为人的普遍思维结构。而正是有这种普遍共同的思维结构,不同语言之间的沟通才成为可能(人不能与猴子和其他动物进行"语言"沟通,说明其他动物不具备人的普遍思维结构或者说乔姆斯基的"普遍语法")。

到了理论讨论的这个层面上,我们似乎到了人类认识不可逾越的边界了,因而我们也无能且无力进行任何探讨了。然而,我们所关注的问题是,乔姆斯基所言的人的先天语言官能,维特根斯坦所言的"哲学语法",以及康德所见的人的先天综合判断力在人类种种社会的形成和社会制序的生发与型构中的作用是什么,这是否构成人类的不同族群、国家、社会以及在各自的不同历史阶段上的社会制序中的共同东西的最深层基础?这又与作为社会制序的道德基础和伦理维度(如恻隐之心、同情心、道德金律,以及休谟所见的人的同胞感及康德所言的作为人的实践理性中定言命令的道德法则等)是否有关联?如果有,其关联又是怎样的？[1]进一步的问题是，人的深层语法中的内在规则是否与世界外在法则（如果有的话，抑或"世界的'秩序'"？）是"同构的"，即二者之间是否存在一致性？或者说是一个东西？回到哲学的话语中，思维内在的同一性[2]是否与世界的同一性是同一个东西？如果是，这种同一性又是什么？是道？逻各斯？

不管这种人的思维结构中的先在同一性是否与逻各斯是同一个东西，对此我们无法猜测，但我们至少可以判断，这种人脑和思维

---

[1] 这里我们虽然还不能完全理清乔姆斯基所言的人的先天语言官能，维特根斯坦所言的"哲学语法"，以及康德所见的人的先天超验知识与道德之间的关系（这里面实际上横跨着康德批判哲学框架中纯粹理性和实践理性两大不可逾越的鸿沟），但我们至少可以断定作为人们实践理性中的"定言命令"（categorical imperative）的存在程式和语言的存在程式在逻辑形式上相仿，即均按规则行事。正如当代一位语言哲学家万德勒（Vendler, 1970，参中译本，第22～25页）所言："康德关于在行动中立法的道德主体的思想是我这里要说的问题的一个范型（paradigm）。我们甚至能归纳出所有游戏的'定言命令'：在同一个游戏中做你允许别人去做的。同样，对语言而言：说你从说同一语言的人们那里接受的。"从这一点来看，作为人们实践理性中的定言命令的人们行动中的道德与人们言语活动中的"定言命令"有着同样的逻辑结构程式。这里特呈请读者注意，这是笔者的一个非常重要的理论发现。

[2] 这里思维的同一性显然又是语言中内在一致性（某种程度上可以把这个表述法替换为乔姆斯基的先天语言官能中普遍语法即内化语言中——即"I-language"——的S_0状态）。因为，没有离开语言的思维，也很难想象不含带思维的语言。即使在人的梦中和一个人病得昏迷中所说的胡话中，你也不能认为这些"胡言乱语"中没有思维。即使一个人在梦中或病得昏迷中可能是在"无意识地"说话，但当他说出作为语言的"话"时，就肯定有思维在其中，因为一说话——即说"语言"——就有语言中所沉淀着的思维。当然，这里你可以想象一个人漫不经心地哼小调的情形，也可以争辩说在一个人不经意哼小调时没有思维。但是，只要一个人哼出"句子"，就有潜在思维在其中，尽管只是处在一种"潜思维"状态。除非你只是哼"啊啊、呀呀"的声音而不是哼带有任何语言因素的"句子"。但对于一个已具备语言能力的人，这可能吗？

结构的天生禀赋与种种社会体制和族群中人们通过"生活游戏"而生发出来的种种制序中的普遍性和共同性密切相关,且构成了不同社会体制和族群中超越历史上种种社会制序之差异的一种共同性的深层结构。具体说来,不同族群和人种语言中所潜存的人的普遍语法,导致了在不同族群、不同国家、不同社会以及不同社会历史时期的制序中存在某种共同的东西,而不同社会和历史时期的制序中共同的东西,与道德法则——人作为人的实践理性中的定言命令——又密切相关[1]。因此可以说,正是有了这种与人的思维和语言中普遍规则相关的某种社会制序的深层结构中共同的东西,方使得我们对社会制序的理论分析成为可能。不然的话,我们只能用某一特定的语言来描述与这一语言相伴共生的特定制序,也自然更无法超越文化和语言的差异而在抽象的理论层面上讨论人类共同的语言游戏和生活形式这些元概念了。

在人的先天语言官能中的内在一致性上反映出来的人类思维结构的相似性(similarity),也许并不否认它在人类不同族群、国家、社

---

[1] 如果把万德勒(Verdler, 1970,参中译本,第30～31页)那样把规则理解为"命定性的描述"(prescriptive descriptions)与当代著名命定主义伦理学家(prescriptivist ethics)黑尔(Richard M. Hare)对道德的实质联系起来,我们也许更能理解作为人们行事中的实践理性的定言命令的道德法则与人的先天语言官能和人自发遵从规则的"禀好"[这里借用康德(Kant, 1788)在《实践理性批判》中所用的"Neigung"一词,牟宗三先生把它译为"性好",苗力田先生把它译为"爱好",这里从我国中青年哲学家韩水法的译法]的关联了。从黑尔(Hare, 1964)的《道德语言》一书的伦理学话语(discourse)中,我们可以清楚地知道,在黑尔看来,道德的实质不过是以命定语言(prescriptive language)形式所体现出来的一种祈使句和行动的命令(这在英文中为同一个词"imperative"——这个词在英语中有多重涵义:在语言学意义上使用它,是指祈使句;在伦理学意义上使用它,则表示道德命令或律令)。

会及其不同历史时期的现实种种社会制序上反映出来的差异性。而这一点，可能仍然与语言本身的特性有关，且亦好像是在人的先天语言官能中就预设好了的。因为，尽管我们接受乔姆斯基的先天语言官能中的 S_0 状态理论，尽管我们把它认同于即是维特根斯坦所言的思想与世界在逻辑上的"先天秩序"、康德的人的先天综合判断力和知性能力，以至于等同洪堡特所见的人类精神中的"原型"，这种"最具体"、"最坚硬"、且最纯洁的像"晶体一般"的世界和思想同一的先天"逻辑秩序"，并不否定人的语言中内含的创造力和从中生发无限多样性的天生禀赋。但是，有一点我们必须切记，那就是，这种语言本身所潜含着的无限多样性和创造性是存在于规则和一致性之中的，并因而才构成了"先天的逻辑制序"或"人类精神中的内在制序"。这种内在于人的先天语言官能中的普遍语法和人类所共有的语言知识及精神结构中的一致性，与语言（能力）中所秉有的多样性和创造性的同一，恰恰构成了人类精神的最深层和最难理解的东西。或许这也与宇宙终极法则的奥妙密切关联？到这里，如果我们再回顾一下老子的《道德经》第 41 章和 42 章的如下这些话，也许能在今天语言哲学的话语语境中解读出点什么，"天下之物生于有，有生于无"；"道生一，一生二，二生三，三生万物"。在当代语言哲学的话语语境中解读这些话，我们难道能认为老子在两千多年前仅仅是在侃大山？

  进一步的问题是，如果我们接受乔姆斯基这种以人的先天语言官能中的一致性中的"一"中内含着语言，以及由语言所界定、所构建和生发出来的外在"社会制序"的无限多样性的"胚芽"，那么，其中转换生成的机制和"渠道"又是怎样的？这里面显然有大量的理论工作要做，并显然有一个广袤开阔的探索空间。毫无疑问，探索、思考和理论再现这其中的关联机制和转化生成"链条"，将是一种非常艰难但确有意义的工作。在目前的知识结构中，我们还无从辨认进行这种探索的路径到底在哪里，难以决定探索的基点在哪里，甚至还难以判断要真正进入这种探究和理论辨析的入口在哪里。我们好像还是应该回到乔姆斯基的语言哲学中去，以期从乔姆斯基所断想的那种从人脑中先天存在的普遍语法向不同语言的具体的和特殊的语法的转换生成机制中，以及从乔姆斯基所展示的那种从"内在语言"向"外在语言"的转化程式中，去寻找问题的答案和进一步分析的线索。乔姆斯基曾说，"潜在的、固有的心灵结构一旦'活动'起来，那就能以一种前所未有的方式解释感观方面的数据……"（Chomsky，1965，参中译本，第50～51页）。洪堡特把这一唯理主义的观点应用于语言学习这一特例，他在1836年的著作中得出结论说，人们实际上不能教授语言，只能提出一些条件，在这些条件下，语言将以自己的方式在心目中自发地发展……他像莱布尼茨一样，反复讲述柏拉图的下述观点，"对个人来说，语言学习大体上是个**再生成**（Wiedererzeugung）的过程，也就是说，把心中固有的东西引出来"。乔姆斯基还指出，他和洪堡特的这种观点，同近代流行的观点——经验主义的认识——形成鲜明的对照。经验主义者认为，语言本质上是个外来的构成物，是通过"条件作用"（conditioning）来教授的，[1]或是通过训练和清楚明

---

[1] 这里，乔姆斯基是针对行为主义的语言观而言的。这种行为主义的语言观的代表人物是心理学家斯金纳（B. F. Sinner，1957）和哲学家奎因（W. V. Quine，1960）。

白的解释来教授的,或是通过基本的"数据程序"建立起来的(这是近代语言学的典型看法)。乔姆斯基说,"我们坚持认为,一个(语言)系统不是通过反映人的能力的语言习的机制可以学到的……语言习得机制不过是可用于解决问题和构成概念的智力结构的整个系统的一个组成部分,换言之,'语言官能'(faculty of language)只是若干心理官能的一种"(Chomsky, 1965,参中译本,第56页)。基于这种见解,乔姆斯基还认为,"完全可以说,语言结构的普遍特性与其说是反映人的经验过程,毋宁说是反映人获得知识的能力(从传统意义上说,即人固有的观念和原则)的普遍特性"(Chomsky, 1965,参中译本,第59页)。在回答语言的"柏拉图问题"——即小孩是如何获得他们第一语言这一困惑问题——上,乔姆斯基认为,与其说是他学会语言,不如说小孩的大脑里的语法再发育成熟(Smith, 1999, ch. 3)。因此,照乔姆斯基看来,一个人会说一种语言就意味着这个人具有使用这种语言的能力,而语言能力则可以表达为一套规则系统。这种规则并不是靠正式的训练(formal instruction)或记忆模仿单独获得的。语言的使用是受规则控制的,是创造性地使用的。人的语言系统,正如人的道德感一样,均是人类社会长期演进后遗传下来的。当然,尽管乔姆斯基认为人的语言官能是先天的,但这并不意味着语言的所有内容都是先天的,相反,他认为,语言中有些内容必须是后天习得的。

学会一种语言,在于在人头脑中有一套内置的语法,而这套语法又由一套规则所构成,而这套规则又组合起来(conspire),总体上决定了一个人的能力。一个人的智力,尤其是在市场博弈选择中的智力,取决于人的语言能力和语言知识,而一个人的一切知识又都必须经过语言而形成从而必定以语言知识(这里不是指有关语言的知识,而是指以语言形式存在的知识)而存在。由于我们的所有语言知识都如语言学家尼尔·史密斯(Neil Smith, 1999, p.29)所言那样是由"规则调控着的"(our knowledge of language is rule-governed),这种语言知识的内在规则,应该即是维特根斯坦(Wittgenstein, 1953, §664)所说的与语义有关的"深层语法"(Tiefengrammatik)——亦即乔姆斯基(Chomsky, 1965,参中译本,第196页)所说的语言的"深层结构"(deep structure),以及洪堡特(Humboldt, 1836)所言的句子的"内在形式"(inner form),也包括维特根斯坦(Wittgenstein, 1953, §664)所说的与语义有关的"表层语法"(Oberflächenggrammatik)——亦即乔姆斯基(Chomsky, 1965,参中译本,第196页)所说的语言的"表层结构"(surface structure)和洪堡特(Humboldt, 1836)所言的句子的"外在形式"(outer form)。因此,可以说,人们的所有语言知识都是"规则调控着的"。也正是有了语言知识的这种深层、内在,以及表层和外在的规则系统的调控,使人在自己的行为中,有了内在的一致性,从而使人在与他人打交道和相互交流中,能互相理解、互相沟通,从而使人与人之间交往或言"社会博弈"中的秩序成为可能,并使人们有可能通过相互交往和交流而产生或制订出一些由语言界定的制度规则约束。由此我们可以认为,人与人之间的所有社会制序,都原生于语言本身的深层、内在以及表层和外在的规则系统之中,并且,只有在语言本身所固有的规则系统中,种种制度规则才能生发和制订出来。正如只有当有了货币广泛的市场,交换才成为可能一样,仅当有了语言以及内在于语言中的种种规则所构成的系统,人类社会的种种社会制序才成为可能。

上面我们已指出,语言的深层和表层语法(或结构、形式)无疑均是人们心智的一种内在规则。更深一层的问题是,这种乔姆斯基所见的先天语言官能中原初状态、维特根斯坦所见的思想和世界中同一的"先天逻辑秩序",以及康德所加的人的先天综合判断和知性能力,以及洪堡特所见的的人类精神中的"原型"是如何来的?这迄今好像是个无法回答的问题。追溯这个问题,自然又会追溯到进化论还是创始论这个神学问题上去了。

乔姆斯基所言的人的先天语言官能从何而来?在科学主义盛行和理性主义成为一种信仰的当今时代,人们往往会自然认为人类的这种先天语言官能是人作为一种物种长期进化的结果。其实,这是对乔姆斯基的一种莫大误解。因为,乔姆斯基对达尔文的进化论一直是抱着怀疑态度的。譬如,他曾明确指出,"我们完全可以把这个(先天的心理架构)的发展归因到物竞天择上去,只要我们了解了这种说法是没有实质性证据的,这不过是一种信仰,只是对这些现象的一些自然生物上的解释而已……在研究心智的进化上,我们无法猜测有多少物理上的其他可能性来解释转换生成语法。因为,一个机体需要满足人类其他特征的身体条件。就此而言,谈语言潜能的进化是没有意义或意义甚微的"。基于这一判断,乔姆斯基进一步指出,"我们现今可以来谈(语言的进化)此事了吗?事实上,我们对这个问题仍然一无所知。进化论对许多事情可能是很有解释力,但迄今为止,对语言的进化而言,它是一点帮助都没有……在语言这类系统上,我们连去想象是什么样的选择路线使它出现都不容易,更何况其他"(转引自 Pinker, 2000, pp. 365～366)。正是因为乔姆斯基发表过这样的议论,许多心理学家都把乔姆斯基视作一个"隐秘的创造论者"(crypto-creationist)。

这里,尽管我们无法回答语言和人的认知与精神结构中的一致性及秩序是从"外部安装置入"的,还是人类作为一种生物种群自然进化的结果,但至少从目前的观察看,它是人作为人所固有的(innate),且如乔姆斯基所认为的那样是人"内在生成"(innate generated)的和先天的。每个正常的会说一种语言的人都会在头脑里有深层的和表层的语法,这种语法作为一种内在的规则系统成了人的心智的内在构成部分,这应该是不争的事实。有了深层的和表层的,以及内在的和外在的语法规则,人就能产生和理解无限多的句子,就能在自己头脑中与其他的东西如记忆、图像、形象、情绪以及道德判断等发生相互作用。正因为语言有其内在的、深层的,以及表层的和外在的语法规则,语言本身才成了构成人的心智结构本身的载体以及内在于其中的规则系统。人的这种内在的规则系统,是人类社会的外在的规则系统生成和存在的条件。当然,你也可以说人类社会外在的规则系统与人类心智中的内在的规则系统是相互作用着的,甚至可以说人类社会的外在的规则系统(种种社会制序)在型塑个人心灵的以内在语法形式存在的规则系统中也起着一个重要作用。但为什么人类社会的规则系统可以型塑一个人的心智结构而对其他动物如大猩猩、猴子等的行为模式很难发生影响?

223

为什么不能型塑它们的内在"心智规则"(如果有的话)？从这一点来看，也许人本身固有的内在语言规则对社会制序的外在规则来说是第一性的和更重要的。这也许正好验证了乔姆斯基的一句名言："从某些更根本的方面来说，我们并不是学语言，而是语法在心智中生长出来"("……in certain fundamental respects we do not really learn language; rather grammar grows in the mind"，见 Chomsky, 1980, p.134)。对此，乔姆斯基(Chomsky, 1985, p. 46)在"语言之概念"一文中谈到内化语言(I-language)和语言官能(language faculty)初始状态时认为，所谓内在语言，实际上就是指某种规则系统，而这种心智中的规则系统，与人际间人们所遵循的外在规则系统，显然是互相映照的。换句话说，人世间的人们所普遍遵循的规则系统正是从人们的心智结构中的语言初始状态，即普遍语法(UG)中生发出来的。或者反过来说，人们能够制订和遵从外在规则，正是因为人们有语言官能中的初始状态(S_0)普遍语法。

由此看来，人们基于乔姆斯基所发现的那种"普遍语法"能创造新的表达句子，也能通过新的语句的生成而创生新的规则和制度安排。这恰如人们可以通过创造计算机的 C 语言来编制新的计算机程序来使用一样。既然语言能力和普遍语法是属于人的本质的某种先天官能，这实际上意味着种种社会制序的最终根源可能与人的本质和本性有关。换句话说，种种社会制序的可能性或者说"胚芽"均内在于人的本质之中。也可能正是因为这一点，在所有的社会制序中，应存在一种普遍的或者说共同的东西。虽然我们目前还不知道这种普遍和共同的东西是什么，但至少我们可以断定它们的存在。可能也正是因为这些社会制序中普遍和共同的东西的存在，在任何社会制序中才能互相模拟、学习（即制序模板得以以文化拟子或拟子簇的形式在不同社会和族群中传播），才会有通过文化濡化（enculturation）、文化涵化（acculturation）和文化播化（diffusion of culture）的社会机制过程，而发生社会制序的延续、扩展、生成和变迁。而只有通过这些社会机制过程，在任何历史阶段所存在的种种实在制序方能有延续性、连续性、承传性和相似性。因此，这种不同社会在各自的不同历史时期所实际存在的社会制序中的相似性，其可能性又在于人们心智中有超越不同语言的普遍语法（如果我们像乔姆斯基所认为的那样相信它存在的话），而这种普遍语法可能又与人作为人的一种共同的心理和认识结构密不可分。

4. 乔姆斯基对维特根斯坦的人"遵从规则的悖论"的商榷

在对乔姆斯基的语言哲学及其与康德、洪堡特、维特根斯坦和索绪尔在有关人的先天思维—语言结构的认识上的一致之处进行了上述讨论之后,我们就可以较容易地回过头来进一步讨论乔姆斯基与维特根斯坦围绕着"人遵从规则悖论"所发生的争论了。

在上面我们已经指出,人"遵从规则的悖论",是维特根斯坦在其后期哲学时期尤其是在其《哲学研究》一书中提出来的,其规范表达,是维特根斯坦以下这段话,"我们的悖论是:没有任何行动的方式能够由规则加以确定,因为每种行动的方式都可以依据规则而得出"(Wittgenstein, 1953, §201)。按照乔姆斯基(Chomsky, 1985, p.225)的解读,维特根斯坦"怀疑论的遵从规则悖论"可以这样来表述:"给定规则 R,并不存在支持我有关下一次对规则 R 的运用是否符合我的意旨之信念的过去经验(包括我清醒的心理状态)。"换句话说,照维特根斯坦看来,我是遵从规则 R 还是 R′,这与在过去情形中的规则 R 相符,但却不一定与未来的情形相符。用维特根斯坦在《哲学研究》中个人的见解来说,我遵从规则没有任何理由,我只是盲目地遵从规则。比如，我每日按我自己所用语言的内在语法说话，我并不是有意识地按这种语言的语法说话，并且大部分情形中我并没意识到按这种语法规则说话，我只是在说话，在言行，因而只是盲目地遵从语法规则。乔姆斯基把这一点转换为他的生成语法的程式："我遵从 R 是因为 S_0 把已有的数据（data presented）标入（maps...into）了包含着 R 的 S_L 之中，结果'我盲目地遵从了规则 R' '。"[1]

针对维特根斯坦的这一怀疑主义的遵从规则悖论，乔姆斯基发问道：我怎么知道你是否在遵从规则 R？在什么样特定的情形下我才能认定你在遵从规则？什么时候我对你遵从规则的认定才是正确的和正当的？

沿着上述问题，乔姆斯基区分了两种情形：我作为一个普通人而遵从规则；我作为一个要发现语言官能之真理的科学家而遵从规则。在这两种情形中，同时存在着我认定你是否遵从规则的正当性问题，我作为一个普通人，或作为一名科学家，在什么时候我才有权说你是在遵从规则？

先看第一种情形，即在普通生活中的遵从规则的归属（ascription）问题。照乔姆斯基看来，维特根斯坦认为，假如你对我倾向于赋

---

[1] 按照乔姆斯基（Chomsky, 1985, p.235～236）的归纳，维特根斯坦的规则遵从问题实际上牵涉到三个互相连带着的问题："（I）'决定一个人在特定景势中是否遵从某一特定规则'是决定'是否他自己的反应与他们（言说者）自己的规则相一致。（II）因此我们不承认遵从规则中的'私人模型'（private model），而所谓的'遵从规则中的私人模型'，则是指'一个人遵从一种既定规则这一点只能根据规则遵从者这一点来简单考察，而不必涵指他在一个大的群体中的一分子这一点'。（III）如果一个人通过了适应于我们群体中任一成员的规则的试验，我们的群体可以说他遵从某种规则了。"

予你的问题有反应,且你与我的群体合宜地互动,假如把规则 R 赋予你的实践在我们的共同生活中有作用和效用,我就有权说你遵从规则 R 了。这意味着我把你"带入了我们的群体"。只要一个人遵从这个群体的行为方式,即维特根斯坦所说的"生活形式"(Lebensformen),这一群体就把一个(规则)概念赋予此人了。由于把遵从规则的认定归诸一个群体的实践,因而没有"私人语言"这回事,因而维特根斯坦认定也根本没有私人遵从规则这回事。乔姆斯基认为,从这种意义上来看,维特根斯坦仍然是个隐蔽的约定主义者(conventionalist)。因此,如果维特根斯坦的这种隐蔽的约定主义成立,乔姆斯基的转换生成语法的见解就变得毫无意义了。[1] 因为,这里我们不管乔姆斯基是否误解了后期维特根斯坦哲学,如果人遵从语言内部的规则和生活形式中的一致性完全源于人们生活游戏中的约定俗成,那么,乔姆斯基也就没有必要提出"先天语言官能"、"普遍语法"和"内在语言"等这些概念了。

回到现实的社会制序的分析上来,我们会发现,人们对制度性规则(constitutive rules)的遵从,源自人们对语言规则的遵从。因

---

[1] 这一点也早就被克里普克所察觉。譬如,在《维特根斯坦论规则与私人语言》一书中,克里普克(Kripke, 1982, p.31)把乔姆斯基的语言能力(competence)与维特根斯坦人遵从规则的悖论联系在一起,指出了乔姆斯基的语言观与维特根斯坦语言哲学之间的内在冲突:"很显然,如果接受了维特根斯坦的观点的话,语言能力概念将会与语言学文献中所默认的理解有很大不同。其原因是,假如遵从规则的归属问题不被视作一个既定事实,或不被认作解释人的行为,……我们将会发现语言学中的规则概念和语言能力概念均需要认真重新考虑,如果说这些概念不是毫无意义的话。"

为，人们在学语言时，已潜含地学习遵从规则了。只有遵从规则，才能在一个群体中表达自己，也才能让他人理解你表达的意思。因而，学习一种语言本身就已经学习遵从规则了。且在当一个孩童学第一种语言的同时，他不仅学习了遵从语言的内在规则即语法，他也会在学习遵从语法规则的同时学会遵从其他生活规则（包括礼仪，群体认可的行为方式和习俗，等等）。一旦他学会遵从语法规则，也同时学会了遵从种种"生活形式。"从这个层面来看，人们学习语言的过程也是学习遵从规则的过程，学习生活形式的过程，或者反过来说被既存和沿流下来的"生活形式"所制序化（institutionalized）的过程。应该说，在这个层面上，乔姆斯基与维特根斯坦没有什么可争议的地方。现在看来，乔姆斯基之所以应对克里普克的"维特根斯坦怀疑论的遵从规则的悖论"的商榷，是否在于是想进一步说明他的普遍语法观，即进一步阐明人作为人是否具有遵从规则的先天秉性？用乔姆斯基的词语来说，是否人的大脑和生物心理结构中就秉有一种遵从规则的先天官能？[1]且这种先天官能中是否本身就

---

[1] 这种人的心智中的先天语言官能以及内在于其中的普遍语法及人所内在秉有的获取外在知识的装置是如何来的？是人作为一种生物物种经由长期的进化而来的？还是被上帝创造安装的？在这个问题上，如果认为这是人类作为一种生物物种长期进化的结果，自然会回到了维特根斯坦"隐蔽的约定俗成主义"的"鬼打墙"中去了。同样，如果采取创造论的进路，把人的这种先天语言官能理解为上帝的创造，我们同样没有答案：如果照《圣经·创世记》开篇所讲的上帝教（让）亚当为万物命名因而产生了语言（这实际上内蕴着自亚里士多德到圣奥古斯丁的西方哲学中的逻各斯中心主义），那么无疑也内含着一个在上帝那里也有一种本在的"语言系统"及其"内在语法。因而问题到这里，"进化论"与"创世论"没有什么本质上的差别。因而，我们目前只能像乔姆斯基那样假定这一人获取知识的语言官能是先天的，而对这"先天的"东西是如何来的这一问题，我们只能悬置起来不（转下页）

内含着某种规则,即乔姆斯基所理解的转换生成语法 S_0？用康德哲学的话语来说,人的大脑和心智中是否就有一种先天综合判断的禀赋？而我们的经济学的制序思考的进一步问题则在于：是否种种社会秩序、种种制度性规则和种种社会建制是原生于人们大脑和心智结构中的转换生成语法、先天综合判断能力或人遵从规则的一种先天秉性？对此,我们显然不能用简单的因果关系链来做确定性的断言,但目前至少我们可以猜测种种社会秩序、制度性规则和种种社会建制形式——或一句话,维特根斯坦所言的生活形式——均可能与这种康德所发现的人的先天综合判断力、维特根斯坦所认为的对规则的盲目遵从,以及乔姆斯基所言的生成语法（普遍语法）密切相关。

在上一节的讨论中,我们已经知道,在人的心智中有一种所有人共同的先天秩序和一致性这一点上,乔姆斯基、维特根斯坦与洪堡特和康德有着认识上的一致性和精神上的相通之处,并且乔姆斯基和维特根斯坦均认为人是在遵从规则中学习规则因而人遵从规则好像是没有原因的,并且,他们均认为人遵从规则似乎是一种先天的本能,因而在一个认识的深层理解上,乔姆斯基与维特根斯坦应该没有什么矛盾。尽管乔姆斯基对维特根斯坦的"遵从规则的悖论"商榷不应该会发生在这样一个最深的层面上,但乔姆斯基本人还是根据其语言论的进路对维特根斯坦"遵从规则悖论"在其表层语言或者说外在语法的层面上进行了商榷,因而好像并没有动摇

(接上页)再（也无能）深究,因为这是一个"无解的"问题。

也不可能动摇维特根斯坦"遵从规则悖论"的根基,[1]而毋宁说实际上导致了用洪堡特和康德重新解释了维特根斯坦,或者说用维特根斯坦本人的思路解释了维特根斯坦,并从而把早期维特根斯坦和晚期维特根斯坦结合起来了。从乔姆斯基根据儿童学习语言的例子对维特根斯坦的商榷就可以看出,乔姆斯基与维特根斯坦的争论只是发生在言辞上和表层上。譬如,在"关于规则问题"的长文中,乔姆斯基(Chomsky, 1985, p.227)列举了这样一个例子:在儿童语言增长的一定阶段上,他们常常过于普遍化。譬如,在说英语的儿童中,他们常说"sleeped",而不是说"slept",说"brang"(仿照英语动词"sing"有过去式"sang"这一规则)而不是说"brought"(英文动词bring的过去式)。乔姆斯基认为,在此情况下,我们可以发现他们是在遵从规则,只不过是他们所遵从的规则非同于我们成年人的规则。在此情况下,我们说他们的规则是"不正确的",即是说他们所遵从的规则非同于正常成年人所遵从的规则。但是,乔姆斯基进一步发问,假如一天所有的成年人因为某种疾病突然全死了,语言及其内在的规则也就发生了变化,接着儿童的规则对新的语言来说就变为"正确的"了。根据这一情形,乔姆斯基问,儿童说"sleeped",而不是说"slept",说"brang",而不是说"brought",是

---

[1] 正如我们上面讨论乔姆斯基、维特根斯坦与康德、洪堡特和索绪尔认识上和精神上一致性所指出的那样,在人们的知识是如何在语言中成为可能的这一最深层面上,乔姆斯基与维特根斯坦的根本见解是没有矛盾的。因而,乔姆斯基也不可能在这个层面上与维特根斯坦商榷。而维特根斯坦的语言游戏与生活形式之间的关系的探讨与在此基础上发现的"人遵从规则的悖论"是与这一深层问题联系或连结在一起的。

否是遵从规则了呢？他认为，在这种情形中，我们只能认为儿童遵从了规则，只不过他们所遵从的规则非同于我们所遵从的规则罢了。

乔姆斯基对维特根斯坦的人遵从规则悖论的这种商榷，是否商榷到点子上了呢？似乎是，似乎又不是。因为，乔姆斯基这里所举的例子，只能说是在表层语言或外在语言的层面上来思考问题的。因为，当维特根斯坦说人盲目地遵从规则时，并不是说人遵从了哪种特定的规则，因而实际上不涉及规则的具体内容或者说规则本身是什么。换句话说，用乔姆斯基的语言学的术语，维特根斯坦所言的人遵从规则的问题实际上是问为什么人在思维和行动中有一致性，或者说为什么会带有奥斯汀所言的"声子"（phone）、"言子"（pheme）以及"意子"（rheme）的句子，而不是像其他动物那样只是发出一种仅含着某种"声子"的"声音"。按照奥斯汀以言行事语言哲学中的术语，人的语言不但含有"声子"，而且含有"言子"和"意子"，这本身意味着人的言语出来的话语是带有一定的"排序"的，这里我们暂且不管支配着这种排序的规则与秩序是什么，也不管不同语言中的排序有多大差别，而是说这种言语中的排序本身就意味着有规则和人遵从规则的实践在其中了。从这一视角反过来反思维特根斯坦的遵从规则的悖论和他的没有私人语言的断言，我们会发现，维特根斯坦所说的人盲目地遵从规则和没有私人语言，实际上是指内在于人的行为（包括言语行为）中的"潜规则"，或者说与乔姆斯基所言的生成语法或人的心智结构中的那种呈现某种规则的 S_0 状态有关。因此似可以认为乔姆斯基这里所提出的规则的归属问题（attribution of rule following）好像是个伪问题。

如果说乔姆斯基拿儿童语言能力和规则遵从的问题与维特根斯坦讨论并没有动摇其遵从规则的悖论的话，那么，克里普克和乔姆斯基所言的鲁滨孙·克鲁梭一人世界的规则遵从问题就显出乔姆斯基与维特根斯坦所讨论问题的实质差异来了。在鲁滨孙一人世界中，是否也有私人语言？他是否也遵从私人的规则？转换一个问法，从鲁滨孙一人行动中的一致性中，一个他者（一个人或上帝）是否也可以辨识出他是在遵从某种规则？尽管这个他者并不知道鲁滨孙本人遵从的规则是什么，因为，除非是上帝，这个他者不可能进入这个鲁滨孙的头脑和心智中，因为他的头脑和心智是不可进入的。克里普克认为，按照维特根斯坦的理路，我们仍然可以说鲁滨孙是在遵从某种规则，即是说，我们把鲁滨孙视作一个人，而这个人在某种特定的经验中要求某种规则，尽管这些规则不是我们的规则（因为我们有不同的经验）。因此，我们可以把他带入一个宽泛的人的群体中，因为在宽泛的意义上可以认为他分享我们的"生活形式。"

在讨论的问题的这个层面上，显然又涉及如何理解维特根斯坦所提出的"生活形式"这个概念了。克里普克（Kripke, 1982, p.96）认为，这个术语是指"我们所约同（agree）的一系列反应（responses），以及与我们活动交织在一起的方式（way）"。按照这一理解，乔姆斯基认为，我把你带入与我的生活形式相同的群体中，假如你的反应与我的相同，那么这就与维特根斯坦的规则遵从的归属范式相符了。但假如这位鲁滨孙行为并不与我们的生活形式相一致，那维特根斯坦的规则遵从问题就无从谈起了。因为这样我们就不能认为这位鲁滨孙是一个规则遵从者了。很显然,从这个角度来理解,"生活形式"实际上是指一种人类的社会生物行为特征。

问题讨论到了这个层面,这实际上又变成了一个哲学描述和解释的层面问题了,因而我们又碰到了维特根斯坦所言的那种思维的"边界"和语言的"墙"。乔姆斯基(Chomsky, 1985, p.232)本人显然也辨识出了这一点,因而说:"'生活形式'一词的技术用法是就一种特定的语法(即已获得的语言——"the attained language")而言的;在引申的意义(extended sense)上,它则是在普遍语法 UG(S_0)层面上而言的。"[1] 从"生活形式"的这两种含义上来看,乔姆斯基认为维特根斯坦哲学有着一种内在的问题,这就是,虽然我们在广义"生活形式"的含义上把一个种群的成员(譬如一个外星人)"带入我们的群体",但这个人可以有一种独一无二的经验,而这种经验会产生一种独一无二的规则系统,即私人语言,因而,照乔姆斯基看来,维特根斯坦认为不存在私人语言问题这一观点就难能站得住脚了。

沿着克里普克和乔姆斯基关于维特根斯坦规则遵从问题的悖论进一步思考下去,实际上已涉及人何以成为人这一根本性问题了,用乔姆斯基(Chomsky, 1985, p.234)自己的术语来说,这实际上涉及一个"personhood"的问题:"人之成为人是因为具有某种特定特征(certain properties),一种特定的存在(entity);我们正是根据对鲁滨孙在各种情形中的行为的考察,来决定他是否是具有这些

---

[1] 从这一论述中,我们也可以清楚地解读出,乔姆斯基的生成语法说本身就直接指向后期维特根斯坦哲学中的人遵从规则的悖论问题这一点了。

personhood 的特征存在。"

　　乔姆斯基沿着维特根斯坦"(人)遵从规则的悖论"追溯到人作为人的"personhood"问题，问题讨论的深度是前进了一步，但似乎仍然没走出维特根斯坦所见的"(人)遵从规则的悖论"的"鬼打墙"。因为，这无疑又回到了语言本身的问题上来了，或者说最终又归结到乔姆斯基本人所发现的普遍语法(UG)这个问题上来了。回到我们前面的讨论，如果我们把维特根斯坦的"生活形式"概念理解为人在群体互动反应中的一致性，我们就更能发现问题的实质了。在人们的生活游戏中，我为什么能理解你，你为什么又能理解我？你和我的反应为什么相同或者相似？即我们为什么会遵从同一类规则？说我们有共同的生活形式，这只是一种同义反复。因为，我们都是规则的遵循者或者说我们有着共同的反应方式和行为方式本身就意味着我们共同的生活形式了。这里的问题是，我们为什么会有共同的反应方式或共同表现为规则遵从者？这正是因为我们有共同的思维结构，共同的生物和大脑禀赋，或者说有共同的普遍语法(UG)即共同的心智初始状态 S_0。正是因为我们有共同的心智和大脑的初始状态 S_0 和普遍语法(共同的先天心智结构)，我们才能沟通，才能无甚障碍地相互交流。由此看来，这种人所共有的先天心智和大脑的初始状态 S_0 和普遍语法(共同的先天心智结构)，正是那种人作为人的"personhood"。到这里，我们只能断定，人类社会的生活形式，正是体现在人们的共同行为模式之中；而人类社会之所以有共同的行为模式，又取决于人能通过语言进行沟通和交流；而人们之所以能共同交流，正是因为人是遵从规则的动物;而人之所以能遵从规则,则在于人有共同的先天心智和大脑的初始状态(即乔姆斯基所言的人的先天语言官能 S_0 状态)和普遍语法(共同的先天心智结构)。归根结底,人类社会之所以有种种制序——即维特根斯坦所言的种种生活形式——是在于人有反映在语言中或者说通过言语活动昭显出来的普遍语法这一作为人的"personhood"。也正是因为这一点,只有人类社会中才有制序。在其他动物世界中,可以有现象型行为和基因型行为中的一致性,因而有秩序,因而也有它们的"社会",但由于地球上除了人之外的任何其他动物均还没有达致这种表现为"普遍语法"的心智初始状态,它们还不是有意识的规则遵从者,因而在其他任何动物世界还不存在制序(institutions)。到这里,我们就可以沿着语言研究和语法探究的理路把人类社会的种种制序最终探源到人的"personhood"上来了。

事实上,到了认识的这个层面上,我们会发现人世间的许多问题和困惑都与这种人的"personhood"有关。人为什么有道德心即休谟所言的"同胞感"、亚当·斯密所言的"同情心"和康德所言的"实践理性中的定言命令"?为什么在世界上所曾存在的宗教文化中均存在"道德金律"(golden rule)?或者说人的道德心超越宗教、文化和历史而成为所有人类社会的一种普遍存在?这正是因为人作为人有这种"personhood"。由此看来,康德所言的人的先天综合判断,维特根斯坦所言的人盲目遵从规则的禀赋,与乔姆斯基所发现的普遍语法即人的语言官能中的初始状态 S_0 均有密切关系。正是因为人作为人有先天的心智结构中这种普遍状态和语言能力,这种人的"personhood",才生发和秉有道德心和遵从规则的秉性,才有人类社会的林林总总的制序。

到这里我们虽然还难能判断出在人"遵从规则的悖论"问题上，是乔姆斯基对了还是维特根斯坦对了，但我们至少可以清楚"乔姆斯基革命"的理论意义了。所谓"乔姆斯基革命"，用乔姆斯基自己的归纳来说，其基本理论假设是，假如我们对相关事实解释所能建构的最好的理论能把规则 R 归于从人已获知识的状态中抽象出来的语言的一个组成部分，我们也就能够假定规则 R 是人的内化语言（I-language）的一个组成部分了。简单说来，照乔姆斯基看来，维特根斯坦所言的人对规则的盲目遵从是内在于普遍语法规则之中的。这好像是不言而喻的。只有在这个意义上，我们方可以认为乔姆斯基推进了一点儿维特根斯坦，发展了维特根斯坦，或者至少我们可以认为乔姆斯基细化了维特根斯坦的哲学思想，从而把早期维特根斯坦哲学和后期维特根斯坦哲学至少在这个相关联的问题上统一起来了。

这里应该指出，尽管乔姆斯基本人沿着克里普克的论辩理路在对维特根斯坦的遵从规则问题上的怀疑论悖论进行了大量讨论，他本人似仍然认同维特根斯坦的见解，而不是全盘否定维特根斯坦的理论洞识。从乔姆斯基本人的一些论述中，我们也可以解读出这一点来。譬如，在谈到人作为人的"personhood"时，乔姆斯基进一步讨论了维特根斯坦对作为有意识的人的行为中的遵从规则问题与物理世界的法则区别问题。乔姆斯基（Chomsky, 1985, p.240）指出，照维特根斯坦看来，在鲁滨孙（作为一个任何规则的遵从者）的行为与水和苯分子运动法则之间（这里我们可以进一步联想一般动物的行为）中存在一种关键的区别，那就是，在后一种情形中，它们只是由其性质决定的一种由其内在或自在运动法则的特定存在,而在鲁滨孙·克鲁梭的情形中,我们是把他视作一个人,并把他视作一个如果我们有他的经验就会和他有同样的行为的规则遵从者,尽管在维特根斯坦那里并没有指明,我亦会发现他遵从某种特定的规则,尽管这些规则非同于我们自己所遵从的规则。乔姆斯基本人的贡献就在于,从其普遍语法的角度来看,这个鲁滨孙有一个与我们共同的语言官能,一个与我们共同的语言初始状态 S_0,而这个初始状态在不同的世界经验中获得了一个不同的语言系统(或状态)S_L,所不同的只是这个 S_L 与我们有着根本的不同和差异而已。正是有了这个外在的或者说表层的语法并由此生成不同的外在语言系统,我们有不同的视界和不同的行为模式。但这种表层语法或者说已获得的语言中的差异,并不否定我们与鲁滨孙·克鲁梭同为规则遵从者,因为我们与鲁滨孙·克鲁梭作为人,有着共同的普遍语言官能的初始状态 S_0 或者说普遍语法(UG)。

乔姆斯基这种从语言官能和普遍语法理论进路与维特根斯坦就人遵从规则的悖论问题在言辞上的论辩亦引起了当代语言哲学家塞尔(John Searle)的进一步卷入。照塞尔看来,乔姆斯基根据自己语言论的两分法——即与内化语言(I-language)有关语的言官能的初始状态 S_0(普遍语法)和已达致的语言状态有关 S_L(特殊语法)——所探及的有关人遵从规则的一系列问题,只能是一种无法证实和证伪的理论断想。因为,照塞尔看来,即使根据表层语法即已达致的语言状态 S_L 能够解释和界定人们活动中的一些规则,而按照有关 S_0 状态普遍语法理论能解释为什么已达致的(语言)状态(the attained state)采取了这种形式,从而把人们对人遵从规则的问题认识推进了一步,但有些问题仍然有待进一步思考。塞尔指出,在普遍语法的层面上,"需要进一步的证据来表明这些是人所实际遵从的规则,而不仅仅是用以描述人之行为的一些理论假设和归纳。单凭有正确预测力这一点就说它们是规则,这是不够的;如果假设规则是在起因果作用,其中还必定存在一些独立的理由"(引自 Chomsky, 1985, p.247)。换句话说,照塞尔看来,乔姆斯基所做的工作只不过提出了描述人的行为的一些假设,还没有提供足够的证据来验证这些假设。[1] 事实上,塞尔对乔姆斯基用其两分法来解释维特根斯坦悖论的讨论,将涉及这样一个深层次的问题:即使能证明 S_0 包括原理 P 和人的已达致的语言状态 S_L 包含规则 R,尽管这种两分法提供了有关人遵从规则的最好解释,但这仍然不能提供足够的理由让人相信 R 是一个人所遵从的规则或者 P 有任何"因果效力"(causal efficacy)。事实上,塞尔的问题是,要说明一个人遵从规则 R,就必须阐明这一规则的内涵在产生出这个人的规则遵从行为中的因果作用。

对于塞尔的如此商榷,乔姆斯基也进行了回答。乔姆斯基举出了这样一个例子:假如一个叫琼斯的人在路上开车,他即是遵从靠

---

[1] 这里塞尔好像是在对乔姆斯基的普遍语法论说:"你说人有一种先天语言官能,且这种语言官能中有一种普遍语法即 S_0 状态,你是怎么知道的?你又如何证明它的存在?"然而,塞尔的这种提出问题的方式值得怀疑,因为,按照科学中著名的歌德尔定理(Gödel Theorem),一种理论话语是不能证明其自身中的一些命题的。正如宾默尔(Binmore,1994,p.235)所言:"歌德尔定理告诉我们,没有一个足够复杂的形式演绎系统能同时保持一致性和完备性。这即是说,如果这个系统不产生形式矛盾,那么,这个系统中表达的真实命题就不能在这个系统内得到证明。"

239

右开的规则 R。现在,假如存在一个规则 R′,即在沿着汽车方向盘最靠近中线的那一边开车。在此情况下,如果我们要知道琼斯是否遵从规则 R 或 R′,且二者均能正确地描述他的正常行为。那么,哪种规则才是深层次的规则?照乔姆斯基看来,他所要做的事是发现在这两种规则所共有的抽象的和深层次的原理 P。只有这个 P,实际上才是琼斯所遵从的规则。很显然,如果这样认为,P 就成了规则中的规则了。乔姆斯基这里并没有讲明白,但他好像是说,靠左开和靠右开是一些表层的规则,而沿着汽车方向盘最靠近中线的那一边开车才是琼斯实际上所遵从的规则。

很显然,乔姆斯基的这个例子只是具有某些隐喻的意义,他实际上要说明的是,在由人所遵从的语言所界定的外在规则背后,还有着人本身的行为就是遵从规则的意思。笔者理解,正是在这个层面,才能理解维特根斯坦所言的人是盲目地遵从规则的见解,才真正又回到了维特根斯坦所提出的人"遵从规则的悖论"问题的实质上来了。因为,在现实中,有规则存在,就有违规的行为。而人作为一种有着自由意志和内在情感的高级动物,他既可选择遵从由某种外在语言建构出来的规则(如"靠右开车","在市内开车车速不得超过 60 公里","开车不准闯红灯",等等),也可以选择(有时)不遵从这些规则。然而,在维特根斯坦的语言游戏和乔姆斯基的普遍语法即人的心智结构的初始状态的 S_0 的层面上,不管一个人选择遵从规则或选择不遵从规则,也不管他选择遵从规则 R,或选择遵从 R′,或其他任何规则,他都是按规则行事。尽管人是有自由意志的动物,但从内化语言的角度看,人不能在规则之外,否则他就不是"人"了,这才是维特根斯坦的本意。如上所说,在这个层面上,应该说乔姆斯基和维特根斯坦并不矛盾。乔姆斯基所做的只不过是细化了维特根斯坦的思想。

在我们的社会制序的理论分析中,经过梳理维特根斯坦、乔姆斯基、克里普克和塞尔在人遵从规则问题上的讨论,我们不妨以此再回过头来反思规则与秩序的区别问题。什么是规则?规则如何存在?我们是否从秩序中归纳和抽象出规则?规则存在于秩序之中?这些均是值得进一步思考的艰深哲学问题。在琼斯靠左或是靠右开车的例子中,作为观察者的我看到琼斯靠左开车,我说(attribute)他"遵从靠左开的规则"。如果是这样,所谓规则岂不仅仅成了对一种事实的语言界定了?正如牛顿看到苹果落在地上就归纳出自由落体法则一样,看到一个人的行为中的一致性,我们就把这种行为一致性归为一种规则。这样规则和秩序还有什么区别?如果有区别,这里的区别似乎只是,一种事态中的一致性和连续性反映在语言中就是规则。这也似乎进一步申引出在语言中才有规则的结论。而在这个认识的层面上,海德格尔的"语言是存在的家"这一本体论的语言观又像梦魇一样呈现出来了。

在这里,塞尔(Searle,1998,参中译本,第117页)所提出的调节性规则(regulative rules)和构成性规则(constitutive rules)的两分法或许有些帮助?如有,这帮助无疑也是非常有限的。这里先让我们回顾一下塞尔是如何提出这一两分法的。照塞尔的规则两分法,靠左或靠右开车是"调节性规则"。他认为,之所以说规定靠左还是靠右开车的交通规则是"调节性规则",是因为这些规则只是指示驾车者在某一路段上必须靠左或靠右,而这与驾车本身无关,即不管靠左还是靠右，驾车者均可开车。塞尔又提出，构成性规则则有所不同。譬如下中国象棋，"马走日，相走田，车走直路，卒子一步一步往前赶"，这些规则构成了象棋本身。没有这些规则，就没有象棋这种游戏。但是，很显然，在现实中许多游戏的规则是很难辨别或确定它们到底是构成性规则还是调节性规则的。譬如，足球比赛的规则是构成性的，还是调节性的？一级方程式汽车比赛的规则是构成性的，还是调节性的？照塞尔本人的理解，它们均是构成性规则。然而问题是，即使按照塞尔（Searle, 1998，参中译本，第118页）的对构成性规则的界定"按照规则行事即构成由规则所调节的活动"这一点来看，在塞尔这里所举的两个例子中，两种规则即是构成性的，也是调节性的。回到乔姆斯基与维特根斯坦的争论上来，有既不靠左、不靠右又不居中开车的行为吗？只要一开车，只要总靠左开、总靠右开，或总居中开，就有规则在其中。由此来看，没有离开规则的行为（抑或不规则的行为，即一会儿靠左开车，一会儿靠右开车，一会儿又居中行驶，或随便胡乱开车）。反过来看，在下象棋这样的游戏中，下棋的规则难道不也是有调节性（规制性）的作用？我与你下象棋，我的车、马和小卒子可以不遵从规则地任意走吗？由此看来，塞尔区分出调节性规则和构成性规则这两个概念，好像并没有多大的理论意义，至少在这里对我们区分规则和秩序并没有多大帮助。

那么，怎么区分规则与秩序？看来还是回到语言本身之中，回到语言的约束和禁止作用之中。甲总靠左开车，这只是一种秩序；乙总靠右开车，这同样也是一种秩序。根据维特根斯坦和乔姆斯基的语言哲学讨论，我们也可以说甲遵从他自己的"规则"，乙也遵从他自己的"规则"。但只有在一个群体中,有以语言(包括口头语言和书写语言)界定的了"只准靠右开车"或"不准靠右开车"的施事话语(performantive sentence)时,靠左开车或靠右开车才变成了规则。有了语言禁止或肯定的规则后,规则既是构成性的,也是调节性的。只有讨论到这里,我们才能理解哈耶克所主张的秩序是建立在规则之上理论之见,也才能理解维特根斯坦所实际主张的规则内在于秩序之中的理论洞识。也才能理解笔者为什么提出中文的"制序"——即由规则调节着的秩序——这个概念来。

到这里,我们也许就可以基本梳理出语言与制序的关系和相互作用机制来了。(1)正是因为人具有内在语法或者说内化语言,人才有自在行为和自由行动中的一致性,因而人作为人的语言官能中初始状态本身就意味着人是遵从规则的动物——也因而人的行为是自由的,但不是"自然的"和任意的。(2)正是因为人作为人有共同的先天语言结构和心智中原初状态上的一致性,人与人才能进行社会博弈,才能互相沟通和理解,才会在博弈和相互反应中生成种种生活形式即笔者所理解的种种制序。(3)正是因为有了内化语言以及外化语言,以及在外化语言中有从内化语言中内含的生成语法转化而来的外在语法(表层语法),人们才能用之建构或界定规则,尤其是调节性规则——如果"调节性规则"这个词可以用的话——主要通过符合外在语法的语言和语句编织或者说"建构"起来的。既然秩序只有在语言中才成为规则,或者更确切地说,只有由语言所界定和规定的秩序才成为规则,因而所有制序实在均与语言密切相关,或者说是一个语言现象,或与语言这种元制序密不可分。这就是笔者当下的认识和结论。

5. 口头语言与文字语言在社会制序上的投射

在以上对语言与规则和秩序之间关系的分疏和辨析中，我们还只是从语言的抽象层面上来讨论问题的，也就是说，我们还没有思考语言的具体形式对规则及其形成的影响和作用。事实上，语言形式在对人们生活游戏的规则因而对规则所调规和制约着的秩序的影响上是有着重大区别的。我们这里所说的语言的具体形式，主要是指语言的口头存在形式和语言的书写形式即文字形式这两种主要形式（语言还有"手势语"和"盲文"等其他"衍生形式"）。那么，口头语言和书写语言投射在人类生活游戏的规则和秩序即具体的生活形式上，有什么不同？

直观的观察和判断是，以口头语言所界定的规则，往往是非正式约束，亦即非正式规则；而用书写语言写下或写出的规则，一般多为正式规则。以口头语言存在的非正式约束或非正式规则多为习俗的规则即惯例；而用书写语言昭明的规则多为正式规则即制度性规则或简称为"制度"。这里，我们不再进一步讨论以口头语言形式存在的规则，而只是进一步讨论一下以书写语言的形式存在的规则。

首先，让我们讨论一下书写语言有哪些特征，以及这些特征投射在制序中的规则即制度上，又将是一种什么样的情形。

法国哲学家利柯（Paul Ricoeur）曾认为，书写本身就是文化成就（参徐友渔等，1996，第203页）。在书写中，发话者的人的面孔消失了，转瞬即逝的言语"事件"中的话语内容被固定下来。言语一旦变成书写语言，意义就被凝化下来，人们交往中的命令、指示、描述、劝诫、解释、诠释、理解等就通过文字中介物超越时空界线而达致读者，作为符号的文字记载和承载着信息和意义即文化拟子（memes）则变得更加是显性的了。与利柯、德里达相似，伽达默尔也重视书面语言的特殊作用。伽达默尔认为，"理解某个写下的东西不是再生产某个过去的东西，而是共有一个现在的意义"（Gadamer，1960，参中译本，第354页）。因此，照伽达默尔看来，书面语言之所以具有重要意义，在于它使文本脱离了作者最初意向，使文本有了自己的生命，从而在书面语言中固定下来的文本意义能进入每个能阅读的人都能平等共享的意义领域。正因为以书面语言流传下来的文本使文本的内容脱离了文本作者自身，才使读者能在理解文本时不受作者的干扰，对文本的真理性进行自己的判断。因此，正是因为有了书写语言，使文本具有了自己的独立性，使文字中的文本汇融进了文化的"江河"。文字使文本有了超越时空（但无疑又在时空之中）的信息载体，从而使书面语言中固定下来的信息（文化拟子或拟子簇）能够平等地进入每个读者共有的意义领域，使我们能够理解两千多年前的老子、孔子、柏拉图、亚里士多德所传达的信息，从而使一些先哲圣贤的教诲在今天仍然规约和指导着人们的行为和交往。[1] 文字文本的出现，使人们能够理解万里之外的英美和欧洲思者的文本意指，从而把他们的意向性和学术观点接受过来。而这种超越时空的文字传播，就使得人（言者）所创生出的文化拟子从在场的、亲临的变为不在场的和非亲临的。语言的文字化，对人类社会中的秩序（习俗、风俗、传统）的维持，对从人类社会的制序化（institutionalization）过程内部的习俗向惯例约束的过渡，对制度规则的生成，均有着极其重要且"内生"和内在的作用。如果说由于口头语言的表述，作为一种事态的博弈（游戏）秩序变成了一种惯例约束（非正式约束，如礼仪、礼节）的话，那么，惯例或非正式约束和一些权高位重的人的某种即时的口头命令和指示经由文字的记载或以文字的语言形式写出就会变成一种有权威约束力的制度性规则。由此来看，语言的书写形式作为一种构成体系更是一种显性的元制序，而经由这种显性的元制序所表示、所记下、所昭明的规则就成了制度性规则，成了中文意义上的制度和宪制。另外，如果说口头语言本身就有内在规则（语法和语义上的约定俗成）在其中，那么，书写语言更是一种建立起来的制序［包括写法（或拼法）、句法、语法、标点符号使用法、段落安排、

---

[1] 索绪尔（Saussure, 1916; 参中译本，第47页）曾说："我们一般只通过文字来认识语言。研究母语也常要利用文献。如果那是一种远离我们的语言，还要求助于书写的证据，对于那些已经不存在的语言更是这样。"索绪尔的这句话同样也适用于人们认识人类历史上久远的社会制序。尽管社会制序本身可以通过口语和人的行为模式承传下来，只有用文字描述和记载的古代社会的情形的典籍，古代社会的社会制序才会像"活化石"一样在文本中保留下来。

文体、文类，等等］。正是因为在语言的书写形式中的规则是更明了和更规范、更僵硬的一种"制成品",[1]正式制度规则与非正式惯例规则和约束相比也就更清楚、更明了，因而往往就有更强和更规范的约束力。理解这一点，对从哲学本体论上把握和理解制度规则（特别是法律规则）至关重要。法律条文和制度性规则在经由文字写下来之后，这些规则就会作为立法者的独立意志和某种"意向性"（德文为"Intentionalität"，英文为"intentionality"）[2]就会远离了立法者的在场而随着法律文件的文本文字的出现，具有了自己的独

---

［1］人们所常说的"口说无凭，立字为证"就实际上表达了这种意思。当然，在现代发达的科技条件下，录音和录像设备可以像文字一样记载声音和人的发话活动，一些语言的声音表述就记录和存留下来，因而不再是转瞬即逝的了。在现代社会中，发声（话）和文字这两种语言的存在在人们交易和交往以致社会制序的制度化中的作用模糊甚至接近起来。但这里的问题是：这种由录音磁盘或光碟记录下来的发话声音以及发话行为的图像和声音，与由文字符号表达出来的"声音话语"是同一性质的东西（因为，再读一遍"文本"和再听一遍"录音"都是"瞬间的事"，因而二者之间的差别很小了）？进一步的问题是：是否录音和录像磁带或光盘与书籍和书写文字一样也是一种"文本"？

［2］意向性（德文为"Intentionalität"）这个概念，最早为德国哲学家布伦塔诺（Franz Brentano）所提出。据塞尔（Searle, 1998；参中译本，第81页）考证，在指向性意义上，意向性这个"倒霉"的德文概念总是必须与"意图"、"想要"有某种联系。但是，在德文中，就不会发生这种问题。因为德文的"意向性"，与"意图"（Absicht）区别较为明显。那么，什么是"意向性"呢？塞尔（Searle, 1998，参中译本，第81页）说："我的主观状态使我与世界的其他部分相联系，而这种联系的一般名称就是'意向性'。这些主观状态包括信念和愿望、意图和感受，以及爱和恨、恐惧和愿望。再说一遍，'意向性'是表示心灵能够以各种形式指向、关于、涉及世界上的物体和事态的一般性名称。"由此看来，在布伦塔诺、胡塞尔、塞尔这些哲学家的实际使用中，"意向性"这一概念要比英文的"意图"（intending）广得多。用塞尔（Searle, 1998，参中译本，第81页）自己的界定来说，"intending（意图）恰恰是意向性的多种形式中的一种"。

立生命和存在，使阅读和知晓这些法律文本的人在甚至不知道立法者和文本的制作者是何人时而直接遵守这些在纸面上写下的条文。这样一来，法律条文就像一种制成的有生命的东西一样存在于阅读过因而知晓了这些法律条文的人的头脑中，从而这种法律和制度规则就取得了一种超时空的独立存在形式。

另外，文字语言的超时空特征也自然使文字文本变成了一种更宽广的"公共领域"。在文字语言中，意义从作者个人的语言表达出来的意向性"域"中"远化"（distanciationalized）出来，成为一种独立的存在。有了文字（书写）语言的同时，文化就成了内在于文字中所潜含的意义和内容——即文本（text）。文字不过是含着文化文本或话语中"意子"的外壳，语词则是构建文本的"砖"和"建筑材料"或者说"载体"。在文字语言中，词和意、"魂"和"体"、秩序与规则、内在规则和外在规则就同一起来了。于是，在文字语言中，制序更清晰明显地昭显出来了，或者说文字语言所昭显出来的秩序和规则更是一种显性的东西。按照笔者在《社会制序的经济分析导论》中的理解，中文意义中的制度，实际上是由书写语言所明确表示和界定下来的规则。[1]因此，以书写来绽现语言而形成的文字语（或言书写语言），就成了从一种非正式约束向制度（规则）过渡的关键环节

---

[1] 当然，我们也必须注意到，书写下来的规则不一定都是正式规则即法律制度。譬如，礼俗可以记载下来，一些道德劝诫和箴言也可以用文字写下来，但这些写下来的规则并不一定就对人的行为有一种强迫的强制约束，因而并不构成（法律）制度。譬如，《朱子家训》就只是表述和记载了一些治家和为人处事的箴言和道德劝诫，这些文字所表达的劝诫以及文字本身所潜含的规则本身还构不成"制度（规则）"。

和手段。另外，从市场秩序的生成和扩展的作用来看，正是因为有了书写语言，人们的交换、交易才经由文字契约的写定和写下而完成了从个人化的、亲临的向非个人化和非亲临的过渡。很显然，没有书写语言，就很难有远程贸易和交易，就不可能完成从亲临的市场交换（personal exchange）向非亲临的市场交换（impersonal exchange）的过渡。或者更精确地反过来说，文字语言是非亲临市场形成和运作的一个不言而喻的必要和前提条件。

另外，仅当有了文字和书写语言[1]，人类社会才有了法律、契约和种种制度规则。因此，人类社会制序的制度化，人类社会由共同体过渡到一个良序的法治国，发达的书写语言在其中无疑起了一个关键性的作用。应该看到，不仅在现代社会中是如此，在古代社会中亦是如此。英国历史学家H. W. F. 萨格斯（Saggs，1962，p.196）的研究曾发现，在目前发现的苏美尔人的楔形文字中，记载法律方面的文字内容占95%以上。目前发现的人类历史上最早的

---

[1] 如果说以文字形式所显现的语言在制序化以及内在于其中的制度化中有着如此重要的作用，那么，什么是书写语言？这乍看来好像不是个问题。但是，如果把符号学的问题带进来，这就是一个乍看来不成问题的大问题了。照奥斯汀在《如何以言行事》中的见解，文字语言，即写下的话语（written utterance）或写下（inscriptions, Austin, 1975, p. 60）。在现代文明中，奥斯汀的这一见解不成任何问题，但放在考古学和人类文字和语言的起源上来思考问题，他的这一见解也许一点帮助也没有。山东大汶口出土的一些陶器上所显示的一些图案是文字，还仅仅是一些象符？在大汶口文化时期，既然有人制作的器皿，那自然有了人，我们也可以推测大汶口人有了同一的语言。人之成为人，一个必要条件是他们是会讲内含着声子（phone）、言子（pheme）和意子（rheme）的语言。但大汶口出土的彩陶上的象符是否就是文字？河南濮阳西水坡遗址出土的青龙白虎太极图是不是文字？这都是些待考究的问题。

成文法典《乌尔纳姆法典》，就是人类第一次以文字形式形成、确定和颁布的法律。而著名的古巴比伦王国的《汉谟拉比法典》（刻写在三块黑色玄武岩合成的石柱上），就是用文字记录下的282则法律条文。这些法律条文涉及宗教、经济、社会、家庭、民事和政治等多方面。从苏美尔人的文字法典中，我们今天也知道，在当时的苏美尔人社会中，没有文字记录（即不通过法律手续），任何形式的财产买卖和转让都是无效的。这实际上非常近似当代西方发达市场经济中的契约经济关系的情形。正是有了早期的楔形文字，有了成文的法律，在早期的苏美尔人社会中，人们有着非常普遍和强烈的"立约观"，在现实生活中，人们亦注重以"约"（文字写下的契约）的形式来规范和约束人们生活中的交换和交往活动。这对后来犹太民族的"契约观"（或言"立约观"，其中包括《圣经》中所记载的以色列民与上帝的立约）产生了重要影响，并通过基督教信仰在西欧社会中的广泛而潜移默化的传播，直接影响和型塑了早期、中世纪和近代的欧洲文化和西方社会制序的型构与演变过程。仅根据这一事实，在我们追溯西方近代所型构而成的法治社会或宪制化经济（constitutionalized economies）形成的思想文化渊源时，可以从《圣经·新约》的基督教精神到《圣经·旧约》的以色列民的信仰，再追溯到苏美尔人文字中所表现出来的立约和法制精神传统中去，而不仅仅只是追溯到古罗马时代的法制传统就停止了。在中国社会中，我们同样也可以发现相似的事实。我国迄今所能发现的最早的文字法典即郑国的刑鼎，也从一个侧面说明了我们中华民族的先人很早就意识到文字写下的法律条文的重要和规制作用。是否是从子产铸刑鼎开始，汉民族的早期社会中才有了较为普遍接受的法律制度？这一点我们还不得而知。这也从一个侧面说明，由法律所规定的正式制度，必定也必须与文字即书写语言有关。没有同一的书写文字，就难能形成任何广为人们接受的制度规则，就不可能形成普遍的法律制度。另外，据张五常（2002）教授在《经济解释》第三卷第二章所言，他曾研究过商代的甲骨文，发现其中所记载的不是纪事，就是契约。这似乎也从一个侧面表明，人类发明各种文字，主要目的和动机（或者说促进力量）是固定化人们的财产交往关系。由此我们也可以从一个侧面领悟文字或书写语言的性质和"使命"了：好像从本质上来看，文字或书写语言就潜含着生成人们之间的制度化关系的内在秉性，或者说书写语言恰恰是为建构和编织人们之间的制度化关系而生成的。至少这里我们可以推断，人们经济与社会交往中订立制度化规则和签署正式的契约的需求，是在人类任何初民社会中产生文字语言的一个重要动因。

谈到发话行为和书写文字这两种语言的存在形式在人类社会的制序化（institutionalization）进程中的不同作用，我们不妨再回到奥斯汀的以言行事哲学的分析和论辩理路中来进行进一步的讨论，以期从发话行为（utterance，话语）与书写文字（语言）的内在秉性差别中廓清书写文字在人类社会制序的制度化或宪制化（constitutionalization）中的重要作用。谈到奥斯汀的语言哲学，一个毋庸置疑的事实是，奥斯汀在某些方面细化、推进、超越或者说绕过了维特根斯坦的"语言游戏说"，拓辟出了他自己的语言哲学分析理路。这其中主要是奥斯汀提出了他的"言语行为"（speech act）概念，来代替维特根斯坦的"语言游戏"。沿着其以言行事哲学分析理路，在对语言的特征和秉性的认识上，奥斯汀在某些方面也与维特根斯坦有着认识上的重要差异。譬如，维特根斯坦曾认为，在语言游戏中，语言有无数的用法。[1]奥斯汀却认为，即使承认这一点，我们也有可能将语言的用法归为有限的类别。奥斯汀提出，既然言语活动从本质上来说是执行一种动作，那么，我们就可以根据句子里的动词用法来划分言语活动的种类。这就有了他的"locutionary act"（以言表意行为）、"illocutionary act"（以言施事行为）和"perlocutionary act"（以言取效行为）。这里我们必须认识到，维特根斯坦的"语言游戏"概念要比奥斯汀的"言语行为"概念宽泛得多。因为，我们可以把维特根斯坦所言的"语言游戏"视作包括奥斯汀所见的"言语行为"在内的一切语言活动。

沿着奥斯汀语言哲学的分析进路来思考，我们会发现，尽管人们言语活动中所使用的某种语言本身就是一种制序（即必须有其内在的规则与秩序），但话语（utterance）中所内含着的制序往往隐而不彰。只要我们对发话行为和书写文字的秉性区别稍加梳理，就能理解这一点了。发话行为自然遵从语言内在的规则，其表达的含义也必须符合对发话人本人来说的外在的人们共同的生活形式上的一致性（否则别人就无法理解他说的话，他本人也不是在说话，即说

---

[1] 譬如，如在《哲学研究》（§23）中，维特根斯坦说："我们称之为'符号'、'词'、'语句'的东西有无数种不同的用途。而这种多样性并不是什么固定的、一劳永逸地给定了的东西；可以说新的类型的语言、新的语言游戏产生了，而另外一些则逐渐变得过时并被遗忘。"

"人话"），但在一个人的发话行为中，无论是语言本身的内在规则，还是发出的话语中所映射的人们生活形式中的一致性，均是隐含着的。但是一旦把话语用书写文字记录下来，这些内在规则和潜含的人们生活形式中的一致性就会在文字文本中显现出来，因为，一旦经由书写把话语记录下来，话语本身内在的规则和秩序就会在书写中凝化为一种显性的制序，或者说就会把话语之中的内在规则和秩序在书写中昭显出来。因此，话语本身在书写语言中的凝化，就是某种社会制序的外显和外现，至少是语言本身作为一种社会制序的固化。当然，任何奥斯汀所说的"言辞行为"（英文为"phatic act"，而不仅仅是发声行为，即"phonetic act"）和"表意行为"（rhemic act）中所潜含的"pheme"（言子）和"rheme"（意子）能成为自身，即成为人们交流中的一种类似"公共领域"和哈贝马斯所言的"主体间性"（intersubjectivity，能在人际间交流并能互相理解的）之类的某种东西，以及发声行为中所潜含的句法、语法和意义，本身就是约定俗成的结果，因而言语本身也内含着某种秩序和约定俗成的惯例和规则——这即是说言语本身内含着某种制序，但话语（utterance）中的制序却是内隐着的或者说潜含着的。然而，一旦把话语用书写文字固定下来，语言中的所承载着的社会制序和语言作为一种"社会"制序就是外显着的。

在谈到书写文字在人类制序化进程中的作用时，我们不妨在这里品味一下柏拉图以下有点诙谐但却寓意甚深的一句话："绘画可以把所绘的人表现得栩栩如生，但如果你去问这幅画像，他却一言不发。写成文字的一篇话也是如此，你可以以为它知道自己在说什

253

么，但如果你去问它，它却只会一遍又一遍地重复原有的答案"（转引自 Harris, 2000，p.18）。柏拉图的这句话，实际上道出了书写文字在社会的制度化或宪制化过程中的一个非常重要抑或说本质性的作用。一段内含着某一确定意义的语言句子一旦经由书写文字而确定下来，或者说一旦变成书写句子，它随即具有了确定的意义，因而也就像一把尺子一样放在那里。这正是法律文本和契约文本的本质秉性：没有经由书写，一个语句总是不确定的，在一个人复述和转述时，总是会"走样"，会"变形"，会常常比原来的语句及含义增添或减少什么东西。因此，没有文字，就没有"严格意义"上的法律，更不可能有契约。契之成为契，约之成为约，以及法律之成为法律，就在于它们均有语言的书写形式。另外，由于法律和其他制度规则就其指向其约束者来说自身必须是显现的、明白的、持存的，因而也是相对固定不变的，它们也必须要求自身是公共的。就这些要求本身来看，只有由书写文字所界定的语句才能适应此要求。如果用口语表达出来，往往就没有这种公共性，因为口语所传达的语言信息具有发话者与听者之间反映和理解的转瞬即逝的性质。由书写文字表现出来的语言显然就超越了口头语言的这些有限性，而成为人际间持存和意义相对固定和明了的一种文本存在。文字语言的这些特性显然与法律、契约和其他制度化规则的存在是有着明显的内在性的"选择性的亲和力"（selective affinity）的（反过来推测，在初民社会中，正是人们交往间有立约、立法和正式化人们之间的交往和交易关系的需要，才促使——或言迫使——人们创造出了书写文字）。由此来看，没有书写文字这种语言存在形式，就不可能有法律制度，就不可能有规范化的市场关系，更不可能有制度化或宪制化的社会（constitutionalized societies）。反过来说，没有书写文本在广泛的程度上规定人际交往和交易关系——进一步说——如果一个社会还没有达到绝大多数人均"识字"（有阅读文字文本的能力）的"文化"和教育水平，那么，这个社会也不大可能成为一个法治化的宪制社会。[1]

从人类历史发展阶段上来看，法治化的宪制社会也只是近代的事。放在人类历史的长河中来看，这无疑只是一"瞬间"。而在人类历史发展到17、18世纪才在欧洲和英美社会中型构和扩展出法治的宪制化经济，显然也是欧美社会从近代以来随着教育的普及（尤其是高等教育的不断普及）而人们普遍"识字"的一个历史结果。正如美国著名语言学家布龙菲尔德（Bloomfield, 1955，参中译本，第13页）所指出："事实上，一切文字都是较近期所创造的，

---

[1] 这里有一点值得提请人们注意：在看到书写文字在人类社会进程中的正面作用时，也应该看到书写文字的出现给人类社会带来的一些问题。在这一方面，卢梭走向了另一个极端。据利柯（Ricoeur, 1976, p. 40）所言，在卢梭眼中，文字文明是产生邪恶之源。卢梭认为，文字导致了人与人的疏离，产生了暴政和不平等。这主要是因为，书写忽视了读者，隐匿了作者，剥夺了"语言"本来就属于人的这一"财产"。与卢梭的这一见解相似，现代语言学之父索绪尔（Saussure, 1916, p. 29）认为，文字遮掩了语言的面貌，"文字不是一件外衣，而是一种伪装"。索绪尔（Saussure, 1916, p. 31）还尖锐地指出："但文字的暴虐还不仅止于此：它会欺骗大众，影响语言，使它发生变化。"卢梭和索绪尔对书写文字的这些看法后来在德里达那里被进一步被变了形地表达出来。依照德里达《论文字学》中的观点，文字像"播撒"（La dissémination）出去的种子，并不朝向某一固定方向，它是多样的，自由生长的。因而文字的意义是模糊不定的，对之产生误解也有其必然性。照德里达（Derrida, 1982, pp.318~320）所见，文字一旦播撒出去，书写就成了一个孤儿，四处飘荡，无家可归。

而且直到今天也只有少数幸运的人才有这种财富。对于真实的口语的形式和发展，文字的影响是非常小的。"从布龙菲尔德的这句话来推测，在人们的生活形式的变化时，其中必定伴随着口语的变化——即口语在人们的言语活动中的变化，随后才是文字和书写语言的变化。因此可以断定，人类社会生活形式的制度化，只是随着书写文字出现后才成为可能。由此我们也自然判断出，并可以从人类历史演变史的史实中相应地观察到，人类社会的制度化或宪制化（constitutionalization），在人类历史上要比习俗社会和惯例（礼俗）社会晚得多。并且，按照哈耶克（Hayek，1973）和伯尔曼（Berman，1982，p. 215）及一些其他西方学者对"法治国"（Rechtsstaat）的理解，一个法治化（rule of law）的良序社会，只是在人们的市场交易、商品交换以及政治机制的运作大多法律制度化的情况下才能形成。这其中自然含蕴着人们交往中的关系大量和普遍的契约化，从而也隐含着人们之间关系是用文字"写下"的，而不仅仅只是口头语表述出来的。

  这里我们也应该认识到，尽管强制性的规则即制度往往要直接由书写语言来界定或者说来写下，但不一定完全是如此。譬如在初民社会中，"taboo"作为一种禁忌往往就具有一种非常强的制度约束和制度警示[1]作用。即使在现代社会中，有些制度规则不一定就一定要用语言符号写出来，尽管这些符号有着语言的涵义。譬如，许

---

  [1] 由于"taboo"的禁忌、警示与规制含义要由长者用语言告诉下一辈小孩和青年人，因此，"taboo"的警示和规制意义还是有语言内涵在其中的，尽管"taboo"中的语言涵义可能不是用书写文字的形式写出来的。

多现代城市中的交通规则标志牌就是用某种装置、信号和特定的图标或图像所表示的。然而，尽管制度规则不一定要使用语言符号，但无疑要理解由其他象符所代表的规则时，必须用语言来解释。譬如，即使在交通路口设置了红绿灯控制，如果在城市居民中没有"红灯停、绿灯行"的语言规则概念，尤其是如果没有对交通规则的书写文件式的界定和表述，仍然无人会懂得遵从这种红绿灯信号控制所意涵着的交通规则。因而，在一些由象符所标示着的社会规则中，总是有语言因素和语义在其中，也常常有书写的显性规则在背后。

正如用文字书写下来的规则不一定是制度规则一样（尽管基本上是如此），反过来我们也不能认为口头语言就生不成制度规则。换句话说，尽管一般来说非正式的约束如惯例的规则是由口头语言来建构的，而正式制度性规则一般是由书面语言来界定的，这并不是代表所有的情况都是如此。一些权高位重者如皇帝、总统、法官、主教、牧师等人的口头施事话语可以导致形成正式的制度实在，而一些语言界定的规则则反过来有可能只是界定一些非正式的惯例规则。事实上，西方社会中的许多房地产交易和租赁业中的合约的许多条款就是对过去和即时盛行的商业惯例的认定。当然，从契约经济学的角度看，一旦签订了合约，就形成了正式的法律文件，因此在法律意义上就有了正式约束的意义。但这一事实并不排除一些商业合约条款只是对一些非正式的商业习俗和惯例的认定和认可这一事实。

其实，这种从口头语言与书写语言（文字）关系的视角分疏和辨析人类社会生活形式中的非正式约束和制度性规则的思想进路，早就在我们的先人那里开始了。譬如，在《周易·系辞下》中，就有这样的记载："上古结绳而治，后世圣人易之以书契。百官以治，万民以察。"从这段话中可以看出，即使在中国古人看来，书写语言的社会功用也是很大的。与其他器物为人所使用不同，语言亦能使用人，并影响和规制人的行为。这里的"百官以治"，是说有了书写语言，皇帝就依此治理朝政百官了。而"万民以察"，则是说，有了书写语言的种种规定，天下百姓就知道如何行事和如何交往了。因此，就连中国的古代思想家也懂得，书写语言是社会秩序的制度化的一个重要和主要工具。然而，这里我们必须看到，尽管一些中国古代先贤和思想家们早就认识到书写文字在国家治理和社会制序的制度化中的重要作用，而古汉语文字和其他语言一样也似乎是为满足在人们之间建立正式的契约关系的需要而产生的，但传统中国社会并没有沿着从习俗经济（customary economy）、惯例经济（conventional economy）和宪制经济（constitutionalized economy）的演进路径，从一种礼俗社会向一个法治社会过渡和转变。这里面自然有极其复杂的文化、传统和历史原因。但至少现在看来，从汉语语言尤其是古汉语书写语言的秉性中，我们也许能发现一些原因或潜隐着的某种东西。对于这一点，我们已在另一篇文章中进行了一些初步的探讨（参见载入本书的笔者的"文字语言与社会结构"）。

2003 年 5 月 2 日定稿于复旦，2004 年 9 月 11 日修改

参考文献

Aristotle, 1933, *Metaphysica*, New York: The Loeb Classical Library. 中译本：亚里士多德，1959，《形而上学》，吴寿彭译，北京：商务印书馆。

Austin, J. L., 1962, *How to Do Things with Words*, Oxford: Oxford University Press. 中国影印本：外语教学与研究出版社 2002 年版。

Berman, H. J., 1983, *Law and Revolution: The Formation of the Western Legal Tradition*, Cambridge, MA.: Harvard University Press. 中译本：伯尔曼，1993，《法律与革命》，贺卫方等译，北京：中国大百科全书出版社。

Binmore, K., 1994, *Game Theory and the Social Contract, Volume I: Playing Fair*, Cambridge, Mass.: The MIT Press.

Bloomfied, L., 1955, *Language*, London: George Allen & Unwin Ltd. 中译本：布龙菲尔德，1980，《语言论》，袁家骅等译，北京：商务印书馆。中国英文新版：北京：外语教学与研究出版社 2002 年版。

Cassirer, E., 1945, "Structuralism in Modern Linguistics", Word: *Journal of the Linguistic Circle of New York*, vol. l, no. l Apr..

Chomsky, N., 1966, *Cartesian Linguistics: A Chapter in the History of Rationalist Thought*, New York: Harper & Row.

Chomsky, N., 1985, *Knowledge of Language: Its Nature, Origin, and Use*, Westport, CT.: Greenwood.

Dawkins, R., 1976/1989, *The Selfish Gene*, Oxford: Oxford University Press. 中译本：道金斯，1998，《自私的基因》，卢允中等译，吉林人民出版社。

Derrida, J., 1982, *Margins of Philosophy*, Chicago: Chicago University Press.

Finch, H. L. R., 1977, *Wittgenstein —The Later Philosophy: An Exposition of the Philosophical Investigations*, Atlantic Highlands, N.J.: Humanities Press.

Gadamer, H-G., 1960, *Wahrheit und Methode*, Tübingen: J. C. B. Mohr (Paul Siebeck). English Ed.: *Truth and Method*, trans. by G Barden & J. Cumming, The Crossroad Publishing Company 1975. 中译本：加达默尔，1999，《真理与方法》，上、下卷，洪汉鼎译，上海：上海译文出版社。

Gier, N., 1981, *Wittgenstein and Phenomenology: a Comparative Study of the Later Wittgenstein, Husserl, Heidegger, and Merleau-Ponty*, Albany: N.Y.: State University of New York Press.

Giddens, A, 1984, *The Constitution of Society*, Cambridge: Polity Press. 中译本：吉登斯，1998，《社会的构成》，李康、李孟译，北京：生活•读书•新知三联书店。

韩林合，1996，《维特根斯坦哲学之路》，昆明：云南大学出版社。

韩林合，2000，《〈逻辑哲学论〉研究》，北京：商务印书馆。

Hayek, F. A., 1973, *Law, Legislation and Liberty*: *Rules and Order (I)*, Chicago: The University of Chicago Press. 中译本：哈耶克，2000，《法律、立法与自由》，邓正来等译，北京：中国大百科全书出版社。Humboldt, W. von, 1836, *Über die Versschiedenheit des Menchschlichen Sprachbaues und Ihren Einluss Auf dieGeistige Entwicklune des Menschengeschlechts*, Berlin: Behr. 中译本：洪堡特，1999，《论人类语言结构的差异及其对人类精神发展的影响》，姚小平译，北京：商务印书馆。

Humboldt, W. von, 2001, *Wilhelm von Humbodt's Papers on Language Philosophy*, 中译本：洪堡特，2001，《洪堡特语言哲学文集》，姚小平编译，长沙：湖南教育出版社。

Kant, I., 1933, *Critique of Pure Reason*, trans. by Norman K. Smith, London: Macmillan. 中译本：康德，2000，《纯粹理性批判》，韦卓民译，武汉：华中师大出版社。

Kant, I., 1788, *Critique of Practical Reason*, Eng. trans. by Lewis W. Beck, London: Macmillan (1993). 中译本：康德，1999，《实践理性批判》，韩水法译，北京：商务印书馆。

Kripke, S. 1982, *Wittgenstein on Rules and Private Language*, Cambridge, Mass.: Harvard University Press.

Mannheim, K, 1960, *Ideology and Utopia*, Eng. trans. by Louis Wirth and Edward Shils, London: Routledge & Kegan Paul. 中译本：曼海姆，2000，《意识

形态与乌托邦》，黎鸣、李书崇译，北京：商务印书馆。

Pinker, Steven, 2000, *The Language Instinct: How the Mind Creates Language,* New York: Perennial Classics. 中译本：平克，2004，《语言本能》，洪兰译，汕头：汕头大学出版社。

Ricoeur, P., 1976, *Interpretation Theory*, Texas: The Texas Christian University Press.

Rubinstein, A., 2000, *Economics and Language*, Cambridge: Cambridge University Press.

Saggs, H. W. F., 1962, *The Greatness That Was Babylon*: *A Survey of the Ancient Civilization of the Tigris-Euphrates Valley,* London: Sidgwick & Jackson.

Saussure, F. de, 1916 / 1949, *Cours de Linguistique Général,* Payot Paris. 中译本：索绪尔，1980，《普通语言学教程》，高名凯译，北京：商务印书馆。Eng. trans One: Saussure, F. de, 1959, *Course in General Linguistics*, trans. by Wade Baskin, London : Fontana. Eng. trans. Two: Saussure, F. de, 1983, *Course in General Linguistics*, trans. by Roy Harris, London: Duckworth.

Saussure, F. de, 1993, *Saussure's Third Course of Lectures on General Linguistics*, ed. & trans. by Eisuke Komatsu & Roy Harris, Oxford: Pergamon Press. 中译本：索绪尔，2001，《普通语言学教程：1910～1911索绪尔第三度讲授》，张绍杰译，长沙：湖南教育出版社。

Searle, John R., 1995, *Construction of Social Reality*, New York: The Free Press.

Searle, John R., 1998, *Mind, Language and Society*, New York: Basic Book. 中译本：塞尔，2006，《心灵、语言和社会》，李步楼译，上海：上海译文出版社。

Vendler, Z., 1970, *Linguistics in Philosophy*, Cornell University Press. 中译本：万德勒，2003，《哲学中的语言学》，陈嘉映译，北京：华夏出版社。

韦森，2001，《社会制序的经济分析导论》，上海：上海三联书店。

韦森，2002，"道德•伦理•市场与诗"，《云南大学学报》第三期。

韦森，2003，《文化与制序》，上海：上海人民出版社。

Whorf, B. L., 1956, *Language, Thought and Reality, Selected Writings of Benjiamin Lee Whorf*, Cambridge, Mass.: The MIT Press. 中译本：沃尔夫，2001,《论语言、思维和现实：沃尔夫文集》，高一虹等译，长沙：湖南教育出版社。

Wittgenstein, L., 1921, *Tractatus Logico-Philosophicus*, London: Routledge & Kegan Paul (1961). 中译本：维特根斯坦，1999,《逻辑哲学论》，贺绍甲译，北京：商务印书馆。

Wittgenstein, L., 1953, *Philosophical Investigation*, trans. by G. E. M. Anscombe, 3rd ed. (1967), Oxford: Basil Blackwell. 中译本：维特根斯坦，1996,《哲学研究》，李步楼译，北京：商务印书馆；2001,《哲学研究》，陈嘉映译，上海：上海人民出版社。

Wittgenstein, L., 1969a, *The Blue and Brown Books*, 2nd ed., ed. by R. Rhees, Oxford: Blackwell.

Wittgenstein, L., 1969b, *Philosophische Grammatik*, Oxford: Blackwell.

Wittgenstein, L., 1978, *Remarks on the Foundation of Mathematics*, 3rd ed. G. H. von Wright, R. Rhees & G. E. M. Anscombe, trans. by G. E. M. Anscombe, Oxford: Balckwell.

许国璋，2001,《论语言和语言学》，北京：商务印书馆。

徐友渔等，1996,《语言与哲学：当代英美与德法传统比较研究》，北京：生活·读书·新知三联书店。

杨国荣，2002,《伦理与存在》，上海：上海人民出版社。

张五常，2002,《经济解释》，第3卷,《21世纪经济报道》连载。

文字语言与社会结构：
从语言特征看西方近现代法理社会的生成与传统中国礼俗社会的维系

■ 一个民族的精神特性和语言形式这两个方面的关系极为密切，不论我们从哪个方面入手，都可以从中推导出另一个方面。这是因为，智能的形式和语言的形式必须相互适合。语言仿佛是民族精神的外在表现；民族的语言即民族的精神，民族的精神即民族的语言，二者的同一程度超过了人们的任何想象。民族精神和民族语言怎样一起产生自我们的认识所不可企及的同一个源泉，这一点对我们来说是一个无法破解的谜。

——**洪堡特**（Wilhelm von Humbodt，1836，**中译本**，第52～53页）

引

　　本文尝试从语言(主要是书写语言)特征与生活形式的关联关系的分析视角来反思东西方近现代社会制序的不同演化路径。第2节从字本位语言与华人的思维方式的关联看汉语与传统中国社会制序的协同作用。第3节从汉字的构形特征分析了汉语的人文精神在传统中国社会制序特征上的映射。第4节先分析了汉语与均质欧洲语在语法形态上的差异，进而反思了其差异对东西方近现代社会制序变迁路径的影响。第5节则对中国学者在汉语特征与传统中国的经济与社会制序的关系的探讨做了一些文献回顾和评论。第6节对白话文运动与近现代中国社会变迁的历史路径的关系进行了初步的反思。本文所达致的一个基本理论猜想是：数千年来，传统中国礼俗社会的生活形式之所以能够长期维系，汉语的结构特征可能是一个非常重要的构成性原因。

1. 引 言

在近些年来对文化传统、道德伦理与社会变迁的关系进行理论探讨和梳理辨析的过程中，笔者时时感到在人类社会生活形式变迁的历史长河中，不同社群、族群和社会的习惯、习俗、惯例、社会规范与制度之所以有种种差异且在某些方面差异巨大，可能与不同社群与族群所使用的语言有着千丝万缕的联系。因此，从对语言特征的比较来反思不同族群和社会的生活形式，就成了比较制度分析的一项必须要做的工作了。在对语言与制序（"institutions"，在理论思考的现阶段上，我把西方语言中的"institutions"视同于维特根斯坦哲学语境中人类的"生活形式"）相互关系做了一些初步的理论辨析之后（韦森，2003a），我们就可以大致从对语言特征在人类生活形式上"投射"的理论思考视角来比较东西方社会在近现代历史中的制序化（institutionalization）过程以及制序变迁路径上的差异来了。很显然，这是一个非常艰难、思辨且很有可能会误入歧途的工作。这也无疑要求对东西方语言和社会的基本结构和特征有较深刻的认识和较广阔的知识，而这是我们在短时期中难以做到的。因而，本文只是根据笔者近几年所研读过的一些文化语言学和社会语言学的中外文文献，对这一极其复杂的问题做一些非常表层和粗略的探讨。

在从语言特征比较东西方社会制序在近现代历史中型构和演化路径上的差异之前，这里有必要首先澄清两点：

第一点，要从语言特征与社会的生活形式的关联纽结上比较东西方社会在近现代演化路径上的差异，我们首先要弄清这里所说的语言是指什么而说的这样一个问题。研究语言学的业内同行会知道，语言本身是个难能用语言本身界定的存在。作为一种涂尔干（Émile Durkheim）所言的那种"自成一类的存在"（sui generic），语言要通过一些外在形式显露或者说表现出来。在《剑桥语言学百科全书》中，英国著名语言学家大卫·克里斯特尔（David Crystal）曾提出了"说—听"（口语）、"写—读"（书面语）和"做—看"（手势语）这三种主要语言存在形式说（Crystal，1997）。如果我们接受克里斯特尔（Crystal）教授的这一划分，并把"手势语"（以及"身体语言"——在英文中为"body language"）这种语言存在形式从我们的理论分析中舍掉的话，我们仍然还有口头语言和书写文字这两种语言存在形式。那么，在辨析东西方语言在社会制序型构和变迁中的作用时，以及在探寻语言特征所可能引致的东西方社会在近现代历史中的制序演化路径上的差异这些艰深和玄奥的问题时，我们首先会遇到这样一些问题：要比较、要探析语言特征及其与社会的生活形式的关联机制的差异，我们的"比较理论话语"（discourse）中的"语言"，是指口头语，还是指书写语？不弄清这一点，就笼而统之地进行语言与社会的生活形式关联机制样式和构形的比较,很有可能会产生许多理论误解,进而我们的理论比较的意义和可信度也会大打折扣。很显然,虽然在有着口头语和书写语这两种语言存在形式的任何语言社群中,人们在日常使用这二者时,它们密切相连、相契或者说基本上是一致的,但在任何语言共同体的任何时间里,二者也总会有一些差异,一般差异在于,一般人们说口语时比较灵活,不怎么注重语法(或者说与书写语相比,语法在人们的口头语中有些"隐而不彰"),因而,在任何语言中,书写语总是要比口头语言更"规范"(或者说"正式")些。另外,如果这里默认从古希腊哲人到近代语言学的大师索绪尔(F. de Saussure)的逻各斯中心主义(Logocentrism)[1]——即文字是声音符号的符号,声音是事

---

[1] 西方哲学家尤其是德里达认为,"说对写的支配显现于西方的拼音文字中,正如亚里士多德所见的那样,被说的词是心理经验的符号,被写的词是被说的词的符号"(这是柏拉图和亚里士多德以来西方哲学的传统)。德里达指出,从柏拉图、亚里士多德到卢梭、胡塞尔,再一直到索绪尔和雅格布森,说(utterance, speech, parole)一直被认为是本真和至高无上的东西,凌驾于书写之上。因此,在西方哲学的历史传统中,语言是第一位的,即认为我们先会说话,后会写字。按照西方哲学和文化传统中的逻各斯中心论,即使人们在有了书写文字后,哲学家和语言学家仍然认为言语是第一位的。因为,言语跟人的身体联系在一起。在言语中,语言与人的身体是直接联系在一起的,而书写则是约定的、人工的和派生的。照这种逻各斯中心论,思想观念是没有说出的语言,因而是在场的,说出的言语是思想的外化(第一层外在,但应该仍然被视作在场的),书写则不过是用某种符号将言语刻录下来,因而是不在场的,只是人的思想观念第二层的外化。德里达对这种逻各斯中心论进行了批驳,提出了他的文字学理论(参徐友渔等,1996,第216~367页)。美国当代著名哲学家罗蒂对此曾总结到,"对海德格尔来说,正如对康德一样,哲学的任务确实是带来书写的终结。但对德里达来说,书写永远是带来更多的书写",因而这种无穷的书写正是思想的本质(参徐友渔等,1996,第367页)。德里达对西方哲学传统中逻各斯中心论的挑战是深刻的和强而有力的,但目前看来(转下页)

文字语言与社会结构：
从语言特征看西方近现代法理社会的生成与传统中国礼俗社会的维系

物的符号——的话，我们就可以从上面这一点进一步认识到，人类语言的主要差异更容易从不同语言中的书写语上显现出来。另外一点尤为值得我们注意和深思的是，在任何社会的现实中，尽管人们的行动或者说生活游戏（"生活游戏"这个概念，参韦森，2002，第167～169页）主要是通过言语活动来实现的，或换句话说社会秩序以及带有语言维度的生活惯例和制度主要是在言语活动中型构而成的，但语言游戏所产生的社会秩序及其构形投射在社会的法律或其他正式制度规则上，则主要是通过书写语言来进行和完成的。稍加思考，我们就会知道，只因有了书写文字[1]这种语言的存在形式，法律才得以产生（反过来说，人们订立契约和制订法律和其他正式制度规则的需要导致或者说引发了书写文字这种语言存在形式的产生），尤其是在有了拼音文字这种语言形式的近代欧洲社会中，更加是如此。因此，在以下我们比较东西方社会在近现代社会演化

（接上页）德里达的理论雄辩还难能从整体上撼动西方文化和哲学传统中延续数千年的逻各斯中心主义。

[1] 什么是"文字"？这说来是个有争议和颇值得深思和考究的问题（只要思考一下山东大汶口出土的6 000多年前彩陶上的形符和河南濮阳西水坡出土的青龙白虎图是不是文字这个问题，就可以知道是多么难能回答这个问题了）。东汉时期的许慎在《说文解字》中曾说，"仓颉之初作书，盖依类象形，故谓之文。其后形声相益，即谓之字。字者，言孳乳而漫多也"。对于这段话，李梵（2001，第12页）的解读为，在许慎看来，"六书"中的象形字为"文"，而占当时百分之八十的形声字才是"字"。李梵认为许慎的这一划分是欠妥的，进而认为（李梵，2001，第55～56页），在古汉语中，"文"与"字"不是同一个概念，且两个字反映了汉语发展的两个阶段，即图画符号阶段和标音符号阶段："古代文学家称独体的字为'文'，称合体的字为'字'"。另据李梵（2001，第12页）所言，汉语中"文字"一词最早见于秦始皇的琅琊台石刻，"器械一量，书同文字"。在现代汉语中，"文字"已演变为记录语言的书写符号或言"语言的书写形式"。

进程中语言特征与社会生活形式内在关联机制上的差异时,虽然我们是指以口头语(言语活动)和书写语这两种外在表现形式得以显现其自身的那种作为"自成一类的存在"的东西方语言本身,但在我们的以下的理论话语中,我们心目中的"语言"(这里为复数的多种语言),主要是指书写语言,因而在以下的分析中,我们也主要是从书写语这种语言存在形式所昭显出来的特征差异来讨论问题的。

如果在我们的理论话语中实际上从书写语的角度来审视不同语言的特征上的差异,无论从哲学本体论和认识论的角度还是从语言学的角度来看都问题多多。首先,从哲学本体论和认识论的角度来看,作为汉语书写语言的汉字系统这种图像文字和西方均质欧洲语(Standard Average European)的拼音文字这两类语言本身就有诸多差异。正如下面我们将要指出的那样,这些差异本身不仅为洪堡特、索绪尔、沃尔夫(Benjamin L. Whorf)、利柯、德里达和福柯等这些西方语言学家和哲学家所识别出来,而且为我国的许多语言学家和哲学家所注意到。在这些中外语言学家和哲学家眼中,像汉字这样的图像文字可能本身意味着对西方文化和哲学传统中的逻各斯中心主义的某种"否定",或至少是某种"例外"。正如法国著名哲学家利柯(Ricoeur, 1976, p. 40)所见,在人们用图像文字与拼音文字认识、表达和理论复现世界时,与使用拼音文字的人们相比,是有着重大的认识论上的差异的:象形文字是用图像编织的抽象图式而构筑起来的世界的"景象",而拼音文字则是用"表意"(meanings)而解释出来的文本而构造出来的世界的"情形"(德文为

"Sachlage",英文为"situation")。[1]按照利柯和德里达对图像文字的认识和对西方拼音文字的反思,我们似可进一步体悟到,图像文字所表征的人的认识与世界的关联本身就内含着对西方哲学和文化传统中的逻各斯中心主义的某种偏离。这在我们比较东西方语言在近现代社会制序及其市场结构形成路径差异上的作用时是应该首先要注意到的。

第二点,在比较不同的语言特征在东西方社会在近现代社会制序上的投射以及在制序变迁路径差异上的影响时,我们这里也要指出,在下面的理论论说中,我们所说的西方语言,是指沃尔夫(Whorf, 1956,参中译本,第124页)在"习惯性思维、行为与语言的关系"一文中所提出的"均质欧洲语"。在这篇文章中,沃尔夫还提出了"语言—文化综合体"(language-culture complex)这一概念。我觉得"均质欧洲语"是一个非常方便的总称。加之,按照笔者在《文化与制序》(韦森,2003b)中把文化视作社会制序的"镜像"或"精神性"(spirituality)的理解,我们甚至可以再组合一个"语言—文化—生活形式综合体"(英文可为"language-culture-institution complex")这一新概念。在以下的论述中,我们会用这个词组来对应分析东方语言尤其是汉语在人类社会制序化中的作用。如果说均质欧洲语作为一种拼音文字语言其中的口语和书写文字较为一致(或者说其文字本身就是声音符号的符号)的话,那么,与

---

[1] 按照《圣经·创世记》中所言的上帝以言创世的说法,上帝好像偏好于拼音文字?或者说,拼音文字更符合基督教的上帝创世论?因为,这里的记载是,上帝是以言创世,而不是以写创世。

均质欧洲语相比，在汉语这种具有"图像—形声"文字的语言系统中，书写语和口头语这二者之间可能就有点"距离"或者说有些"分离"了，因而与均质欧洲语相比，汉语的口头语和书写语之间的差异就大一些，尤其是在古代汉语中，更是如此。虽然在前现代社会前，由于没有录音设备，今天不能精确判定在古代中国社会中我们的先人们的口头语言和书面语言的差异是多大，但从唐宋以来的小说体文本和中国古代思想家、哲学家所留下的文著以及朝廷、官衙所存留下来的官牍和一些其他档案文本中，我们至少可以断定在古代中国社会，汉语口头语和书面语是有些重大区别的，且这种差别显然要比均质欧洲语中的口头语和书面语的差异要大得多。

在从语言特征反思东西方近现代社会制序演化变迁的路径差异原因之前，这里也有必要先简略地回顾一下汉语沿革史，这对我们以下的理论分析，也会有一些助益。据汉语语言史学家的考证，早在先秦时代，汉民族就有了自己的共同语言。春秋时，汉民族的共同语言被称作为"雅言"（见孔子《论语·述而》）。到了汉代，汉民族的共同语言被称作"通语"（见西汉扬雄《方言》）。到了明代，它又被称作为"官话"。辛亥革命之后，汉民族的通用语言被称作"国语"。在中华人民共和国成立后，人们又常常并实际上用"普通话"来指称"国语"。一些汉语语言学史的研究（王英人，2002，第2页）表明，在先秦时期，在汉民族的共同语中，书面语和口语是比较统一的。先秦之后，随着汉民族口语的发展演化，书面语逐渐脱离了口语，从而书面语本身又被称作"文言"和"文言文"。但是，到了唐宋时期，一种接近口语的书面语——"白话文"产生了。随之，以这种白话文写出的各种文学作品逐渐多了起来。其中包括唐代的变文，宋代的禅宗语录，宋元的话本小说，以及宋、金、元的诸宫调、散曲，等等。尽管自唐宋以来口语以及与口语相接近的白话文是民间百姓们所日常使用的语言，但在东西方语言学家（如洪堡特等）讲到古代汉语时，他们实际上是指中国古代历代沿传下来的"文言文"。弄清并默记这一点，对我们以下的讨论分析是十分重要的。因为，在中国古代社会，皇帝的圣旨、官衙的命状、奏折和官府之间的官牍、法律条文，[1]以及文人骚客的文著和他们的尺牍，基本上是以文言文为主要形式而撰写出来的。在清朝以前的传统中国社会中，"主导"、维系、传播和"发展"着中华文化的政府政治机构和宦官文人们在维系社会的制度性关系中所使用的语言，基本上也是以文言文为主来进行的。[2]这实际上意味着，在传统中国社会中，文言文在维系中国这种大一统的封建社会结构以及在种种制度性规则和结构的制定、型构、内卷（involution）和演变中的作用是非常大的。理解这一点，对下面我们分析和探究语言对社会生活形式的型构、维系与变迁的作用机制，十分重要。

---

[1] 从1975年12月从湖北云梦县发掘出的秦代书简中的《秦律十八种》、《效律》和《秦律杂抄》，到《唐律》、《元典章》、《大明律》，甚至到大清律例的中国古代法律文本中，我们都可以看出这一点，尽管中国历代法律文本为了达致意义明晰以让百姓容易理解和便于实施的目的，总是使用一些比较接近白话文的文言文写作。

[2] 美国著名汉学家费正清（John K. Fairbank）与赖肖尔（Edwin O. Reischauer）也早就注意到这一点。譬如，在《中国：传统与变革》这部名著中，费正清和赖肖尔（Fairbank&Reischauer, 1979, p.26）就指出，在前现代中国，"书面语总是比口语重要"。他们还举例到，"中国历史上有许多著名的文献——奏章、文论和诗歌，但却很少有伟大的演说辞"。

2. 从字本位语言与汉人的思维方式的
关联看语言在传统中国社会制序上的投射

在对我们所要研究和比较的语言与生活形式的关联中的"语言"是指什么做到"心中有数"之后,我们先来看汉语与传统中国社会中生活形式的型构与变迁的关联与相互作用。这里,我们不妨还是从一些"身在庐山外"的西方语言学家和哲学家对我们汉字、汉语、汉文化和中国传统社会的生活形式这一"综合体"的看法谈起。在具体展开这方面的理论梳理之前,我们首先必须意识到,从文字语言上看,汉字这种中国图像文字[1]或书写语言与均质欧洲语那些

---

[1] 值得注意和深思的是,谈到汉字的性质时,张汝伦教授在20世纪90年代初就曾发现:"如果光从汉字的形态着眼,人们都会留下汉字是一种象形文字或表意文字的印象。这当然不能说完全不对。但实际上在近古以后,汉字已发展成一种以形声字为主的文字了。《说文》的9 000多个字里,朱骏声《说文通训定声》的'六书爻列'所载形声字就有8 057个,约占十分之八。郑樵的《六书略》中计汉字象形类有608字,指事类有107字,会意类有740个字,合计1 455字,而谐声一类却有21 341字,差不多是15倍"(申小龙、张汝伦,1991,第36页)。根据这一点,张汝伦认为,"汉字可以说是以形声字为主体的表意文字系统"(同上,第37页)。这一见解应该说是很到位的,且令人很难不同意。但是,说汉语是(转下页)

274

拼音或拼写文字是有着许多根本性差异的。按照我国的语言学家徐通锵（1999）和潘文国（2002）等学者的见解，汉语是一种"字本位"的语言，这就与均质欧洲语的以"word"（词）为本位的拼音或拼写语言有着根本性的差异。这个差异首先反映在人们认识和观测世界的思维方式的差异上，而人们认识和观察世界以及人类社会本身的不同思维方式，又不能不影响人们的行为和社会选择方式，最后在生活形式的型构中昭显出来，并在生活形式的变迁中反映出来。

在这方面，自近代以来西方许多著名哲学家和语言学家都曾发表过一些深刻的论述和见解。譬如，在谈到拼音文字与图像文字的区别时，洪堡特（Wilhelm von Humboldt, 2001, p.81）就曾指出，在拼音文字的书写语言中，"发声的词仿佛是思想的化身，而文字则是声音的化身。文字最一般的作用在于：它牢固地附着于语言，从而使人们有可能形成一种有关这种语言的完全不同的思考，就

（接上页）一种以形声字为主要构成的图像文字（而不是像西方那种拼写文字或拼音文字），这大致应该没错。现在看来，如果说汉字是一个象形文字，就有许多问题了。因为，照上面的统计数字，象形文字在全部汉字中只占很少一部分。尽管从汉字最初形成时主要是象形文字，或者说汉字这种以形声字为主要构成的图像文字是在象形文字基础上孳生开来的，因而可以说象形字是汉字演化的基础，但近古期以后的汉字系统从整体上显然也并非是一种象形文字符号系统了。从文字学上来看，如果汉字只是停留在象形的基础之上，汉语也不可能发展成这样一个博大和发达的文字语言系统了。尽管80％以上的发达成熟的汉语中的汉字是形声字——这本身意味着汉字表音成分加重，但许多汉语语言学者认为，汉字仍然没摆脱不"象"根，因而认为汉字本质上仍属表意文字。另外值得注意的是，据瑞士联邦科技大学霍伦斯坦（2000，第135页）所言："尽管不存在发生论意义上的亲缘关系，在玛雅、埃及以及中国的文字之间仍存在着结构上的可比性。这三种文字都是由表意和表音、具象和抽象的符号或符号部件组成的混合体系。这种文字可被定义为一种视觉符号系统，凭借这个符号系统，凡能以语音拼读的亦能以图形再现出来。"

好像失去声音的词在记忆里觅得了稳定的存身之处"。在谈到图像文字（Bilderschrift）时，洪堡特（Humboldt, 2001，p.83）则认为："每一种图像文字都激起现实事物的直观形象，而这样做肯定会干扰而不是支持语言的作用。这是一个显见的事实。语言也需要直观，但语言应把直观性限制在借助语音联系起来的词的形式（Wortform）上。事物的表象必须从属于词的这种形式，以便加入一条没有尽头的链带，在这条链带上，思维借语言朝各个方面蔓延开来。倘若让图像成为文字符号，它就会不自觉地排斥它应表达的东西，即词。这样一来，语言的本质即主观性的统治地位便会遭到削弱；语言的观念存在会由于现象世界占据上风而受损；事物会以其所有的属性对精神产生影响，而不是根据词与语言个性精神的一致关系，根据词有所选择的综合起来的那些属性发生作用。文字本来只是符号的符号，现在却成了事物的符号；它把事物的直接表现引入思维，从而削弱了词作为唯一的符号在这方面所起的作用。语言并不能通过图像获得生动性，因为图像的生动性不符合语言的本性；人们借助图像文字同时激发心灵的两种不同的活动，但结果不是加强，而是分散了作用的力量。"洪堡特对图像文字的这一大段评述，实在值得深思。

　　相反，洪堡特（Humboldt, 2001，p.85～86）认为，拼音文字则没有这样的缺点。他说："拼音文字不过是符号的符号，不受任何连带概念的干扰；它处处在伴随着语言，而不是排挤或冷落语言。除了声音之外，拼音文字不引发任何附带印象，因此可以确保思想的自然秩序。思想应该靠语言造成的影响来激发；文字不应该直接攫取思想，它应该用确定的形式去把握思想。"很显然，洪堡特这里对东西方语言与思维形式的理解,还是从西方文化哲学传统中的逻各斯中心论的传统来的。[1]

从洪堡特关于图像文字与拼音文字之间的差别的论述中,我们可以大致归纳出以下关系图形:

图像文字的词(字)　　　　拼音文字的词(word)

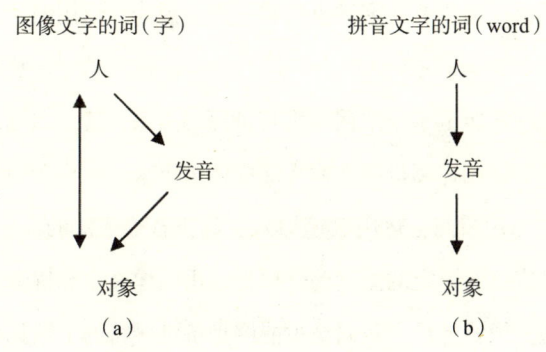

人　　　　　　　　　　　人
↕　　　　　　　　　　　　↓
发音　　　　　　　　　　发音
↕　　　　　　　　　　　　↓
对象　　　　　　　　　　对象
(a)　　　　　　　　　　 (b)

图1　图像文字的词与拼音文字中的词与所涵指对象(性)之间的关系

从这个简化的图上,我们或许可以看出,与拼音文字比较起来,尽管图像文字在词(字)与词(字)所涵指的对象(性)之间的关系乍看起来也许更直接或者说"直观",但也许拼音文字在某一瞬

---

[1] 据霍伦斯坦所言,早在1822年,西方一位考古语言学家J. F. 商博良对古埃及象形文字进行了成功的破译,为普世语言发生学研究提供了一个成功的范例。由这两个范例给现代语言学得出的重大结论:"就现有的语言来看,还没有哪一种是既纯粹又完备的图形文字,或同时是既纯粹又完备的语词文字。所有文字最终都是某种混合体系……欧洲的各种文字决不例外。"但是,霍伦斯坦认为,各种文字的形成,并非经过了在类型上截然不同的阶段才完成,如经过从具象的、表象的(依附于神话的)语词文字,经由音节文字,到抽象的(以逻各斯—理性为前提的)单音文字这样一个过程。埃及、中国和玛雅人的文字并非仍处于图形和语词文字的"原始阶段,而是这三种文字一开始即是由具象和抽象字符组成的混合体系(见霍伦斯坦,2000,第136～137页)。认识到这一点,对我们理解东西方人理解、认知世界的方式上的差异,对认识西方传统中的逻格斯中心主义,均有着深层的意义。

间的具体思维中更"经济",因为,拼音文字比图像文字少了一条联结线路,因而并没有像洪堡特所认为的那样在图像文字中有图像的"连线"在思维中的干扰。另外,在图像文字和拼音文字中的词分别与它们所涵指的对象的关系上的不同,也似乎直接决定了图像文字注重直觉感悟,而拼音文字注重逻辑分析。因为,运用图像文字的思维较注重"形"与"象"的组合,运用拼写语言的思维显然更自然倾向引发人在逻辑链条中把握思维与世界的关系。这一点也许能从目前人们一般使用计算机中文输入法中体悟出来。在作者用汉语输入中文字的那一瞬间,运用五笔输入法和拼音输入法的那一瞬间,思维方式是应该有一定的差别的。根据运用图像文字和拼音文字进行思维的这一微妙差异,我们至少能够理解洪堡特的上述见解,并且,从对"中国图像文字语言—文化—生活形式综合体"和"西方拼音文字语言—文化—生活形式综合体"中的人们的文字表达和文本话语(discourse)方式的普遍观察体悟中,我们也能辨识出这一点。

洪堡特对图像文字和拼音文字的以上见解,显然是深刻的,也自然包含着一定的道理,但这也许只适应近代以前相对孤立的文化和语言系统。随着现代社会各种语言中的社会科学、人文科学和其他种种文献的翻译已成为一种普遍现象之后,图像文字的这些缺点对人的思维的潜隐影响似乎已大为缓解了,换句话说,像书写汉语这种图像—形声文字语言发展到现代尤其是当今的网络经济时代,洪堡特对图像文字的那些见解好像已不再成为一个主要思维结构问题了。譬如,在现代社会中,中文中的"田"和英文中的"field",尽管在语义上有些差别,在现代中国人观念中,可能已不必再与那种远古时期"格子式"的一块块"田地"联系起来。在当代人的思维和语言使用中，中文的"田"和英文的"field"一样，都慢慢演变成了与外在对象（形）相分离的一种抽象语言符号了。

由于任何文字的根本性质就在于它是一种视觉形式的语言，它以图形的形式作用于视觉神经，通过大脑的反射来实现字形声和字义的统一，因而文字的作用就是"形入心通"。据此，我国语言学家申小龙（1990，第 17 页）教授提出与洪堡特的见解相类似的见解："图像性越强的文字，它突破时空局限的功能就越大，它与思维的联系也就越密切。"从申小龙的见解中，我们也似可进一步想象出，越是图像性强的文字，运用这种文字进行思维的人从脑神经的作用机制上考虑越是趋于形象和整体思维，可能越不益于或不大宜于进行逻辑分析和抽象思维。单从这一点，我们也可以进一步推断，汉语作为一种图像文字，会通过型塑华人的思维方式和艺术感觉（sense）与中国绘画、建筑等其他艺术形式而与中华文化的总体特征密切关联，并进而潜移默化地影响并型塑汉民族的"ethos"（精神气质）和华人的行为品格。[1]

---

[1] 在谈到汉字构形与中国古代建筑风格上的相似时，赵虹（1991，第 162～163 页）认为，尽管"汉字所特有的直观性、综合性、甚至神秘性、随意性使它厚厚地沉淀着原始具象思维素"，但它有一个万变不离其宗的特点，那就是"汉字中无处不在的空间对称原则"。赵虹还认为，"从广角度说，汉字中无处不在的空间对称原则，和（中国）古典建筑尤其是宫观殿堂群落的'中轴线'一致，正是中国宗法制社会皇权一统的象征。中式建筑主要特色为'框架承重'，与西式建筑的'墙体承重'不同，它的每一小构件，小至枘凿，大至台观，都不可能脱离整个体系而独立，恪守轴线对称是其存在的先决条件，几千年一贯，有如汉字结体，有如封建体系……放大来看，也是封建文化整个负面的观照"。

另外，现代心理学试验已经证明，认读拼音文字必须通过语音的分析才能了解其意义。这至少证实了图 1(b)的联结链条。但在像汉语这样的图像文字中，是否一个概念与语词所涵指的对象(性)之间只有图 1(a)左边的一条直接"连线"？即概念直接指向对象(性)？看来显然还不是。因为，尽管图像文字较少牵动语音的纽带，但作为一种既存的"活语言"，这自会或多或少地牵动语言。在我们默读或通过拼音输入法(甚至用五笔字形)打字时，我们总是在脑思维中"默默发出"汉字的语音，尽管我们在默读、打字中并不牵动声带而发出每个汉字的声音，但在我们写出或拼打出(包括运用五笔字形输入法)每个汉字的那一瞬间，其"音"还是在我们的大脑思维之中"闪过"的。因此至少我们可以断定，图 1(a)右边的曲折连线还应该是存在的。值得注意的是，许多现代脑生理和心理试验研究均表明，拼音文字信号是由较有分析力的左脑分管的。拼音文字的词符反映在人脑里，要经过"语言区"，才能进入"思考区"。许多试验脑神经生理学的研究也表明，汉字之类的图像信号主要受由接受整体印象的右大脑"分管"，因此图像文字进入人的大脑时，可以不经过"语言区"而直接进入"思考区"(参见申小龙，1990，第 17 页)。这样不同语言运用的脑生理机制，对以拼音文字为其书写语言形式的欧洲人和以方块图像文字为其书写语言形式的华人和东方人(如日本人和朝鲜人)会产生什么样的不同影响？这无疑是脑神经科学、认知生理学、心理学以及(比较)行为科学所共同面对的一项值得进一步深入研究的问题。

实际上，汉语中，人们平行地通过两种语言存在形式即

"口语"和"汉字系统"认识、描述世界和表达自己的思想这一点,也早在三百多年前就被德国哲学家莱布尼茨(Gottfried W. von Leibniz)所认识到:"语言通过发出的声音提供思想的符号,书写是通过写在纸上的永久的文字提供思想的符号。后者不必与语音相联系,这从汉字可以看得很清楚"(转引自潘文国,2002,第90页)。从莱布尼茨的这段话中,我们更可以解读出,他认为在图1(a)中那条在词(字)与所表对象(性)之间的不经过发音的联结存在。当然,没有人比我们这些能识汉字的人自己更能体悟出当自己通过汉语文字语言来阅读、进行思维的瞬间和每时每刻认知世界的过程中,在那从一个字形进入视网膜而通过神经末梢与中枢神经相连从而激发大脑思维的那一瞬间,是否有不经牵动声带(包括默读)而直接把一个汉字的形符与外在对象相连的情形了。

与洪堡特和莱布尼茨一样,现代语言学之父索绪尔也在一个甚为高深的层面上反思汉字为代表的表意文字与以拉丁字母为代表的表音文字的区别。在《普通语言学教程》中,索绪尔(Saussure,1916,参中译本,第50~51页)就曾指出:"有两种文字体系:(1)表意体系。一个词只用一个符号表示,而这个符号却与词赖以构成的声音无关。这个符号与整个词发生关系,因此也就间接地和它所表达的观念发生关系。这种体系的典范例子就是汉字。(2)通常说的'表音'体系,它的目的是要把词中一连串连续的声音模写出来。"接着,索绪尔又指出:"书写的词在我们的心目中有代替口说的词的倾向,对这两种文字的体系来说,情况都是这样,但在头一种体系里,这种倾向更为强烈。对汉人来说,表意字和口说的词都是观念的符号；在他们看来，文字就是第二语言。在谈话中，如果有两个口说的词发音相同，他们有时就求助于书写的词来说明他们的思想……汉语各种方言表示同一观念的词都可以用相同的书写符号。"从索绪尔的这一大段话中，我们可以解读出，尽管从中国古代就有孔颖达和刘勰的语音中心主义的语言观，但至少从汉语发音和汉字的关系上来看，中国人与西方人在观察和认知世界时的视角和途径还是有区别的。从索绪尔这位语言大师对汉语和表音文字之间的特征区别的辨析论述中，我们也可以解读出图1中所表示的两种语言体系中词（字）与其所涵指的对象（性）两种不同联结渠道上有某些差异。

以上我们是在书面语的意义上讨论一个"字"或"word"与所涵指的对象（性）之间的关系。在没有文字语言的社群或社会中，或者说有了文字语言社群中的一个不识字的人（illiteracy）说出一个字词或"vocabulary"时，他所发出的一个语音（或当其脑思维中有一个不发出的"语音"的"词"掠过）时，这个音符和音符所涵指的对象（性）之间显然就没有图1(a)右边那条文字图像的附加连线了。因而，在所有的语言中，只有在口头语和不识字人的情境下，一个概念和概念所涵指的对象（性）之间的关系应该是相同的，即所有概念都回到了索绪尔所言的能指（significant）与所指（signifié）的关系中了。

当然，我们必须意识到，在有图像文字与拼音文字这些不同书面语的语言社群中，尽管人们运用文字语言进行思维的链条绝非像图1的几条连线那样简单，但大致可以表示出二者之间的差别。这些语言特征的差异可能寓意深远。一般研究认为，拼写文字加上规范的语法，使得西方语言（均质欧洲语）更宜于表达那些抽象的思维与关系，更宜于抽象思维，从而导致科学、逻辑学和理论科学的发展；而图像文字与灵活和"柔性"语法的结合，则更宜于表达人们生活中的形意关系，也更加宜于形象思维。所以，在"中国语言—文化—生活形式综合体"中的书法这门高深的艺术，在有着拼音文字的"西方语言—文化—生活形式综合体"中则是不可能出现的。图像文字和拼音文字在人们思维及其形式和机制中的这些深层区别，自然会反映在人们的价值取向上。譬如，即使进行最直观的观察或者稍加思考，我们立即会认识到，有着图像文字的中国人更注重形意和文化的"内功"，这包括在人事关系中靠非正式的礼俗关系来处理和"周旋"；而有着拼音文字的西方人更张扬地注重外表，注重人际间的抽象关系和规则约束。这不能不说是在最深的层面上显露出了西方主要工业社会在近现代型构和扩展出一种法治国家而中国和东亚诸社会却未能在近代自发地生发出法理化的市场经济秩序的文化和语言"基因"［即英国当代著名生物学家理查德·道金斯（Richard Dawkins）所言的"meme"，即"拟子"，参韦森《文化与制序》，2003，第4章］。

著名语言学家帕默尔（Leonard R Palmer）在他的《语言学概论》中指出："（汉语的）视觉符号直接表示概念，而不是通过口头词再去表示概念。这就意味着书面语言是独立于口头语言的各种变化之外的。它意味着一个学生学了四千个左右的视觉符号（据说足够日常应用了）之后，四千年的文献就立即展现在他的面前了"（转引自申小龙，1999，第14页）。从帕默尔这一见解中，我们也许能进一步推想出，直到晚清和民国之前，作为一种图像文字的汉字，与拼音文字相比，更能从其直接存在的形意上内蕴、保存和承传更加久远的中国文化传统，因而更可能含有维系传统文化的内在张力。当然，我们这里仅就古汉语和繁体字而言的。在1958年以后的汉字简化方案全面推行之后，尤其是伴随白话文的全面普及，中文的书面语显然更进一步抽象符号化了（或言一些汉字更远离原来对象的外征的"象符"而更加变得是一种纯粹形声化的"意符"），随之，简体字、白话文与繁体字和文言文相比所潜涵的保持传统文化的张力是否更"弱"一些或者说更"稀薄"一些？另外，由于近代以来现代汉语的语法和词义、词汇许多都受欧洲语言和语法的影响，这显然无疑使现代汉语与传统中国文化的距离比文言文和繁体字要间接一些，或言"远"一些。哈佛大学的杜维明教授在1989年就曾惊呼："西方现代文明的价值已成为了当代中国文化精神的主脉"。[1]这是否或多或少也与使用白话文和简体字有关？现在，从语言、文化与生活形式的相互关系和相互作用的研究视角来看，即使我们接受杜维明教授的这一判断的话，西方现代文明的价值成为当代中国文化精神主脉这一社会事实主要是发生在现代汉语的沿革和变迁层面上

---

[1] 杜维明教授曾深刻地指出："事实上，西方现代文明的价值已经根深蒂固地成为我们的价值，成为我们（今天的——引者加）的传统。而在我们这个新的文化传统的氛围里面，要想了解我们的传统文化，非常困难，我常常说一种'遥远的回响'，听不到它的声音，看不到它的菁华，因为日常的价值标准全是西方的……所以西方文明已是我们的文化传统，跟传统文化已有很大断裂。"（1997，第57～58页）

的，或者至少与现代汉语的形成和演变密切相关。这里面不光有对均质欧洲语中的词汇的翻译、引进所必然携带的西方文化精神中的一些文化拟子或拟子簇的传入和播化，而且正如下面我们将要指出的那样，自《马氏文通》出版以来，西方语言的语法结构也对现代汉语语法根基层面的改造产生了巨大的影响。

另外，单从发音这一维度比较一下各国英语（如英国英语、爱尔兰英语、美国英语、澳洲英语、南非英语、印度英语、巴基斯坦英语）之间的差别与使用同一汉字系统的中国各地方言之间的差别，我们也会发现，各国英语发音之间的差别，要远比中国各地方言发音之间的差异小得多。这显然与英语是一种拼音文字而汉语是一种图像文字有关。然而，由于在一个偌大的中国，不管各地流行什么方言，但由于中国汉民族统一使用汉字，在汉民族之间有着甚强的内在文化凝聚力和传统维系的"强韧性"，尽管目前我们还不能梳理出其内在的因果关系，但至少我们可以猜测出，大一统的中华帝国在经历了历史上的诸多战争、入侵和朝代更替之后能一直维持下来，汉语文字在其中肯定起到了一个非常重要的作用。[1]这一点曾为美国著名汉学家和历史学家费正清（John K. Fairbank）和其他西方学者所注意到。譬如，在与赖肖尔（Edwin O. Reischauer）合著

---

[1] 许多西方学者均存在这样一个困惑：汉文化区域内并不存在一个超越的上帝为汉民族的精神支柱，但它所表现出来的内聚力却并不比任何一个文化区域弱，甚至更强，原因到底在那里？赵虹（1991，第134页）发现，其重要原因在于汉文化区域有一个共同的文字基础——汉字。赵虹甚至认为，"在多佛多神的汉文化中，汉字之于华夏民族，犹如一个无形的上帝，众佛之祖"。这是一个非常有见地的洞识。

的《中国：传统与变革》中，费正清和赖肖尔（Fairbank&Reischauer, 1979，p.26～27）就非常恰当地指出，汉字的一大优点就是它容易克服方言的差异或其他更大的语言障碍。他们曾推测，如果中国使用拼音文字，或许说不同方言的中国人早就会分裂成为不同的民族了，就像意大利人、法国人、西班牙人和葡萄牙人一样。由此，费正清和赖肖尔（Fairbank&Reischauer, 1979，p.27）得出这样一个结论："中国能成为世界上最大的族国，这一点至少应从其文字中找到部分原因。"不但汉字在数千年来维护中华民族的统一和文化精神的一致性上有着重要的——或言起着根基性的——作用，费正清和赖肖尔甚至还认为，东亚文明之所以形成一个较大的统一体，在很大程度上也有赖于汉字。因为，照他们看来，在现代之前，对汉字的热爱和尊重，使得东亚不同国家之间有着牢固的联系。譬如，直到一个世纪前，朝鲜和越南的大多数著作，以及日本的许多著作，还都是用古汉语写成的，而不是用他们本民族的语言写成的。根据这一点，费正清和赖肖尔认为，"如果中国使用拼音文字，那么东亚在世界文明中肯定不会成为这样一个独特的整体"。

3. 从汉字构形特征到汉语的人文精神再到传统中国社会的总体制序特征

除国外一些哲学家和语言学家（如洪堡特、索绪尔等）外，近些年来，国内语言学界的许多论者也探讨过汉字的起源、构形特征与中国人的思维和汉文化之间的关系（如申小龙，1990，1995，1999；王作新，1999；赵虹，1991；潘文国，2002；王显春，2002，祁洞之，2002）。在这些探索中，申小龙教授在一个较广阔的文化语言学的知识背景中对此做了大量探索。譬如，在1994年发表于《学术月刊》第11期上的一篇题为"汉字构形的主体思维及其人文精神"一文中，申小龙（1999，第201页）就指出："语言是以特定民族形式来表达思想的交际工具，而同时，语言形式本身又是思维过程的一部分。人类思维中概念的形成，推理的展开，都需要有语言形式的'模铸'才能形成和巩固下来，人的认识才能推进。因而，语言形式和思维形式、思维方式都有密切的联系。各民族的思维方式不同，必然深刻影响与之相应的语言形式，反之亦然。[1]而在语言的各种形式表现中,文字的结构,尤其是表意文字的结构,最直观地体现了一个民族的思维方式。"根据这一点,申小龙认为,由于汉语是一种方块表意文字,无论是从汉字的结构方式,还是从汉字的表意方式来看,它都充满了汉民族辨证思维的特点。申小龙进一步指出,尽管古汉字是以象形为基础的,即许慎所言的"画成其物",但从许多古汉字中可以识出,"象形汉字在表意的过程中,为了克服'画成其物'的局限,早已在自觉或不自觉地对事象进行分析,根据事象的特点和意义要素的组合,设计汉字的结构,每一个字的构形,都是造字者看待事象的一种样式,或者说造字者对事象内在逻辑的一种理解"(申小龙,1999,第203页)。

要理解汉字与使用汉字的汉人的思维结构以及与传统中国文化以及汉族人生活形式之间的潜隐关系,我们必须把中国文化的形成史以及中国社会的制度型构史与汉字的形成与演变史放在一起来思考。根据钱存训先生的考证(2004,第22页),现在所知的甲骨文单字已愈5 000,其中仅1 500字可解。钱存训先生还发现,周代金文所留下来的字,不会超过三四千。尽管在各地发现的甲骨文已有数千字,但在中国的远古社会中,这些地方和族国的文字很显然还只是在很小的地方为很少的人传播和认识。汉语考古学界一般

---

[1] 这里的问题是:是一个民族思维方式的不同导致了不同的语言?还是因为既定和承传下来的语言,型塑了一个民族的思维方式?这显然又回到了维特根斯坦的人"遵守规则的悖论"以及语言游戏与生活形式之间的关系上去了。但整体看来是后者,而不是前者,尽管一个民族的语言是一个民族在长期文化和社会变迁中逐渐形成并不断演变的。

同意，只是到了春秋战国时期，汉文字语言才真正发达起来和普遍化起来。与汉字系统的孳生和形成过程相伴，许多古汉语学者和中国文化研究者也认定，汉民族的文化心理结构也初步形成于周秦之际。对于与汉字系统生成和汉民族的文化心理结构成型这两个同构在一起的历史过程，赵虹（1991，第136页）曾总结道："它是一个以阴阳交感、五行周复为基本思维框架，天人合一又以人为中心的宇宙秩序动态平衡图式……汉文化长于整合的传统，表现为中庸和谐的处世原则，直觉证悟的思维方式，'穷达'晏如的人生态度，等等。把这些特点作为参照系，不难发现在汉字构体上的人本观念及其造型规律与之有着天然的同构模式。汉先民的社会心态构成了汉字的特色，而这特色又参与了华夏民族的文化建构——这是个涵孕着众多内容的关系网。"基于"文字本身即狭义的文化"这一认识，赵虹（1991，第136、143页）进一步认为，"汉字是活的社会化石"。用我们现在的话语来说，汉字本身即是中华汉民族文化、汉民族精神，以及中国先民社会历史中生活形式的"凝化"和"结晶"。[1]

正是因为汉民族的基本文化心理结构与汉字的形成到固定化过程大致在同一个历史时期生成，浸淫着浓郁的人文精神的传统中

---

[1] 近些年提出过"汉字起易（经）说"的萧启宏（1999，第5～6页）先生也指出："汉字不仅是记录汉语的文字符号，而且是负载着（中国）古代科学知识和文化观念的全息标志，是固化了的信息模块。"他还认为，"不管社会怎么变，汉字的模块没有变，它本身的信息内涵没有变"。从他推出的《汉字启示录》系列（包括《汉字启示录》、《从人字说起》和《信仰字中寻》）的理论梳理和对汉语文字起源的考据中，我们也能处处解读出汉字与中华文化和传统中国社会的生活形式之间千丝万缕的关联与交融。

国文化首先也在汉字的型构上充分地映照出来，甚至有的学者把传统中国文化浓郁的人文精神与汉字的构形特征联系起来。譬如，在"汉字构形的主体思维及其人文精神"一文中，申小龙（1999，第225页）曾指出，汉字构形的浓郁的人文精神，不仅表现在汉字构形所描绘的上古社会方方面面的文化风景，亦表现在其所体现的汉民族传统思维方式上。而汉民族的传统思维方式，最显著的是主体思维方式。这种主体思维方式不是把外在对象和思维主体对立起来，而是从思维主体的内在意识出发，按照主体意识的评价和取向，赋予世界以某种意义。《孟子·尽心上》中所言的"万物皆备于我"和《庄子·齐物论》中的"天地与我并生，而万物与我为一"，均集中反映了这一点。申小龙认为，这种建立在主客体统一、人与自然合一意义上的主体思维方式，在观察和理解自然现象的具体运作中，很自然地将主观理念和情感投射到自然界，视自然具有人的特点。这种"主体投射"在汉字的构形上反射出来。这一点，在许慎的《说文解字》的"序"中的以下一大段话中充分反映出来："古者庖牺氏之王天下也，仰则观象于天，俯则观法于地，视鸟兽之文与地之宜，近取诸身，远取诸物，于是始作《易》八卦，以垂宪象。及神农氏结绳为治而统其事，庶业其繁，饰伪萌生。黄帝之史仓颉，见鸟兽蹄迒之迹，知分理之可相别异也，初造书契。百工以乂，万品以察，盖取诸夬。"申小龙（1999，第226页）认为，许慎的这段话就充分反映了这种从主体出发造字的基本方略，"仰则观象于天，俯则观法于地"；"近取诸身，远取诸物"。但从这一源于《易经》的一段中国古人造字的传说来看，无论天上的"象"，还是地上的"法",都需要人的仰"摄"俯"取"。于是,在人仰摄俯取的汉字生成过程中,万事万物就被打上了人的印记。申小龙(1999,第226页)进一步指出:"至于'近取诸身,远取诸物',其'远'与'近'、'身'与'物',之别,更是由人的主体决定的。"因而,在中国古代人的心目中,"物象"从本质上说是一种"人象"。申小龙(1999,第230页)还特别举例道,汉字"天"字的构形,恰恰反映了这一汉字的基本精神:"'天'字的构形,下方的'大'是一个正面舒展双臂的人形,上方的'一'指示人的头顶。由此可见,天的概念是和人的概念联系在一起的。"现在看来,"天"字的构形本身,就折射出了中国古代哲学中的"天人合一"观。对此,申小龙(1999,第231页)惊叹道:"古汉字'天'的构形,既是中国古代人文主义思想的一个源头,又是这一思想历程的生动的见证!"他还进一步发现,像"天"这样具有人本观念的字,还有"大"、"太"、"夫"、"元"等。它们的构形都以人为基本构架,均潜涵有以人为万物之中心和尺度的意识。

由于汉字是构建汉语整体的单元材料或言华人思维的"思想原子",加上汉语如徐通锵(1999)和潘文国(2002)教授所见的那样是一种字本位的语言系统,那么,汉字生成时本身所潜涵的人文精神,自然会从原初形态上就影响了汉语以及中国文化的基本品格。在最近出版的《文化与制序》小册子,笔者(韦森,2003)曾指出,西方文化从整体上来说是一种个人主义文化,而中国传统文化则是一种家族社群主义文化。在中国文化的精神品格中,是无"独立自我"意识的。这一点,从汉字中的"我"字一开始出现时,本身就形成了。从文字学、语源学、文化发生学与认知心理学相互关联的角度来看,在远古华夏文字刚产生之际,缺乏独立个体自我的文化观就在原初汉民族部落的初民意识中萌生了,并在古汉语中的"我"字上凝化下来。据南京理工大学人文学院的祁洞之(2001,第36~38页)教授考证,"我"字在古文字中曾呈"手"形。[1]这是一个坐在台子或椅子上的手持戈器的威武者的形象。胡厚宣先生对此曾形象地解释到,在古汉语中,"我"并不是与别人相区别的作为英文"individual"意义上的那个"我"(相当于中文的"己",即英文中的"I"),而是一个人群中的最有威望者(相当于英文中的"chairman")。因此,祁洞之教授认为:"实际上这个'我'是一个人群中的图腾和象征,指谓的是部落或其他形式的群体。而个体的主体性,即今天我们习称的'主客两元'中的'自我',在这个时代仍处于未觉醒状态。"正因为在汉字原生态上就是如此,在汉文化共同体中,"人们注意不到自我,而只注意到其所镶嵌之中的整体"(见祁洞之,2001,第37页)。另外,按照萧启宏(1999,第297页)对汉字"羣"(群)的解读——"君为群首,择君为头","羊

---

[1] 值得注意的是,东汉许慎在《说文解字》中考证,甲文的"我",成"抃"、"手"型,从"戈",象兵器之形。当代一位古文字研究者唐汉在其《中国汉字学批判》(2006,上册,第190页)曾考证到,这个"手"的"我"自甲文,"讲'我'的物象场景复原,可知'我'为两军对阵时,领头者手持斧钺上下挥举兵器率领族从齐呼'我、我、我',以恐吓和威胁"。这里也间接印证了胡厚宣先生和祁洞之教授的考证,即,"我"字在古汉语中有首领(chairman)、我们(weness)的含蕴。这是传统中国社会绝大多数人不敢自称"我"或"吾",而发明了各种名词自贬自己,如"小的"、"在下"、"下官"、"不才"、"敝人"等数十种自谦之语的缘由。这也从一个侧面证明在传统中国社会和传统中国文化中,个人权利意识是"昧蔽"着的,或者说在传统中国社会和传统中国文化中是不讲个人权利和"自由"的。

为群身，倡导温顺"，以及从发音上的"君音通困，共创共守"——"群"字本身就蕴含着在一个农业社会中人们选拔出一个有良善美德的君子作为众人的首领，且由他来教化和引领人们走向光明（"羊"通"阳"）的一个（公有制下的）共同体之意。这个"群"字，难道不又是远古中国农业社会及其结构的一个惟妙惟肖的写照？

另外，从语源上考察汉字"管"，我们亦能解读出汉字所潜涵的文化意义。据何新（1987）在《中国文化史新论——传统文化与中国现代化》一书中考证，在汉语中，"管"字从"官"，并且，官、管常是一回事。从逻辑上推理，官就是管人的，而"管"的本义正是"锁"（《左传·僖公三十二年》中有"郑人使我掌其北门之管"之说，这里的"管"，指钥匙），古代叫"管键"，即"关键"。以此来看，"官"的职责就是"管"，"管"的办法就是"关"，即"锁"。所以，从"官"、"管"、"关"这些汉字上，也都反映了中国古代社会的政治管理思想和施政导向。另外，在《荀子·儒教》中，还有"圣人也者，道之管也"的说法。这说明，在中国早期思想家的心目中，圣人是承管着天下之道的关键人物。这一思想，与数千年来一直延续下来的中国人心目中那种总是期盼着有贤君明相来以德和依礼治理国家的美好愿望，显然是相通的。这种上层仕宦的信念和老百姓心中的期盼结合在一起，又会自然在社会整体上"酿造"与一种充满人治精神且君主专制与大一统的科层制结构相"耦合"在一起的礼俗社会。

谈到以字为本位并以字的相关、"黏联"来组词造句并进而构成思维体系这一语言特征，这里还有一点值得我们注意的是，由于汉语书面语是一种字本位的语言系统,是通过字的随意"碰撞"和黏联造词、组句,这也可能从根本上影响并型塑了中国人的思想习惯,使中国学人通常有一种从现有概念中拼凑其他概念的思维习惯,并自然倾向于直观感悟,而不宜于进行逻辑分析和推理。另外,由于汉字是一种无规则的文字,必须逐个记忆,不像拼写语言那样根据发音较有规则地拼写出一个字或词,因而需要人们的死记硬背。这种汉字形式本身也导致了中国人从四五岁开始识字那一天起就自然习惯于死记硬背的学习方式,并从而塑造了中国知识分子的思维习惯甚至民族的性格。加之,正如许多语言学家所见的那样,由于从幼儿时学认字开始,汉文化社会中的儿童是在家长的压迫和强行灌输之下学认汉字的,而这种压迫式和强制式的文字学习过程往往影响儿童的"正常的"心理发育,使那些学认汉字比较困难的儿童在少年期就产生一种挫折感。根据这一点,有的论者甚至认为,一些中国知识分子的懦弱和消极思维等可能与他们早期的汉字学习过程有关。现在看来,中国人缺乏独立的自我意识和较多人有俯首遵从上级和长官命令和意志的行为外征,可能都与他们少年时期学认汉字时的"强行灌输"、"强化教育"和"强迫接受"过程有关。[1]另外,"台湾国立大学"医学院的精神病专家曾炆煜曾在

---

[1] 这一点也为费正清和赖肖尔这些汉学家所注意到。譬如,在《中国:传统与变革》中,费正清和赖肖尔(Fairbank&Reischauer, 1979, p.25~26)就指出,汉字与较容易的西方拼音文字相比有些弊端。这主要是指,"显然要花费多得多的时间和精力方能掌握汉字。一个字往往很复杂,平均每个字的笔画可能有 12~13 划,有些字多达 25 划。要看懂简单的教科书,至少也必须记住二三千字。不适当地鼓励记忆力,强调死记硬背学会所有这些字,这可能限制了中国的教育。这(转下页)

一篇题名《从个性发展的观点看中国人的性格》的论文中指出，即使在当代华人社会，中国人一般也顺从权威，通过压抑本能的食色之欲的冲动，通过遵守一种实践伦理，通过恪守"顺从"和"互惠"规范在内的难以把握的礼仪规矩，来与他人相处，从而学会避免"羞辱"的制裁。因此，他认为，典型的中国人常感到在心理上深受挫折，而后又带着这种挫折感重新开始自我控制和压抑的又一轮循环（转引自Metzger, 1977，参中译本，第20～21页）。现在的问题是，中国人的这种实践品格中的华人齐一性 [英文为"Chinese homogeneity"——这里借用美国一位汉学家兰德尔·爱德华兹（R. Randle Edwards, 1986）所用一个术语] 是否与中国儿童早年学习汉语的艰苦过程有关？[1]这实在是值得我们深思的一个问题。

───────────────────

（接上页）套复杂的文字与那些在文化上比较简单的文字相比，自然增加了识字的难度，这样也就使只有相当少的和有时间用于长期苦读的人才能进入上层阶级社会"。现在看来，由于民主的政治机制和法治的市场机制的运行均需要一个社会内部大多数人有相当程度的教育水平（至少识字），汉字的这种难学和难掌握所导致的中国前现代社会的大多数人不识字，不能不说是构成了民主和法治社会不能在传统中国自发和自然型构而出的一个主要社会原因。在一个更深的语言与生活形式的相互关系的研究层面来思考问题，我们就会意识到，中国传统礼俗社会的几千年的维系和延续，原来与汉语语言特征——即汉字这种难学、难记和难认的图像文字语言——有某些联系。

[1] 尽管语言学界对中国儿童学认汉字的艰难过程有共识，但这种与西方儿童学习拼音文字相比的艰难究竟是好事还是坏事，学界则认识不一。譬如，在"世纪中国" 2003年6月17日"世纪沙龙"上发表的一位叫"老田"的作者就有以下见解："想想看，小孩子不学习干什么，难学的书写，正好可以磨练和砥砺其意志和性情，这本来就应该是个人成长过程中的重要训练内容。中国历代都有在书法上下死功夫、以修身养性为乐的人。看起来学习除了在困难之外还是有乐趣的，强调一个方面显然是不全面的。"由此我们也可以进一步认识到，任何事物和任何社会建制安排往往都有其两面性。很显然，通过汉字学习文化和科学的过程对中国（转下页）

汉字这种书写语言系统与传统中国礼俗社会的种种生活形式之间相互维系和相互作用的关系，也为费正清这位西方中国历史专家所洞察。譬如，在《美国与中国》这部名著中，费正清（Fairbank，1948，参中译本，第39页）就指出："自公元初期直到如今，这些汉字的形式几乎没有什么改变。在30年前，中国人还仍旧沿用一种可与古希腊文和拉丁文相比拟的书写文字。这种文字十分简练，通常必须过目后才懂得字的意思，单凭发音是不够的。这也是中国直到20世纪仍束缚在儒家陈旧模式里的一个因素。"费正清（Fairbank，1948，参中译本，第42页）还觉察到，以汉字为书面语形式的汉语"具有一种社会建制的性质，而不仅只是一种社会工具"。换句话说，照费正清这样的西方中国史学家来看，由于在维系传统中国社会结构上的巨大作用，汉语本身与传统中国社会的生活形式是同构的。为什么汉语在传统中国社会制序的维系上有这么大的作用和力量？照费正清（Fairbank，1948，参中译本，第39页）看来，这是因为，在传统中国社会中，学识字和受教育本身就成了被以儒家思想为主干的传统中国文化所濡化的过程。譬如，按照中国文化中的治（国）平（天下）之道，中国文人和知识分子为了走仕宦之路，只有通过识字和受教育，掌握了"古典经书中所记载的官方治国之道"，才能通过科举考试制度而成为朝廷和各级政府中的

（接上页）儿童来说确实有历练孩子的意志和坚忍人格的一面，但也无可否认这种学习途径自然有养成中国人自孩提时代就偏重于死背硬记而不是偏重逻辑推理和创造性思维的思维传统，并养成中国学者靠概念的"碰撞"和"黏联"来组词和造句并在其过程中模式化反映和认识外在世界的思维习惯。

官员。因而，在传统中国社会中，中国知识分子学识字和受教育的过程本身，就是被传统中国文化尤其是孔孟之道所濡化的过程。并且，在传统中国社会的科举制度中，"一旦这个无私的制度选拔出最优秀的人才后，做官的人可以凭个人做主施政，他们遵循的是注重个人的'道德原则'，而不是注重以较高客观法律为主的'法治精神'。这一点看来是理所当然的"（Fairbank，1948，参中译本，第44页）。由此看来，中国能在数千年的历史长河中维持一个大一统的礼俗社会，并无力在近现代自发生成或说完成向法律制度化的市场经济体制的过渡和转变，自然有其文化、语言甚至文字语言学习机制上的诸多原因了。现在看来，费正清的上述见解是非常深刻的。这对于理解传统中国礼俗社会长期维系，对于认识历代中华帝国的皇帝和大臣的政治艺术，对于分析历代朝廷和各级地方政府中的政治运作，以及对于回答为什么数千年的传统中国礼俗社会中不能自发生成法治化的市场经济秩序，无疑都有一定参考意义。

4. 从语法的特征差异看汉语和均质欧洲语在东西方社会内部生活形式的构形与变迁路径中的作用

除了从汉字系统这一图像文字和西方拼写文字这两种语言系统与思维的关系及其与"语言—文化—生活形式综合体"的关系特征的关联机制外,汉语和均质欧洲语在语法上的差异自然也会在东西方的"语言—文化—生活形式综合体"上映射出来。

这里还是让我们先来回顾一下对汉语甚有研究和思考的18世纪的德国著名语言学家洪堡特的一些理论观点。早在18世纪初,当在一篇文章里谈到语言本身的发达与语言内部语法的发达之间的关系时,洪堡特(Humbodt,2001,p.60)曾指出:"在这方面,汉语是一个极为奇特的例子。那是一种几乎不具备任何通常意义的语法的语言,却拥有大量文献,其历史长达数千年之久。"洪堡特举例道,孔夫子及其学派用古汉语所写的著作的文体,至今仍为所有伟大的哲学和史学作品所普遍采用,但在这种文体中,"语法关系仅仅由词序或独立的词来表达;读者往往不得不凭上下文去猜测,某个词应该被理解为名词、形容词或动词,还是语助词"。洪堡特接着指出,"尽管近代汉语的官话和文学语体虽然努力要使语言在语法上变得更加明确,但也没有任何真正意义的语法形式。"[1]洪堡特(Humbodt, 2001,第61页)接着指出,"关于汉语的古文体,甚至那些一般说来对中国人的文献评价甚高的人也不得不承认,这种文体是含混不清且不连贯的(agerissen),因此,随之而起的、应能更好地适应生活需要的文体便致力于使原有问题变得更加清晰明确、丰富多样"。正因为古汉语的这种几乎没有西方现代语言学中"规范"(显性)的语法形式,词的意义和用法也非常灵活多变,作为一种特定的社会制序(social institutions)[2]的中国古汉语的这种特征,无疑会给中国古代社会的习俗和惯例的制度化(即法制化或宪制化)进程带来许多的困难和障碍(参韦森,2001,第7章)。这说来原因并不复杂:古汉语中的这种语言内部词的灵活多变、含混不清和意义充满玄机、令人颇费心思加以琢磨的特征,正好映照了传统中国礼俗社会中的人际关系中的玄妙和人情特征,而古汉语这种特征,显然难能适应和生出由清晰和明确词义的语句来界定的法律关系、产权关系和契约关系,从而亦难能与一个法理社会或法治国的社会建制构架相兼容和匹配。从这种意义上来看,我们可以断定,

---

[1] 很显然,洪堡特这里非常清楚地辨识出了晚清之前汉语文言文与白话文之间的差异。

[2] 据笔者管窥所见,最早一位叫惠特尼的美国语言学家在1875年出版的《语言的生命》一书中提出语言是一种"social institution"的观点,著名瑞士语言学家索绪尔接受了这一见解,在最近的一些文著中,笔者把语言视作一种人们社会生活中的"元制序",即"meta-institution",也即其他社会制序生成、存在、维系和变迁的条件。

古汉语和传统中国社会的生活形式之间是有着一种相互维系、相互支持的"共生关系"(symbiosis)的。当然,我们显然不能简单地把中国古代礼俗社会的主要特征以因果链条的形式直接归溯为古汉语的这种文体和语言特征——那将是一种武断的、肤浅的和独断的语言决定论,但至少我们可以判断在古代汉语和中国古代礼俗社会的生活形式之间是存在某种互相"映照"、互相维系、互相加强的内在共生关系的。在这里,深思洪堡特(Humboldt, 2001, p.71)以下这句话,对我们理解和把握这个问题也许会有一些助益:"我们必须把语言及其差异视作一种控制着人类史的强大力量。倘若我们忽视这种力量,或未能全面、完整地理解这种力量的作用,就难以充分认识到这样一点:人类是如何通过语言使思想的王国清晰明确化,而成功地掌握其全部精神财富的。我们甚至会放过关键的事实,因为正是语言直接关系到客观的思想的创造与主观力量的升华相互促进、共同前进的过程。"我们说中国古汉语与传统中国的礼俗社会之间存在某种相互关联、相互作用、相互维系以及"相互映照"的共生关系,与洪堡特的这一理论洞识,在精神应该说基本上是一致的。

1826年3月20日,洪堡特曾在柏林科学院宣读了"论汉语的语法结构"论文,具体探讨了汉语语法特征。在这篇文章中,洪堡特(Humbodt, 2001,参中译本,第106~107页)一上来就独具慧眼地指出了汉语语法(请不要忘记洪堡特在19世纪初所说的汉语基本上是指古汉语书写语言,即文言文)的最根本的特性:"汉语不是根据语法范畴来确定词与词的联系,其语法并非基于词的分类;在汉语里，思想联系是以另一种方式来表达的。其他语言的语法都由两部分构成，一是词源部分，另一是句法部分，而汉语的语法只有句法部分。在其他语言里，为理解一句话，我们必须从分析词的语法属性开始，根据语法属性把词构造成句子。在汉语里则没有可能这样做。我们必须直接利用词典，句子的构造完全取决于词义、词序和语境意义（der Sinn der Rede）。"接着，洪堡特还指出，从语言学的一般研究看来，词的语法分类作为一种决定着语言的内在规律，不知不觉地潜藏在每个人的心灵中，但它在多大程度上在语言中获得表达，则取决于每一语言的语法特性。从这一视角来看汉语，就会发现，汉语很难说有比较规范的内在语法。不同的词类既可以充当一个句子的主语，也可以充当一个句子的谓语。因此，洪堡特认为，在汉语中的词常常没有确定的语法形式，因而，中国人可以把动词当作纯系词来用，同样也极少标明动词是主动的还是被动的。基于这一观察，洪堡特（Humbodt, 2001，参中译本，第 115～116 页）发现，"词序在汉语里不像在别的语言里那样跟其他语法表达手段相联系，因此汉语的词序并不能明确地指出，句子里的每个词都具有什么样的语法形式，而只表达一个思想的组成部分。汉语的词序甚至缺少一个理解活动可以依赖的稳固的立足之点"。现在看来，洪堡特对（古）汉语的这一见解，是很深刻且很到位的。

在评论汉语的语法结构时，洪堡特（Humbodt, 2001，参中译本，第 120～121 页）又指出，在汉语中，悟性（一译"知性"）承担起更大的作用，即汉语比其他语言都要求更多的体悟，而不是直接的解读。洪堡特认为，这主要是因为汉语只向悟性"暗示概念之间的关系"，以至于"连言语的组构也几乎完全建立在观念序列和概念的相互限定关系的基础之上"。[1]洪堡特认为，这是汉语的一个优点。因为，照洪堡特看来，正是汉语语法结构的不规范和灵活性，导致了汉语思维的深刻。

尽管洪堡特认为汉语有其上述优点，但与其他有规范语法的语言相比，它也有其局限性。洪堡特（Humbodt, 2001，参中译本，第 120～121 页）说："思想越是在各个方面获得个别、细密的处理，它的活动就越积极频繁；而各种心灵力量越多地作用于思想的表达，思想所能得到的细腻的处理也就越多。显然，在那些结构对立于汉语的语言里，思想得到了更细腻的处理。汉语的风格以令人惊诧的效果束缚了形式表达的发展，而结构对于汉语的语言则具有令人赞叹的完美形式，这样的形式正是人类语言注定要努力接近的目标。"从这个角度来看，"汉语在此处停下了脚步，而其他语言则沿着自己的道路继续走了下去"。

把洪堡特所见的汉语的这种灵活中的深刻与传统中国社会的结构和制序安排结合起来思考，是会很有意思的。在华人社会中，尤其是在传统中国社会中，人际交往中的温文尔雅、彬彬有礼，以及处世说话中的"留有余地"，往往正是通过汉语语言中的句法结

---

[1] 正如在下面我们将要指出的那样，汉语内在的这种灵活、含混和注重体悟的语法和"结构组件"，恰似构成了传统中国社会中灵活和重礼俗的人际关系以及整个社会的生活形式结构的一幅抽象画。

构和用词的"模糊"、"灵活"、"言不尽意"[1]，以及词义的多变、暗示和"弦外之音"来实现的。正是汉语的这种独特特征塑造了我们历代"知识分子"、"文人"、"君子"以及皇帝和宦官的精神品格，并自然会投射或反映在君臣之间、官员幕僚之间以及文人墨客之间的关系之上，进而影响百姓大众的行为与语言交流行为，以至于型构而成一种传统中国社会中的灵活多变的社会关系网络基体[或言"institutional matrix"——1994年纪念诺贝尔经济学奖得主诺思（Douglass North）晚年的一个专用术语]。因而，可以断定，汉语的这种语义和语法的多变、含混和灵活性，恰恰型塑了在这种灵活多变、充满玄机的"柔性"人际关系中的各个人的思想、语境、思境、世界观和处世之道。当然，到底是汉语语言内在词语语义和句法结构的这种灵活多变性塑造了传统中国非法理化的社会生活形式特征，还是传统中国的礼俗社会本身就蕴涵和型构了汉语的这个典型特征，看来是难说得清楚的，或者说这里我们还难能理清孰为因，孰为果——这显然又回到维特根斯坦怀疑论式的语言的内在规则和生活形式相互涵衍的人"遵守规则的悖论"问题中去了。但汉语内在语法、句法结构和词义的这种灵活性、多变性、情景性（contextuality）和模糊性，与传统中国社会的礼俗社会的生活形式型构（configuration）特征是"同构的"，或者说"配套的"，这却是一

---

[1] 早在《周易·系辞》中，孔子就提出"书不尽言，言不尽意"说。这段话一方面表达了孔子对人的认识和对书面表达的局限性的理解，另一方面，是否也含有规劝人如何说话、如何作文的意思？不管从哪种意思来理解孔子的这句话，我们从中均能解读出孔子早就意识到汉语语言的灵活性特征这一点。

个显见的事实。洪堡特所见的汉语非常注重体悟这一点，从某种程度上也反映了中国人在相互交谈和人际交往关系中较注重"领悟"和"察言观色"这一处世特征。也正是因为这一语言特征相联系的处世特征，很多人都感觉到生活在华人社会中"很累"，没有生活在西方人的社会中那样简单、轻松和"潇洒"。这也从一个侧面验证了我们的上述判断。事实上，中国人的"逢人只说三分话，不可尽抛一片心"这一处世格言，可能不仅反映了华人社会中人际关系网络结构的复杂，而且从某种程度上也折射出了汉语语言灵活性和模糊性这一特征，并且在整体上映照出了历代中国人经由这种灵活、模糊和多变的语言来进行交流和沟通的社会格局。换句话说，汉语灵活多变的总体特征，恰恰像一面镜子一样，映照出了传统中国社会人们的生活形式型构的外征（disposition）。这无疑又印证了在本文引语中洪堡特的那段话里的一些洞见。

这里应该值得注意的是，在1826年发表的论汉语特性的另一篇论文中，尽管洪堡特（Humbodt, 2001，参中译本，第122～123页）承认他当时的汉语知识是很不全面的，尚未进行彻底的研究，他仍然发现，"汉语和其他语言之间的区别可以归于一个根本的事实：把词连接为句子时，汉语并不利用语法范畴，其语法并非建立在词的分类的基础之上，而是以另一种方式在思想中把语言要素的关系固定下来。其他语言的语法有词源和句法两个部分，而汉语只有句法部分"。洪堡特接着指出，"汉语岂止是忽略语法范畴的标示，实际上它是不屑于（dédaigner）使用范畴标记，所以，就语言性质来看，汉语属于完全不同的另一领域"。从洪堡特的论述中，我们可以进一步思考或猜测到,汉语本身就其基本形态及其生成过程来说反映了一种自由的自然秩序,而拉丁语或印欧语系中的拼音文字则反映了一种逻辑重构的理性秩序。汉语和印欧语系的这一根本的区别对华人和西方人的思维方式以至于对各自社会中的生活形式的型构,无疑均有一些暗含着的或言潜移默化的影响。从这一点来看,西方国家在近现代走向一种法治化的市场经济秩序,而中国却在近代维系了一个充满人治精神的传统礼俗社会,除了文化、历史、政治结构等原因外,汉语显然也是其中的原因之一。

虽然目前我们还难能直接理清不同语言的语法形式(这里当然是指乔姆斯基所言的"表层语法")与不同语言共同体内部人们思维方式进一步到人们的行为方式以及社会选择的方式上的关联机制,也更难能确定和把握这种关联机制到底是怎样的,但至少我们可以判定在其中确实存在某种关联机制和作用"渠道"。这一点也可以从洪堡特对汉语表达方式的一些评论中解读出来。譬如,洪堡特(Humbodt, 2001,参中译本,第 131 页)在谈到汉语的特点时曾指出,中国人的表达方式的特点是,"谁也说不上一个被运用的词究竟应该归于哪个语法范畴;另一方面,中国人也不追求语法范畴所携带的精确的概念。在汉语里,使用动词时可以不指明时间,或时间始终不过是一种多余的附带成分;另外,动词也无所谓主动和被动,对同一个词可以兼作两种理解"。洪堡特所发现的汉语的这些特征,显然与中国人的整体和模糊思维有关,或者反过来说,正是因为人们是通过语言来进行思考——因而没有语言就没有思考,或言没有语言之外的人的思维(尽管人可以想象一种某人运用图景或图式进行"思维",即用拼图式[1]——如几何学的思考那样,但很难说这种图式化的或言几何学的思维和推理中没有语言因素和语言背景在其中)——汉语的这些语言特征恰恰使得中国人的思维显现这种整体性。现在我们至少从这里可以推断,由汉语的这些特征所型塑、引致和支配的中国人思维的整体性、灵活性和模糊性,投射在人世间的生活形式上,就自然会衍生成一种网络基体(network matrix)般的人际关系格局,并伴生着一种以维系自然、和谐、灵活多变为导向的一种社会秩序的自平衡机制。因之,与这种汉语语言特征融为一体的中国人的思维特征,既会在传统文化的特征上映射出来,又自然会在现实社会的生活形式构形上昭显出来。近代以来,许多中国学者也实际上意识到了这一点。譬如,著名学者季羡林先生在为徐通锵(1997)教授的《语言论》所作的"序"中就指出,"语言文字是思想的外在表现形式,而思想的基础和出发点则是思维模式。东西方的思维模式是根本不同的。西方的思维模式是分析。分析,分析,再分析,认为永远可以分析下去。而东方的思维模式则是综合,其特色是有整体概念和普遍联系的概念"。"综合的东西往往具有一些模糊性,中国的语言也不例外"(见徐通锵,1997,序,第4~5页)。如果说中国语言具有"模糊性",难道中国

---

[1] 汪丁丁教授告诉我,他发现,西方曾有论者认为,人类思维的一个重要方面是"系辞思维"。但在人类的系辞思维中有没有语言的维度在其中?或者说,当人们进行情境思维时,在脑神经的生理过程中是否会牵动"分管"人们语言活动的脑语言中枢以及大脑皮层的额叶、颞叶、顶叶和枕叶以及外周神经中的言语神经系统?这显然是待进行"科学"研究和证明的问题。

人的社会生活形式就不同样具有"模糊性"？中国人的人际关系和社会交往难道不正是在整体概念中并在"模糊"而又强韧存在着的"关系"（与他人的"参与"、"牵连"和"纠葛"）中完成和组建出来的？因此，汉语的模糊性和整体联系特征，恰恰构成了华人社会的人际关系中存在着的社会生活形式的模糊性（不像西方在清晰界定的权利空间中交往而形成的"脉络清晰的"社会生活形式）的"镜像"和"外征"。

与汉语的模糊性、中国人思维的整体概念以及华人社会和社群中习俗、惯例和制度等生活形式的模糊性相密切关联，在华人社会的生活形式的演化过程中也自然内蕴着某种变迁的"张力"和维系旧秩序的"惰性"。这一点特别能从儒家思想中的"中庸"概念上折射出来。从洪堡特考究汉语中"中庸"概念的词义及其在西方文字中如何翻译的有关论述中，我们也能够反思出这一点。照洪堡特（Humbodt, 2001，参中译本，第 137 页）看来，在"中庸"这个汉语词组中，"庸"可被视作一个形容词，意为"恒常"。虽然"庸"在"中"之后，但洪堡特理解他作为一个形容词按照西方语言的语法规则应该放置在"中"之前，用来修饰"中"。不管字序如何，这个词被洪堡特理解为 "milieu invariable"（拉丁文为 medium constans）。从这一基本理解出发，洪堡特（Humbodt, 2001，参中译本，第 137 页）认为，"'中庸'这个词组表达的是这样一个概念，即遵照习俗的要求要坚持（persévérer）被称为'中'的规矩"。基于这一理解，洪堡特主张应该把"中庸"翻译为 "perseverant"，"perseverare"，"perseveratio" 或 "perseverantia"（通过对中文"中庸"一词的这种转换翻译，我们可以看出，照洪堡特看来，"中庸"即意味着"保守"、

307

"保持"或"维系原状")。从洪堡特这位西方思想家对"中庸"的这种理解中,我们现在也可以反思出,在中国传统文化场景以及在传统中国社会里的处世箴言中的"中庸"这个概念本身就教导和指示着每中国人"顺从"、"持中"、"温良恭俭让",以及遵从习俗而不叛逆和"出格"。这种处世箴言无疑对传统中国礼俗社会的维系有着巨大的作用。这个潜含着中国人处世箴言和文化拟子的词本身也自然会从制约人的思想和行为方式并从进一步型塑人们社会选择方式这样一个深的层面上发生作用,并进而将其影响与制约力汇入传统中国社会的生活形式变迁的巨大张力之中。

最后一点值得我们注意的是,洪堡特(Humbodt, 2001, 参中译本,第149页)曾指出:"一切语言的语法都包括两个部分,一个是明示的(explicite),由标志(signe)或语法规则予以表达,另一部分是隐含的(sousentendue)要靠领悟而不是靠标志或规则。"从这一点出发,尽管洪堡特自谦对汉语研究得很少,他还是坚持认为,在汉语里明示的语法要比隐含的语法所占的比重小得多。因为,尽管在所有语言中,上下文的涵义或多或少地都起着支撑语法的作用,但"在汉语中,上下文的含义是理解的基础。要想弄清语法构造,常常必须从上下文进行推导。动词只能靠动词意义来识辨。在欧洲古典语言中,人们首先解释语法,分析句子构造,然后才到词典里寻觅词。这种方法绝不可能用于汉语。理解汉语始终必须从词的意义开始"。洪堡特(Humbodt, 2001, 参中译本,第150页)接着又指出:"对汉语句子里的词,很少有可能根据其孤立的用法理解其意义。一般来说,必须考虑到词义的变动,特别是词义与先前思想的联系。"[1]基于对语法结构和规则特征的上述理解,洪堡特(Humbodt, 2001,参中译本,第153~154页)区分了三种类型的语言:(1)汉语。照洪堡特看来,汉语拒绝对语法范畴作精确、细腻的区分。把词组织为句子时,它所依据次序很少受到概念修饰关系的限制;它的句子结构与语法系统相适应。(2)梵语以及与梵语有显见亲属关系的语言(由于梵语与欧洲语言有较近似的语法结构,因而语言学界正是据此把这种语言类型统称为"印欧语系")。照洪堡特(Humbodt, 2001,参中译本,第153页)看来,"这一类型的语言把语法范畴的区分当作自身语法的唯一基础,并始终如一地追求这种区分,直至细微的方面;在构造句子时,它们处处都忠实地遵从范畴区分这一可靠的原则。这一优点尤其体现在希腊语中。"洪堡特还认为,甚至连拉丁语和梵语,就句子构造的精密、丰富和美妙,思想表述的多重角度和细微色彩来看,也比不上希腊语。[2](3)除了以上两种类型的语言外,洪堡特还认为有一些介于二者之间的语言类型。现在看来,印欧语系——尤其是以拉丁文为共同祖先的均质欧洲语——以规范的语法来说话造句自然会在人际关

---

[1] 汉语的这种特征,难道不是传统中国社会网状般的礼俗社会现实和华人社会中人际关系特征的镜像?

[2] 单从这一点来看,古希腊之所以出现这么多人类思想史上影响千古的大哲学家和大思想家,显然与希腊语的这种精密、丰富、美妙和细微有关。但是,为什么在古希腊语中把语言、理性、尺度、规则、法则全统合在一个"logos"(逻各斯)一词中?这显然不是一个偶然现象。这实际上可能意味着人类思考自然、社会、人生和人的精神本身一个非常深层次的东西。因为在人类思考的最深层面上,这些东西是同一的或者说连接在一起或者说融合在一起的(参笔者撰写的一篇长文:"语言、道德与制度",《东岳论丛》2004年第3期)。

系中以较明晰和规范（formal，或译"正式的"）行为方式来打交道。如果我们像著名的英国语言哲学家奥斯汀（John L. Austin）那样把"言"也视作一种"行"，作为行动结果的社会秩序在运用均质欧洲语的国家中自然也会是"显性的"、"规范的"和"明晰的"。这无疑又有利于运用这种语法规范、语义较为明晰，以及内含着逻辑分析的语言来构建法律和其他制度性规则，并从而型构出人们经济与社会交往之间的较为明晰的"脉络关系"，以在一种较为清晰的权利空间中，而不是在一种模糊和充满弹性的"胶状"网络关系中来进行交易与交往活动。另外，从西方拼音文字的构成来看，好像其文字语言的构成与西方人的契约观也有某种潜隐的内在联系。最近，从网络上的"世纪中国"的2003年6月17日"世纪沙龙"上读到一位叫"老田"的作者的帖子，其中就有以下这段文字，"中国的汉字实际上是非常强大的描述性字汇体系，不是西方那种由毫无本义的字母所组成的单词，这样的单词只有经过定义并广为人知之后，才能完成其交流工具职能。相比较而言，西方仅仅具有表音功能的单词其内涵只能是建立在社会契约之上，是一种典型的'契约文字'。西方单词由没有本义的字母组成，所以能够方便地进行定义，方便地进行推理和演绎，相对容易满足形式逻辑的要求……因为内涵狭隘和理解的分歧少"。老田的这段话的见解中显然内涵着某些深刻的道理，也自然印证了笔者以上的理论猜测。

综上所述，我们似可达致以下一个认识：自罗马帝国和罗马法传统以来在欧洲社会中逐渐生成一种尊重、保护个人权利且充满法制手段和法治精神的社会经济制序，应该说与西方以拉丁语为共同祖先的均质欧洲语的语言特征有着千丝万缕的关系。因而，单从社会的语言特征这样一个维度来思考问题，我们也会发现，在古罗马帝国统辖的旧疆域里的欧洲在近代型构和生发出一种制度化或者说宪制化（constitutionalized）的社会经济体制，说来没有什么奇怪的了。同样，在一个具有灵活性、模糊性并注重上下文关联和整体思维的汉语语言背景中，我们也自然能理解中国这一传统大国能长期维系一种礼俗社会并无力在近现代自发地向一种宪制化的法理社会过渡的"文化—语言"原因了。

这里，也许可以问这样一个多余的问题："为什么汉语没有像西方语言那样形成一种显性的规范语法体系？"换句话问："为什么汉语这样尚简、灵活而不注重语法？"这乍看来是如问"为什么大多数天鹅是白的"一样是一个没有意义的问题，但实际上稍加思考，就会发现，这样问问题也许会引发出一些有意义的思考。因为，这可以从汉语语言特征进一步认识汉民族的精神特征。或反过来说，（古）汉语中规范语法的缺位可能与汉民族的总体精神导向有关。许多论者均发现，我们汉民族是一个充满务实精神的民族。[1]汉民

---

[1] 正如朱光潜先生在《悲剧心理学》（1987，第215页）中所言："像罗马人一样，中国人也是一个最讲实际、最从世俗考虑问题的民族。他们不大进行抽象的思辨，也不想去费力解决那些和现实生活好像没有什么直接关系的终极问题。对他们来说，哲学就是伦理学，也仅仅是伦理学。除了拜祖先以外（这其实不是宗教，而只是纪念去世先辈的一种方式），他们只有非常微弱的一点宗教感情。这种淡漫的宗教感情可以解释他们在宗教信仰方面的宽容态度。"根据朱光潜先生的这一判断，郭友鹏（1991，第263页）教授认为，这是一种很浓厚的现世精神："中国人所重视的生活价值既不是过去，也不是未来，而是当下的现世；既不是天国，也不是地狱，而是眼前的具体实际。"

族的这种务实精神反映在语言的运用中,就是"尚简"精神,用孔子的话来说,"辞达而已矣"(《论语·卫灵公》)。孔子的这一教诲,反映在汉语语法和修辞中,就是一种质朴务实、急功近利的"尚简"精神,从而仅把话语视作表情达意的工具而已。不但在古汉语中是如此,甚至在现代汉语中也是如此。正如一个我国的语言学者俞敏(1979)所见,在汉语白话文中,人们一般不说"他有一个大鼻子"这样一句像西方语言中规范语法的句子(它恰好对应一英文句:"He has a big nose")这样一句冗长和有些啰嗦的话,而只是说"他大鼻子"(翻译为英文就成了"He big nose",因而照西方人看来,中国人说话简直就没有语法,只是把"字"堆砌在一起)。并且,照我们中国人的说话和表达习惯看来,这很自然。因为,说"一个人有鼻子",显然是一句废话,说"有一个",更是没用的废话("难道人还有两个鼻子?")。我们中国人只说"他大鼻子",又轻省,又简略,且达意,这有多好!这么一个简单的例子,却反映了自秦汉以来我们汉语语法和修辞的基本精神和我们中国人造句的一个基本导向。从这个极为简单和普通的例句中,我们也自然可以体悟出,汉语的"尚简"、没有规范语法,原来与我们中国人的务实精神、思维方式密切相关;而这种从汉语语言和修辞中所昭显出来的务实精神和思想取向,又自然最终会在传统中国的礼俗社会的诸种生活形式上映照出来。

到这里,我们还只能从直观上判断和猜测在汉语语言特征(包括字形、构字法、词法、语法、句法、文法等)、华人思维方式和华人社会中的生活形式之间有这种选择性的亲和力(selective affinity），但它们之间的内在关联和相互作用的具体机制到底是什么样的？这却是我们眼下难以展开并进一步进行深入"规范化"探究的问题。换句话说，从语言、思维到社会的生活形式之间的关联链条是怎样的？尤其是在我们华人社会中的这一作用和关联链条是怎样的？我们还并不很清楚。这里我们要自我警惕切勿落入"萨丕尔—沃尔夫假说"式的语言决定论中去。尽管如此，我们至少可以断言，在语言、思维模式和社会的生活形式之间，是存在互相关联和相互维系的某种内在作用（interplays）和选择性的亲和力的。在传统和当代中国社会中，尤其是如此。至于三者之间——或者简化为二者即语言（这种元制序）与（其他）社会制序之间——到底谁决定谁，显然是一个无解的问题。这显然又回到维特根斯坦哲学体系中语言游戏与生活形式之间的关系问题上去了。到了认识的这个层面上，我们是不能简单地归纳出任何确定方向的因果链条和作用方向的。很显然，在具体分析东西方社会的语言与生活形式的关联机制上，我们目前仍然超越不出维特根斯坦"（人）遵守规则的悖论"。能在这堵维特根斯坦所见的"围墙"中，从东西方社会内部语言特征与社会的生活形式型构的关联式样的"同构"和"相似"中悟出点什么，发现点什么，也就是目前我们所仅能做的事了。

5. 汉语的灵活多变性与传统中国社会的生活形式以及传统中国文化的整体特征的同向共生性

除了西方这些著名语言学家和哲学家注意到东西方语言体系之间的差异及其在社会制序层面的投射上的差异之外，我国许多语言学家和其他学者也辨识出了这一点。譬如，早在20世纪40年代，我国著名语言学家王力先生就曾指出（1947，上册，第197页），西洋的语法是硬的，没有弹性的；中国语法是软的，富于弹性的。惟其是硬的，所以西洋语法有许多刻板的要求，因而行文总是旨在不给读者以辞害意的机会；唯其是软的，所以中国语法只是以达意为主，因而中国古人的文章注重风格和韵味。如果我们接受语言大师王力先生的上述见解，我们自然就会进一步理解语言在东西方近现代社会中生活形式型构、演化和变迁中的作用了。既然在人们的生活游戏中要借助语言来完成相互社会交往、经济交易和物品和劳务交换，并用口头语或书写语来界定约束人们之间的交往行为方式的非正式的礼仪规则，且必须用书面语来建构法律和其他制度性规则，那么，语言这种用于"编织"和建构其他种种社会制序的元制序的特征，就不会不自然地把自己的特征投射或映照在其他种种社会制序（生活形式）上来。依此进行逻辑推理，由于西方人的语言本身就是充满着硬性语法规则的，在近现代西方社会中型构出一种有着清晰权利界定的人际关系的法理社会就不足为怪了。道理很简单：只有通过语法和语意明晰的语言，才能清晰地表述和界定人与人之间的法律与契约关系，才能进而生成一种法理社会。反过来我们又如何想象一种语义灵活多变、且语法隐而不彰和欠缺"规范"语法形态的语言来界定清楚人们之间的权利关系？又怎样想象在这种语言场景中进行生活游戏的人们能自发生成和建构一种法理社会？从王力先生的这一论断中，我们也更能确知，语言是一个社会的总体制序——即维特根斯坦所见的一种生活形式——以及文化和民族精神的一面镜子。在西方社会中是如此，在东方和我们中国社会中尤其是如此。

除了王力、罗常培（1950）和陈原这些老一代的语言学家之外，近些年来，我国一些中青年语言学家和哲学家也对语言与文化、语言与社会的生活形式的之间关系进行过许多富有成果的探讨。譬如，复旦大学的著名文化语言学家申小龙教授在前些年的工作中，就致力于梳理和辨析语言、文化与社会之间的相互关联机制，取得许多非常出色的研究成果，受到了国际、国内语言学界的高度关注。

在一篇题为"中国语言的文化形态"的文章中，申小龙（1999，第67页）曾指出："从整体上看，中国文化无论九流百家、礼乐刑政，都是建立在承认人的认识能力，调动人的心理功能，规范人的道德情操和维系人的相互关系这种人文主义基础上的。"他还认为，中国的语言也具有这种"同向共生性"。申小龙（1999，第 67 页）还指出，西方语言是一种严格受形态制约的法治语言，汉语则是没有形态制约[1]的人治语言："汉语的组词造句没有西方那种非此即彼的冷静客观意识，而是在语言单位的形式与功能的变化上持一种非常灵活的主体意识，这种主体意识，既是'万物皆备于我'之哲学精神的语言关照，又是汉语全部文化特征的本原所在。"在《汉语人文精神论》中，申小龙（1990，第 156 页）也指出："中国人看西方语言是形态丰满，规则繁密，法制严格。西方人看汉语几乎是只有'人'没有'法'的。"从这一观察视角出发，申小龙（1990，第 158～159 页）发现，西方语法规矩之多之繁就像西方法律条文之多之繁一样；而另一方面汉语的尚简和人治精神则是中国文化精神的体现和中国社会历史的"镜像"。从申小龙教授的这些见解中，我们也可以进一步推想，中国数千年来维系沿存的礼俗社会，延留数千年的充满人治精神的中华礼乐文明，华人社会的灵活的注重人际关系的柔性群体结构，与汉语的这种灵活多变、没有规范语法、"不受形态制约"充满"玄机"和人治精神汉语无疑有着千丝万缕的密切关系。从某种程度上，我们甚至把汉语本身视作传统中国的人治社会、礼俗制序和礼乐文明的一面镜子或言"活化石"。或者反过来说，从汉语这面镜子中，我们可以清楚地看出传统中国的社会

---

[1] 我国著名语言学家吕叔湘先生在"汉语语法分析问题"中也曾明确指出"汉语缺少严格意义上的形态"这一点。(1984，第 487 页）

结构、礼俗制序和充满人文精神的礼乐文明的基本特征。到这里，我们不可能不自然地进一步申引出以下这样一个初步的认识：传统中国社会之所以数千年间在一个充满人治精神的皇权和官宦专制的政治制度架构以及一个相谐和世俗礼俗社会制序安排上"内卷"（involution），而没有向一个"法治社会"过渡，汉语在其中肯定起了一个非常重要的"原生"和维系作用，或者说汉语想必是其中的一个非常重要的解释变量。

那么，汉语在数千年的中国社会变迁中究竟起到一个什么作用？前面我们已经指出，当西方语言学家和哲学家如洪堡特评论汉语语法结构时，主要是指书写语言，而不是指人民大众的口头语言。与此相关，我们所说的古汉语语法，也显然是指作为古汉语书面语言的文言文文法。把这一点作为我们理论探讨的一个默认点（default），我们就可以从文化语言学的研究视角进一步综合梳理和认识汉字的构形、汉语的形态特征及其句法和文法对传统中国社会中人们的习惯、习俗、商业和生活惯例，以及法律制度规则等人们生活形式上的历史和现实映射来了。

首先，从汉语的形态特征来看，在近些年的研究中，申小龙曾发现，由于古汉语尚简，汉语语词单位的大小和性质往往无一定规，有常有变，可常可变，随上下文的声气、逻辑环境而加以自由运用："语素粒子的'随意'碰撞可以组成丰富的词汇；词组块的随意堆叠、包孕，可以组成千变万化的句子格局……因此，汉语语流中的单位实体，是一种多维开放的实体，是能动地体现交际意识的'活'体。"照申小龙看来，汉语基本语言单位由尚简而获得的灵

317

活、能动的性质，主要表现在语词的弹性上，而词语的弹性，则是指语词分合伸缩的不固定性（申小龙，1999，第68页）。这里有一点应该指出，在认识和把握汉语的灵活性、可变性和"活性"这些总体特征上，理解著名华人语言学家赵元任所言并被美国著名语言学家沃尔夫所注意到的在中文中只有"字"，而没有"word"这一点，在这里就显得十分重要了。正是根据这一点，徐通锵和潘文国等中国语言学家相继提出了汉语的"字本位"的语言观。现在看来，尽管中文中只有单音节的"字"，而没有英语中的"word"，但"词"这个东西在汉语中还是存在的。一方面，一些字本身可以就是"词"；另一方面，一些中文字又可以被较任意地组合，以构造出不同的"词"来。正如申小龙（1999，第69页）所言，"汉语语言单位的弹性表现在功能上就是它的变性，亦即词义功能的发散性。这与西方语言词类那种把词的性质固定在词形上的样态是不可同日而语的。汉语一个个词像一个个具有多面功能的螺丝钉，可以左转右转，以达意为主"。申小龙还特别指出，这一现象在古汉语中尤甚。例如在古汉语中，"雨"、"衣"、"妻"等名词就经常做动词用。汉语的这种灵活用法，难道不恰恰反映了我们中国人的随境、随遇灵活处世且不大遵从硬性规则（因而在中国社会和华人社群中也常常缺乏显性的硬性规则）的行为方式？这难道不又像是说汉语的社会和社群中人际间灵活多变的关系的一幅镜像？

谈到汉语的灵活多变特征时，申小龙教授还注意到了美国语言学家萨丕尔（Edward Sapir）的一些理论观点，后者曾用大量的事实论证了语言的多样性要远比语言的普遍性更重要。譬如，萨丕尔曾形象地指出，从拉丁语到俄语，我们的视觉所及的景象是大体相同的，尽管近处的、熟悉的地势已经改变了。到了英语，我们好像看到山形歪斜了一点，不过整个景象还认得出来。然而，一到汉语中，头上的天都变了（参申小龙，1992，第 129 页）。申小龙曾举例道，英语中"The man killed the duckling"这句话，在汉语中的表达是"人杀鸭"，在英文中相当于"person kill duck."这种表达在说英语的人看来是不规范、不完整的和空虚的。它把三个具体概念用三个单音词（字）直接表示，而指称的确定不确定，数、人称、时态、性别这些在英语为重要的语句构成因素均没有表达出来。然而，在汉语中却又是这样自然地传达出来了，而没有传达的东西在上下文和共同意会的背景中都传达了。[1]如果把这些语言特征放到法律语言的背景之中，就会发现，在均质欧洲语中，由这种具有主语、谓语、宾语、定语语法结构并具有时态、数、性和格的词所组建的句子显然能较清楚地描述一件事的发生情景与过程，因而也很适宜于一种法律文本表述。相比较而言，中文这种灵活且有些含糊语言可能更像一种人情化的语言。更为重要的是，由于说均质欧洲语的人

---

[1] 对于中国语言的基本特征，叶嘉莹（1983，第 152 页）先生曾指出："中国语言的组合在文法上乃是极为自由的，没有过去、现在与未来的时态的区分，没有主动与被动的语气，也没有阳性与阴性及单数与复数的区分，而且对于一些结合字句的词语如前置词、接续词、关系代名词等也都不加重视，一切都有着极大的自由。因此在组成一句话时，主语、述语与宾语以及形容词或副词等都可以互相颠倒或偶尔完全省略，而且在行文时也一向没有精确的标点符号。"尽管这些评论只是根据汉语语法特征而进行的表面评述，并受到了语言学界的一些批评，但现在看来这些归纳却不无道理。

在日常话语交谈中已习惯于用一种规范的词类、时态、数、格、性的词来组建规范句法结构这样的思维之后，他们会自动习惯于明确语言和思维模式来观察和看待人际间的相互关系，从而比较容易生发出一种在权利空间中明晰界定的一些制度化的关系。这可能与西方社会在近现代型构出一种法治化的市场经济体制有着深层的内在联系。至少我们在这里提出这样一个问题：怎敢断想在以灵活、"多变"、"含蓄"、"模糊"的文言文为主要书面语言沟通媒介的古汉语所型塑和支配着其思维的中国的皇帝和仕宦们能在权利和契约空间中来构建人际间的经济、政治和其他社会关系？

实际上，汉语语言的这种灵活多变的特征，不仅仅只与传统中国社会中人们的习惯、习俗、惯例和制度等生活形式密切关联，而且也在传统中国社会的文化艺术上折射和反映出来。正如申小龙（1999，第72页）所见，"如果说西方语言的句子脉络是一种以动词为中心的空间构体，那么汉语句子的脉络是一种具有逻辑天籁的心理时间流"。申小龙还认为，汉语不像西方语言的句子那样以动词为中心搭起固定框架，以"形"役"意"，而是以意义的完整为目的，用一个个语言板块（句读段）按逻辑事理的流动、铺排的局势来完成内容表达的要求。申小龙还发现，汉语的这种流块建构与汉民族其他文化艺术形式在"流"态动感上具有通约性。譬如，中国古代雕刻、书法与绘画都不注重立体性，而注重流动的线条和飞动的美。根据这一点，申小龙认为，汉语的"流块建构"，反映的正是中国文化表现形式的一种典型样态，而这种民族文化通约性在民族语言分析中具有极强的解释力（1999，第74～75页）。对于这一点，申小龙在《汉语人文精神论》(1990，第151页)中具体解释道:"我们只要体会中国戏曲的'实景清而空景现'，中国绘画的'遗形似而尚骨气'，中国辞章的'书不尽言，言不尽意'，大至建筑，小至印章，无不虚实相映，气韵生动。汉语作为一种心理现象和社会现象，必然同中国艺术有着深层语义的文化通约。"由此看来，汉语难道不是把中国的建筑、中国的艺术、中国的文化、中国人的生活形式、中国人的人际关系和式样，以及历代中国政府内部的政治运作机制和统治艺术整合在一起的一幅浑然一体的抽象山水画？

　　这里我们也应该看到，尽管与均质欧洲语比较起来，在某些方面汉语显得较为灵活、多变、含混和模糊，但在某些方面却又比均质欧洲语更清楚、明确和复杂。正如申小龙讨论"沃尔夫假说"时曾指出的那样，在许多语言中，第二人称有还是没有"您"和"你"之分，虽然还不能就此判断一个民族的人是不是知道人情亲疏，但它无疑标志着人与人之间关系的一种文化心理结构。从这一点遐想开来，我们可以发现，在英文中，只有一个"you"来称呼第二人称的"单数"、"复数"和"宾格"，在中文中则有"您"、"你"和"你们"，这不能不说明我们中国人更注重人情亲疏和人际交流间的微妙关系和情景。为什么讲均质欧洲语的语言学家自认为有比较规范语法的英语中反而在这一点上没有汉语发达？这里面难道没有意蕴着说中文的人(们)和说英语的人(们)在处世之道上有差异？这不正好表明了在华人社会和社群中人际关系的微妙、复杂因而要求并"迫使"人们处处小心谨慎处世和"察言观色"说话的情形？另外，汉语中有"兄"、"弟"、"姐"、"妹"、"爷爷"、"奶奶"、"外公"、

"外婆"、"姑"、"姨"、"婶"、"叔"、"伯"、"舅"、"堂兄"、"堂妹"、"表兄"、"表妹",而英语只有含混的"brother"、"sister"、"grandfather"、"grandmother"、"uncle"、"auntie"、"nephew"这些含混的称谓。对于不同文化中的称呼上名号的产生及分类,许多人类语言学家和文化语言学家都进行过一些研究。这里,我们无法追问为什么英语世界里各种称呼关系是如此的简单和含混,而在汉语世界里是如此复杂和清晰(在日语和朝鲜语里对各种等级人物的称呼比汉语还要复杂和精细得多),但至少我们可以从这一点上判断在汉语世界(以及日本和朝鲜社会)中,人们更注重人情关系,更注重人情亲疏,更注重长幼辈分和权位高低。另外,大多数学者目前均认同中国是一个注重人情和关系的社会。中国社会的这一特征也自然从汉语的日常称呼中反映出来:首先,中国人形成了一种以"姓氏+官衔(职务)"的称呼格局,如"李书记"、"王局长"、"张经理"、"赵主任",如此等等。其次,就一般老百姓来说,中国人在日常称呼中也总是注重拉关系、套近乎,形成一种"姓氏+亲属称呼词"的格局,如"刘爷爷"、"周奶奶"、"钱伯伯"、"郑叔叔"、"贾哥哥"、"薛姐姐",如此等等。这种称呼法背后,实际上蕴涵着把"外人"拉入同一宗氏,以套近乎,拉关系。这种反映中国人久远的宗法观念的称呼法,与英语国家的"Mr.(Mrs, Miss, Ms)+姓氏"的称呼格局,从基本精神、思想导向上就有很大的不同。正是因为中国人的社会是一个充满务实精神和人情关系的社会,如果一个华人在英语世界里生活一段时间,他自然会感到英语国家的人情和人际关系要比华人世界里"清淡"和"简单"得多。是这种语言称呼上的复杂和清晰导致了华人和东方社会的人（们）更注重人际关系、亲情、辈分和职位等级？还是华人和东方社会中的礼俗制序和柔性和重人情关系文化导致人们创生了这种注重拉关系的语言称呼格局？一个相关的问题是：是这种语言称呼上的简单和含混导致英美世界中人们主要在权利、契约关系空间中来型构人们甚至家庭成员之间的相互关系？还是西方人的处世之道就衍生出了英语中含混和简单的称呼语言格局？这里，我们显然不能简单地用因果链条来判定语言与社会关系和人情亲疏程度之间的联系，但至少可以判定这种语言称呼的不同格局与人情亲疏程度是有着这种相关性——或借用马克斯·韦伯的一个术语——选择性的亲和力的，这应该说是一个难能置否的事实。

从社会制序的理论分析的视角来思考汉语、文化、艺术的同向共生性，我们自然会进一步问及这样一个问题：这一语言、文化、艺术的同向共生性对长期自我维系和内卷着的传统中国社会的总体制序——用维特根斯坦的术语来说，中国人的生活形式——意味着什么？回到语言与生活形式关系的话题上来，我们也自然会进一步问这样一个问题：汉语的以字灵活组词——不像均质欧洲语那样有规范清晰的语法来造句，而是以灵活的字来随意碰撞、黏联而组词造句进而灵活地表意——的这一整体特征，与传统中国社会中历代朝廷的以礼治国、以德为政的施政导向，人际间灵活多变的关系网络，以及不注重在一种清晰界定的权利空间中用刚性的契约关系调节人们之间的活动与交往方式这些传统中国社会的总体生活形式的外征有没有关系？这里，我们显然不能把传统中国社会中的生活形式的特征、汉民族文化的通约性与汉语的灵活语言人为地判定为孰为因,孰为果,但至少我们还是能够观察出来它们之间的某些相似性、"同向共生性"以及这些特征之间选择性的亲和性。回到笔者(韦森,2003)在《文化与制序》中的见解中来,如果说文化是制序的精神,那么我们就可以认为语言就是反映着带有文化精神的社会制序之形象的一面"镜子"。从语言、文化与现实社会生活形式的相互关系上来,可以认为,一种语言反映了一个民族思维方式的整体特征,而在某一既定语言中思维着的人自然会无形地浸淫在由这种语言所携带的文化意识之中,因而,又可以说语言会通过文化影响人们的思维方式,而有着不同思维方式的人自然又会在一种处于不同文化场景里的生活游戏中趋向于比较类似的行为模式,进而语言会通过文化影响人们在社会博弈(或者说生活游戏)中的选择,而这一切又自然会在社会的生活形式的层面上反映或者说"固化"下来。由此看来,在一个相对封闭的社会中,一定的文化、一定的社会生活形式和一定的语言自然是、且必定会是"同形"且"同构"的。[1]这说来不应该是什么奇怪的和难以理解的事。

进一步的问题是,各种语言特征和差异是怎样产生的?语言

---

[1] 对于这一点,余志鸿教授曾深刻地指出:"因为汉民族本身就是个大家庭——在漫长的历史进程中,充分体现它的民族内聚力量和文化扩散力量。这两种力量互相制约又互相推波助澜,于是不断同化周围民族,不断吸收周围民族的文化营养,不断自我完善,终于形成了自成一家的体系:民族体系、文化体系和汉语言体系。汉语在语序上的自由弹性,跟汉语的文化扩散有关;与此相补充的则是汉语在语义上的蕴涵性,这又跟汉语的内聚特性有关。汉语以蕴涵的意义为核心,使表层的语词围绕着它形成一个语义上的集合体、语音上的共鸣团。这就是汉语的人文特点。"(1991,第107页)

特征是否是在生活形式生成的同时而产生并随生活形式的演变而演变的？还是既存的语言特征决定并掣肘着现实社会的生活形式的变迁？这显然又回到哲学家维特根斯坦的人"遵从规则的悖论"中所映照出来的理论问题中去了，并且进一步回到哲学家维特根斯坦"语言游戏"与伽达默尔的"（生活）游戏"（参韦森，2003，第 167～169 页）关系上来了。语言是在维特根斯坦所言的"语言游戏"产生的，这样说现在看来应该大致没错。但人类的"语言游戏"是否与"生活游戏"同构？生活游戏中肯定有语言，或者必须通过语言来进行，但生活游戏的其他维度与语言维度的关系又如何？生活游戏受制于语言，但人们现实的活动是否又改进、改变和演化着语言？将这些深层的抽象哲学问题置放到反思中国传统社会的总体生活形式和汉语的特征之间关系的问题中，这些问题又该如何回答？如上所述，正是沿着这一探究理路，一些学者又把汉语的人文精神及其语义、语法和句法灵活多变的特征归结为汉字构形的人文精神上，从而在一个更深的层面上思考传统中国社会的"语言—文化—生活形式综合体"的内在运作机理。现在，如果把这个问题置放在近现代中国社会历史变迁的场景中来进一步考察语言演化和生活形式变迁的相互关系，也许我们能发现一些更有意思的问题。

6. 白话文运动与近现代中国社会的历史变迁

　　严格说来，中国社会近代的制度化（英文为"constitutionalization"，或言"宪制化"）进程，是在一个不具有现代语言学意义上规范语法结构的汉语语言背景中发轫的，因此也可以说，在清代和民国初期开始萌发的近代中国社会的制度化进程，是在一个并没有与之"相匹配"的语言结构这样一种特殊的"文化—社会"环境中从外部嫁接而来的。这样一来，一方面，中国近代的白话文运动和自《马氏文通》以来汉语语言内在语法的规范化，构成了近代经济、政治、法律、社会发展——社会的现代化进程——的一个重要组成部分；另一方面，近现代中国社会的制度化进程，自然又构成了汉语本身演化变迁的一种内在力量。这种汉语语言变迁与近现代中国社会中人们生活形式变迁的关联互动，显然又与近代以来中国国门开放以及中国学界对西方近现代科学、社会科学以及人文科学的理论文献的大量翻译引介是分不开的。具体说来，自晚清以来，中国社会的对外开放以及大量知识分子学习和介绍西方的各种理论，既是中国社会和国人思想现代化的一个主要促成因素，也是汉语语言变迁的一个主要历史动因。这即是说,中国近代以来自然科学、哲学、社会科学、人文科学以及文学艺术等所有文字语言领域中发生的对西方社会文献和作品的大量翻译和引介,是近现代和当代汉语语言形态和结构演化和变迁(尤其是规范语法结构的形成)的一种主要推动力量。简言之,一方面,中国近现代的国门开放和西学东渐,是中国近现代汉语演化和变迁的一个主要内在促动因素(尽管汉语语言本身有其内在的自我维系和保存机制,并有着自身的独特演化机制和过程路径);另一方面,近现代汉语语言结构与形态的变迁,又成了中国社会和国人思想对外开放的一个重要条件。从语言变迁与社会变迁的互动关系来看待语言与社会生活形式之间的关联互动,我们也许就会更能清楚地认识到《马氏文通》在中国近代史和近代思想史上的地位了。

这里之所以要特别提到《马氏文通》,是因为现在看来,从语言特征反思传统中国社会的习俗、惯例和制度等种种生活形式自我维系和"内卷"(involution)的原因,严格来说并不是新近的事。实际上,在1898年(清光绪二十四年)出版的《马氏文通》中,马建忠就把传统中国社会中的生活形式方面的许多沉疴与汉语(尤其是古汉语书面语)缺乏规范的语法结构这一事实格局联系起来了。譬如,在《马氏文通》的"后序"中,马建忠(1898,第13页)就曾指出:"遂使结绳而后,积四千余载之智慧材力,无不一一消磨于所以载道所以明理之文,而道无由载,理不暇明,以与夫达道明理之西人相角逐焉,其贤愚优劣尤不待言矣。"很显然,从19世纪末开始,马建忠本人就有意识地从语言文法差别的思考视角来反省东西方社会的生活形式演化发展路径上的差异了,并欲求通过以拉丁文法来重新构筑汉语语法体系,[1]进而改革汉语教育和政治制度,从而达致中国社会的兴盛。《马氏文通》的出版,不仅是中国近代语言史上的一件大事,而且对中国近代社会制序的整体变迁产生了深远的影响。当然,《马氏文通》的出版,只不过是标志了现代汉语改革和变迁的开始。因为,如果说马建忠以拉丁文及其后裔均质欧洲语的语法来构筑汉语语法的努力仅仅是开创了汉语开始具有规范化现代语法之先河的话,随"五四运动"而来的白话文运动,则逐渐把汉语彻底改造成了一种现代语言。在这方面,接踵马建忠而来的许多近现代中国语言学家对西方语言中的语法的引入和推介,以及一些学者文人在翻译西方文献中一些词汇时不断新造中文词汇,无疑在其中起到了一个非常重要的作用。对于这一点,中国语言学大师王力(1980)先生曾评述:"佛教词汇输入中国,在历史上算是一件大事,但是比起西洋词汇的输入,那就要差千百倍。"王力先生还特别指出,特别是在"五四运动"以后,"一方面把已经通行的新词巩固下来,另一方面还不断地创造新词,以适应不断增长的文化需要。现在一篇政治论文中里,新词往往达到百分之七十以上。从词汇的角度来看,最近 50 年来的汉语发展的速度超过以前的几千年"

---

[1] 对于西方(洋)语法对现代汉语的影响和在根基层面上的改造,已成为中国语言学界所公认的一个事实。譬如,张世禄(1984)先生在"关于汉语语法体系的问题"一文中曾指出:"在这八九十年中间,研究、学习汉语语法的,几乎全部抄袭西洋语法学的理论,或者以西洋语法体系做基础,来建立汉语的'语法体系'"(转引自余志鸿,1991,第 107 ~ 108 页)。申小龙也认为,"欧化语文(已)深入到汉语的血脉之中"(见申小龙、张汝伦,1991,第 59 页)。

（转引自申小龙，1990，第170页）。从王力先生的这些论述中，我们也可以进一步体悟出，"五四运动"以来中国社会的现代化进程，尤其是人们思想的现代化过程，是与以规范语法的型构和新词大量出现为主要特征的现代汉语的急遽演变分不开的，或者说是在中国语言的巨大变迁的过程之中发生的。[1] 以白话文普及、对西方词汇的翻译引介所引发的大量造词以及通过对西方语法的模拟而重构现代汉语语法为主脉的现代汉语的变迁，对中国社会的现代化进程所产生的影响是至深至远的。只有把中国近现代的语言变迁与社会深层结构的转变过程放在一起来思考，我们才能真正理解这一点。

谈到近现代中国社会历史中的语言变迁，我们似不可忽略近代以来一些急进的中国思想家对汉语文字的激烈攻击言辞，而且毋庸置疑，这些激烈的攻击言辞，在一定程度上曾是汉语语言变迁（如白话文的普及，汉语拼音和简化方案的推出和实施）的一种正面的推动力量。可能也正是从某些方面意识到了汉字与中国文化和传统中国社会的习俗、惯例、制度以及传统文化和民族精神存在着某些深层的内在联系，自"五四运动"以来，总是不时有一些急进的思想家提出要废除汉字的主张。譬如，据熊培云（2004）所言，早在1918年，钱玄同就在《新青年》上发表一篇"中国今后的文字问题"

---

[1] 与近代以新词汇的急遽扩充为主要特征的汉语的语言变迁过程相比，在中华人民共和国成立后，汉语的语言变迁速率似乎减缓了。按照语文出版社1993年出版的《新词新语词典》的统计，从1949年到20世纪90年代初，在中国大陆只有8 400多个新词出现。与英语每年都有几万新词出现的情形相比，汉语的变化速率是相对低的。现代汉语新词的增加速率更无法与现代日语相比。这种格局意味着什么？这实在值得我们深思。

的文章，主张"废儒学，不可不废汉文；欲驱逐一般人幼稚、野蛮的思想，尤不可不先废除汉文"；"欲使中国不亡，欲使中国民族为二十世纪文明之民族，必须（以）废孔教、灭道教为根本之解决，而废除记载孔门学说及妖言之汉文，尤为解决之根本解决"。钱玄同这里所说的汉文，显然是指汉字书面语言系统。从中我们可以看出，像钱玄同这样的急进文人，几乎对表达自己书写语言的汉字到了一种近乎仇恨的地步。这种极端情绪同样也反映在鲁迅和瞿秋白等一些左派文人的文著中。譬如，鲁迅曾认为，汉字是"愚民政策的利器"，是"劳苦大众身上的结核"，并且认为，"倘若不先废去它，结果只能是自己死"。瞿秋白对汉字的攻击更加激烈和过分，以至于把汉字辱骂为"真正是世界上最龌龊、最恶劣、最混蛋的中世纪的茅坑"（转引自熊培云，2004）。除了这些左派文人的对汉字的辱骂外，陈独秀和胡适也是主张废除汉字的。这些急进文人学者的思想无疑影响了中华人民共和国成立后的汉字简化方案以及几次未果的汉字拼音化方案。汉字拼音（注音）和简化方案的推行和实施，对于提高现代中国人的文化教育水平和人民大众的识字率，无疑起了重大的影响和作用。中国人识字率的大幅度提高，白话文的普遍应用，以及借用西方语言的语法结构重构现代汉语语法以使之规范化，这些因素与方面就构成了近现代中国社会中语言变迁的巨大历史洪流。

进一步的问题是，现代汉语语言变迁与近现代中国社会历史变迁的相互关系是怎样的？

从社会语言学的角度来反思近现代时期中国社会的深层结构

和历史变迁过程，我们也许会发现，自晚清以来，尽管中国人现实的生活形式和交往方式发生了许多变化，但政府治理社会的方式和政令传递的渠道及样式，并没有发生多大实质性的变化。一个显见的事实是，尽管名称变了，服装变了，见面和会谈的礼仪变了（如从见到上级长官的叩头变为握手），所运用的文本和交通工具及交流手段也变了，但近现代中国社会基本上保持了一个在个人权力竞争中生成的内部权力中心自我产生、自我维系并通过依靠指定自己的下任"接班人"来保持现任政府的施政方针和意识形态连续性的一个科层式的政体。因此，从社会的政治建制的深层结构来看，中国近现代社会所真正发生的治式转变和政治转型并不大。另一方面，自晚清和民国以来的现代中国社会的其他社会生活形式层面的巨大变迁，显然与人们的文化观念的转变是联系在一起的，而人们思想和文化观念的变迁，又是与白话文运动和1949年之后开始的汉字简化运动密切相关联。上面我们已经指出，发生在汉语语言领域中的这两场渐进性的巨大历史变迁，又与"西风东渐"和西方文化、科学、思想和理论的引入是联系在一起的，或者说是在同一个社会过程中发生的。因此，要理解在中国近现代社会的历史进步中的白话文运动和汉字改革运动的巨大历史意义，只要我们想象一下在政治建制运作的深层结构并没有发生根本性转变的当代中国，如果没有文言文从中国人的语言沟通与交流中消逝而去的情形就足够了。如果在今天我们政府的文件、法律、法规、政令中仍然使用文言文，如果我们今天的书籍、报纸、杂志和文牍中也仍然使用文言文，那么，我们中国男人剪了辫子和没剪辫子又有多大区别？单从这一点，我们也许就会认识到近现代中国历史上的白话文运动和汉字改革运动对中国社会的影响是多么巨大和深远了。

那么，为什么近现代历史中的西学东渐会这样大规模并在根基层面上引致了汉语语言结构与形态的巨大变迁？这说来可能与汉语本身的特征和中华文化的开放、宽容和兼容精神有关系。上面我们已经指出，从近现代汉语语言演化史来看，与近代西方文化对传统中国文化的冲击一样，《马氏文通》以来的以构建规范语法为主要特征的白话文运动，也是先从引进欧化文法并重构现代汉语语法开始的。为什么在一个有着数千年历史和博大而繁复的汉语语言系统能在短短的不到一个世纪的时间内被西洋语法进行了一番根本性的改造？为什么近代以来这么多西方词汇被引入到汉语之中？除了西方社会与近代中国社会科技、经济，以及政治运作发展水平上的位差外，这可能又与汉语的灵活性、开放性和开放兼容精神品格密切相关。正如申小龙（1990，第9～10页）所见，欧化语法之所以能"侵入"汉语，除了中国近代西风东渐的经济、社会和文化条件外，还与汉语本身的特点不无联系，"汉语的语词意蕴丰富有余，配合制约不足。一个个语词就像一个个基本粒子，可以随意碰撞。只要凑在一起，就能'意合'……同时，这也使汉语语法具有极大的弹性，能够容忍对语义内容做不合理的语法编码。这就为欧化语法词汇的大量涌入提供了有利条件"。很显然，正如传统中国文化固有的博大的宽容和兼容精神一样，灵活而富有极大弹性的汉语系统也同样具有这种"开放式"的兼容和包容精神。正是因为汉语的这种灵活、兼容以及对其他语言及其语法的开放和宽容品格，自《马氏文通》

以来的中文文法的重塑和改造，无疑为欧化文化进入汉语敞开了一个文化精神和社会实践的大门。

正是在近代以来西风东渐强力和宽幅影响下，汉语语言的结构和形态发生巨大而急遽的变化。在 20 世纪 40 年代出版的《中国语法理论》中，中国语言学大师王力（1947）先生就曾惊呼道，近现代中国汉语语法的欧化和人们生活的欧化同为当时一个不可遏制的历史潮流，以至于已使欧化语文深入到汉语的血脉之中。近代以来，在欧化文法和语词宽幅和强盛的影响下的"白话文运动"，自然会使汉语的语法趋于规范化，词语语义表述趋于精确化，从而在一定程度上改变了汉语文言文的言简意赅、韵律生动和语法语义灵活、弹性极大的特征。这一过程又恰好伴随着中国近现代社会的现代化进程。很显然，如果没有具有较规范语法和语义较为清晰明确的现代汉语这一"元制序"的语言条件，一个现代化的法理社会要发轫、生成和成长，将是不可能的。从这一研究视角来看，以白话文普及和规范语法型构而成的现代汉语语言变迁，不但是整个中国社会现代化进程的一个重要组成部分，而且是当代中国人的生活形式之根基层面及社会历史变迁的一个重要推动力量和前提条件。

如果我们相信一个具有规范语法和形态且文字语言的语义较为清晰固定（因而能容易为百姓大众所理解和掌握）的语言是一个法理社会所必要的前提条件的话，那么，今天我们可以认为，随着白话文运动而来的汉语的"现代化"，当代中国走向一个法治生活的语言条件已完全生成了。换句话说，随着现代汉语已成为一种具有规范语法结构和形态的现代语言，中国社会和经济体制的法理化已基

语言与制序：
经济学的语言与制度的语言之维

本上不存在人们文字沟通、书契交流以及界定权利、法律规则制订和制度建构上的潜隐语言障碍了。认识到这一点是十分重要的。到目前为止，我们已经梳理了传统中国在一个礼俗社会层面上数千年制序内卷的文化、伦理、传统、民族精神和语言上的原因。我们所达致的初步结论是：与汉语特征关联着的传统中国社会文化精神和民族思维及生活形式，同向共生性地趋向于维系一个注重人际关系和依礼治国、以德为政的伦理社会。换句话说，中国社会有着维系一种传统礼俗秩序的巨大张力。中国数千年来在一个礼俗社会形态上不断自我复制及制度内卷的历史路径中，灵活多变的文言语法和形态不规范的古汉语在其中想必起到了一种至关重要的维系作用。然而，随着现代汉语的成型和发展，一个法治化中国社会生成的语言制序条件已具备了。"解铃还须系铃人。"在过去的数千年中，我们的先祖在一种历史沿留下来的语言制序中形成并维持了一种——用新制度经济学的术语来描述——制度的"锁入"（locked-in）状态。在世界经济加速全球化的今天，当今中国社会要摆脱这种制度变迁过程中"锁入效应"的符咒，只能依靠我们中国人自己。值得庆幸的是，当今中国已经具备了摆脱这一"锁入效应"符咒的元制序条件，这就是，我们已经有了一个法理社会生成和扩展的语言系统，即现代汉语。如果说当今中国社会还有着向法理社会过渡的社会制序方面障碍的话，那已经不必到中国语言这种思想的形式系统中去寻找了。因此，从整体上来看，我们有理由对随着中国市场化进程而来未来中国社会的法治化进程感到乐观。

7. 余 论

研究社会秩序和其中的制度（constitutions）问题，我们必须用语言这种元制序（meta-institution）来研究。认识到这一点，我们可以清醒许多。研究语言问题，也必须用语言来研究，能意识到这一点，就更能使我们意识到我们的理论反思的局限性和不足之处了。我们始终被语言困惑着和束缚着。正如我们无力提着自己的头发离开地球一样，我们也始终用语言进行着我们的学术思考和理论阐释。语言是人类认识和在知识上重构世界的工具，也是人类认知世界不可超越的界限——这是人类认识的最大的困境，也是任一思想家无法超越的局限。哲学家维特根斯坦（Wittgenstein, 1953, §39）曾说："当语言休假时，哲学问题就产生了。"维特根斯坦的这句话好像并未说完。现在，我们似应该在维特根斯坦的这句名言之后再加上这样一句话："当语言休假回来时，哲学问题依然存在。"

人类凭借自己的先天语言官能并运用"普遍语法"在语言游戏中创造了词语并生成了各种"表层语法"，又在对词语的研究中无法完全理解词语，并且无法从对词语的困惑不解中完全摆脱出来，这正是人类认识的困境之一。尽管如此，乐观一点的认识是，人在对词语词义的反思及其用法的追问中逼近了对自身存在（包括人类群体和整体生存方式和生活形式）的理解，这是我们唯一能感到欣慰的事，也是任何社会"科学"（包括对人类社会制序的经济分析和理论诠释）得以存在和进行的 raison d'êtra（存在的理由）。

18世纪伟大的德国语言学家和哲学家洪堡特（Humboldt, 2001, p. 9）曾说，"只要人不再把语言视作一种近乎规约亦且无关紧要的符号，而是把它看作自身的主干上萌生的枝条；只要人像关心家乡的山水一样稍许关心一下自己的语言，那么，他就会看到一个处处与他相伴的对象，这一对象不断地刺激着他，从不以它的外在用途为转移，并且不断地对他产生反作用"。如果能理解洪堡特这句话的真正含蕴，并把它作为我们理论探讨的一个默认点（default），对我们反思和比较不同人类社会中注重制序的生成、存在和演化机理，也许不无补益。我们并不讳言，在语言与制序及其相互作用和关联的研究上，笔者从这一研究视角所达致的上述理论猜想，无疑还只是如"盲人摸象"故事中所形容的那样仅仅是一孔之见。在其名著《语言本能》中，美国生物语言学家（bio-linguistist）平克教授曾讲了一个在西方学术界长期存在的传统笑话，"醉汉总在路灯底下寻找他的钥匙，因为那里比较亮。但问题是钥匙却不一定就掉在路灯下"（Steven Pinker, 1994, 参中译本，第371页）。现在，我们想从不同语言的特征来探寻东西方社会在近现代制序和体制演化路径上差异的文化原因，也许只不过是如平克教授所形容的那种醉汉在路灯下找钥匙？

2004年6月19日初识于上海杨浦书馨公寓

参考文献

Crystal, D., 1997, *The Cambridge Encyclopedia of Language*, 2nd ed., Cambridge: Cambridge University Press.

杜维明，1997，《一阳来复》，上海：上海文艺出版社。

Fairbank, J. K., 1948/1983, *The United States and China*, 4th ed., Cambridge, MASS.: Harvard University Press. 中译本：费正清，1999，《美国与中国》，张理京译，北京：世界知识出版社。

Fairbank, J. K. & E. O. Reischauer, 1979, *China: Tradition and Transformation*, Sydney: Allen & Unwin. 中译本：费正清、赖肖尔，1992，《中国：传统与变革》，陈仲丹等译，南京：江苏人民出版社。

郭友鹏，1991，"汉语修辞的文化意义说略"，载申小龙、张汝伦（编），1991，《文化的语言视界——中国文化语言论文集》，上海：上海三联书店。

Humboldt, W. von, 1836, *Über die Versschiedenheit des Menchschlichen Sprachbaues und Ihren Einluss Auf die Geistige Entwicklune des Menschengeschlechts*, Berlin: Behr. 中译本：洪堡特，1999，《论人类语言结构的差异及其对人类精神发展的影响》，姚小平译，北京：商务印书馆。

Humboldt, W. von, 2001, *Wilhelm von Humbodt's Papers on Language Philosophy*, 中译本：洪堡特，2001，《洪堡特语言哲学文集》，姚小平编译，长沙：湖南教育出版社。

霍伦斯坦，2000，"人类的文化史：黑格尔（1831）、雅思贝尔斯（1949）和当前时代（1999）对这个历史的构想"，载《中国学术》，第4辑，第 112～137 页，北京：商务印书馆。

李梵，2001，《汉字的故事》，北京：中国档案出版社。

李行健等（编），1993，《新词新语词典》，北京：语文出版社。

吕叔湘，1984，《汉语语法论文集》，北京：商务印书馆。

罗常培，1950，《语言与文化》，北京：北京大学出版社版（语文出版社 1989 年重印本）。

马建忠，1898，《马氏文通》，北京：商务印书馆 1983 年重印本。

Metzger, T., 1977, *Escape from Predicament: Neo-Confucianism and China's Evolving Political Culture,* New York: Columbia University Press. 中译本：墨子刻，1995，《摆脱困境：新儒学与中国政治文化的演化》，颜世安等译，南京：江苏人民出版社。

Palmer, Leonard R., 1936, *An Introduction to Modern Linguistics,* London: Macmilllan. 中译本：帕默尔，1983，《语言学概论》，李荣等译，北京：商务印书馆。

潘文国，2001，"语言的定义"，《华东师范大学学报》第一期。

潘文国，2002，《字本位与汉语研究》，上海：华东师大出版社。

Pinker, Steven, 2000, *The Language Instinct: How the Mind Creates Language.* New York: Perennial Classics. 中译本：平克，2004，《语言本能》，洪兰译，汕头：汕头大学出版社。

祁洞之，2001，《殷周之际"天""德""礼"的综合融通》，南京大学：未出版的博士论文。

钱存训，2004，《书于竹帛：中国古代的文字记录》，上海：上海书店出版社。

Ricoeur, P., 1976, *Interpretation Theory,* Texas: The Texas Christian University Press.

Saussure, F. de, 1916 / 1949, *Cours de Linguistique Général,* Payot Paris. 中译本：索绪尔，1980，《普通语言学教程》，高名凯译，北京：商务印书馆。Eng. trans one: Saussure, F. de, 1959, *Course in General Linguistics,* trans. by

Wade Baskin, London : Fontana. Eng. trans. Two: Saussure, F. de, 1983, *Course in General Linguistics*, trans. by Roy Harris, London: Duckworth.

申小龙，1990，《汉语人文精神论》，沈阳：辽宁教育出版社。

申小龙，1992，《语言的文化解释》，上海：知识出版社。

申小龙，1999，《申小龙自选集》，桂林：广西师大出版社。

申小龙、张汝伦（编），1991，《文化的语言视界——中国文化语言论文集》，上海：上海三联书店。

唐汉，2006，《中国汉字学批判》，（上、下册）北京：东方出版社。

王力，1947，《中国语法理论》，北京：商务印书馆。

王力，1980，《汉语史稿》，北京：中华书局。

王显春，2002，《汉字的起源》，上海：学林出版社。

王英人，2002，"普通话的形成与发展"，《雅言》，第21期，第2版。

王作新，1999，《汉字结构系统与传统思维方式》，武汉：武汉出版社。

韦森，2001，《社会制序的经济分析导论》，上海：上海三联书店。

韦森，2002a，《经济学与伦理学——探寻市场经济的伦理维度与道德基础》，上海：上海人民出版社。

韦森，2003，《文化与制序》，上海：上海人民出版社。

韦森，2004，"语言、道德与制度"，《东岳论丛》，第3期。

Whorf, B. L., 1956, *Language, Thought and Reality, Selected Writings of Benjiamin Lee Whorf*, Cambridge, Mass.:The MIT Press. 中译本：沃尔夫，2001，《论语言、思维和现实：沃尔夫文集》，高一虹等译，长沙：湖南教育出版社。

萧启宏，1999，《信仰字中寻》，北京：东方出版社。

熊培云，2004，"汉字与国运"，《博客中国》（Blogchina）网站。

许慎（原著）/汤可敬撰，1997，《说文解字今释》（上、中、下），长沙：岳麓书社。

徐通锵，1997，《语言论：语义型语言的结构原理和研究方法》，长春：东北师范大学出版社。

徐有渔等，1996，《语言与哲学：当代英美与德法传统比较研究》，北京：生活·读书·新知三联书店。

叶嘉莹，1983，《王国维的文学批评》，广州：广东人民出版社。

俞敏，1979，"白话文的兴起、过去和将来"，《中国语文》，第3期。

俞吾金，2002，"'主体间性'是一个似是而非的概念"，《雅言》，第21期第2版。

余志鸿，1991，"汉语言史与民族文化史"，载申小龙、张汝伦（编），《文化的语言视界》，上海：上海三联书店。

张世禄，1984，《张世禄语言学论文集》，上海：学林出版社。

赵虹，1991，"多域价值、宇宙特性和人本观念——论古汉字在华夏文化心态中的'框架承重'"，载申小龙、张汝伦（编），《文化的语言视界》，上海：上海三联书店。

周国平，2002，"尼采论语言的形而上学"，《云南大学学报》，第2期，第23～30页。

朱光潜，1987，《悲剧心理学——各种悲剧快感理论的批判研究》，北京：人民文学出版社。

后　记

> 关于我自己我不想说什么，但关于所谈的对象，我则希望人们不要把它看作是某种意见，而要看作是一项事业，并且相信我在这里所做的不是为某一宗派或理论奠定基础，而是为人类的福祉和尊严奠定基础。
>
> ——弗兰西斯·培根《伟大的复兴》序[1]

人类语言在人类社会政治、经济和社会交往中乃至在诸社会的制序变迁中有着重要作用，这似乎是不言而喻的。这里且不说任何社会的法律和制度都需要用书写语言来表述和界定，在前现代社会中，无论是在中国，还是在西方国家，都有一些大臣、文人和知识分子说了什么而被入狱、杀头，乃至株连九族。即使在21世纪的现代社会中，如在中国的"反右"、"文革"等特殊期间，一些知识分子也因言说了什么而被整肃、判刑乃至被处决。反过来看，在一个国家的宪法、法律、法规乃至现代社会的政党的改革纲领的撰写和制定过程中，一些语句和用辞也会被激烈争论、反复推敲、多方商

---

[1] 人类历史上最伟大的哲学家康德曾在其巨著《纯粹理性批判》中把培根的这段话作为全书的引语。

讨到最后被敲定,因而常常会出现一个词或一个术语——如"土地承包"、"市场经济"——的选定和认定就导致一个社会选定了某一发展方向。当然,也许有论者在这里认为这种用词的选择和语言的变迁只是形式上的,关键还是语言和用词的意义与涵指。但是,如果考虑到在任何社会中人们交流中的意义、观念,乃至文化和信仰、信念、认识甚至人们的理性判断都受制约于语言,都须得用语言表达出来,并通过语言来进行相互交流,从理论上研究语言变迁在人类社会制度变迁中的作用,就具有极其重要的意义了。人不能跳出语言的"牢笼",但认识到语言在人类社会变迁中的作用却有助于破除思想和观念的牢笼。

然而,除了社会语言学和文化语言学这些专门的语言学研究领域的专家外,政治学家、制度经济学家,乃至法学家(尽管国际上法律语言学已经有了不少进展)还较少从语言及其语言变迁的维度研究人类社会的制度变迁问题。故此,笔者写出这些粗浅的文章,出版这本小册子,希望能引起更多的青年学子关注这方面的问题,以期在将来能有更多的深入研究。

在1944年出版的《通往奴役之路》的世界名著一开始,20世纪最伟大的思想家之一弗里德里希·奥古斯特·冯·哈耶克(Friedrich August von Hayek)曾指出:"观念的转变和人类意志的力量,塑造了今天的世界。"[1] 在20世纪70年代所撰写的《法

---

[1] F. A. Hayek, 1944/2007, *Thad e Roto Serfdom*, (*The Collected Works of F. A. Hayek*, Vol. II), ed. By Bruce Caldwell, Chicago: The Chicago University Press, p. 66.

律、立法与自由》中，哈耶克也曾说过，"每一种社会秩序都建立在'ideology'（这个英文词在中国大陆之前通常被翻译为'意识形态'，哈耶克的关门弟子林毓生先生则主张用'意蒂牢结'来对译这个概念）之上"[1]。今天，我们已经知道，观念的传播，需要通过语言来实现；一种"意蒂牢结"，也需要不断地通过语言表述来维系。就此而论，研究语言的变迁和观念的变迁之间的相互关系，研究"意蒂牢结"语言维度，虽然乍看起来只是一种语言的"技术分析"，但是，若能超出"意义"之争，能从语言和用词的变迁的维度认识人类社会的观念变迁和制序变迁，则有利于破除一些迷信和盲从，认识人类良序社会运行的基本原理。我们信仰什么？我们为什么认为某种观念是对的？我们在坚持什么？我们要一个什么样的社会？到目前为止，难道不都取决于前人和那些过往的"意蒂牢结"的主要创造者的"言说"和"书写"？就此而论，在一个现代自由社会中，每一个人都应该具有怀疑和质问这种言说的权利，并在相互"言说"中认定什么才是一个现代社会当具备和当行之道。由此看来，如《中华人民共和国宪法》第35条和36条规定的那样公民具有"言论自由"和"信仰自由"，乃至任何公民不致因为发表言论和遭到制裁和迫害，这应该是一个现代良序社会运行的基本条件之一。言说和言论的自由，也是一个现代社会具有生机、活力和创造性发展的基本条件。这应该是常识，也是明显的"天道"（providence）。在最

---

[1] 这段话原文是 "Every social order rests on an ideology"，见 F. A. Hayek, 1976, Law, Legislation and Liberty, vol. 2, London: Routledge & Kegan Paul, p. 54.

343

近几年的讲演中，我常常引用《尚书·泰誓下》中的一句话："天有显道，厥类惟彰"，想表达的正是这个意思。

故此，笔者衷心祈愿在未来有更多的年轻学人能关注并投入研究精力，从多学科的角度研究人类社会语言变迁和制度变迁问题，也由衷地希望我们的国家和社会更开放、更自由，在21世纪更具活力。

最后，请允许我借此机会谨谢教育部2005年社会科学一般项目"现代经济学的语言与修辞"（KYH3259031）的资金支持。这里也特别感谢商务印书馆，尤其是谷雨女士的敦促和长期以来的支持。没有谷雨的一再催促，没有她细心和耐心的编辑和筹划，这本小册子不会现在就付梓。商务印书馆在20世纪已经创造了中国出版史上的辉煌。在21世纪中华民族的伟大复兴和中国的经济发展和社会进步中，也将会有商务印书馆和中国编辑人的功劳。最后笔者相信，只要我们解放思想，自由言说，在21世纪的中国，一个民主、法治、繁荣、公正、和谐的伟大社会（the Great Society）还是可期的。

韦森　2014年5月16日谨识于复旦